越过山丘
与命运和解

新周刊
年度佳作

《新周刊》杂志社 选编

新周刊
2018
年度佳作

锐

漓江出版社

图书在版编目（CIP）数据

《新周刊》2018 年度佳作·越过山丘，与命运和解 /《新周刊》杂志社选编 .
—桂林：漓江出版社，2019.1
ISBN 978-7-5407-8660-1

Ⅰ.①新⋯ Ⅱ.①新⋯ Ⅲ.①文摘—中国—丛刊 Ⅳ.① C55

中国版本图书馆 CIP 数据核字（2019）第 025161 号

《新周刊》2018 年度佳作·越过山丘，与命运和解
XINZHOUKAN 2018 NAINDU JIAZUO YUEGUO SHANQIU YU MINGYUN HEJIE

选 编 者 《新周刊》杂志社

出 版 人 刘迪才
出 品 人 符红霞
策划统筹 符红霞
责任编辑 杨 静
助理编辑 谷 磊
责任校对 王成成
书籍设计 石绍康
责任监印 周 萍

出版发行 漓江出版社有限公司
社 址 广西桂林市南环路 22 号
邮 编 541002
发行电话 0773-2583322 010-85893190
传 真 0773-2582200 010-85893190-814
邮购热线 0773-2583322
电子信箱 ljcbs@163.com
网 址 http://www.Lijiangbook.com.cn
印 制 香河闻泰印刷包装有限公司
开 本 710×960 1/16
印 张 20.75
字 数 240 千字
版 次 2019 年 3 月第 1 版
印 次 2019 年 3 月第 1 次印刷
书 号 ISBN 978-7-5407-8660-1
定 价 57.00 元

# 目　录

新周刊
NEW WEEKLY
2018 年度佳作

# 土味、榨菜
# 以及健康而有益的
# 文艺生活

刘小东《最后的猎人》（2017）

《新周刊》曾经定义，现代社会有三粒毒药：消费主义、性自由和成功学。

消费主义，是一种不断追求被制造出来、被刺激起来的欲望的满足，许多个体试图通过消费在不断圈层化的社会结构里确认自我、找到坐标。

在享受惯消费狂欢的人群中，有人突然高喊一句"消费降级"，他喊的不过是对未来的一种焦虑。事实上，消费从未降级，而是一路在升级和分级。

今天，我们尝试从土味、榨菜以及健康而有益的文艺生活三个面向观察当下的消费主义社会。

土，在今天不再是一个贬义词，审土反倒是一种能力。那些你认为最土的可能是最潮的，那些最潮的可能是最土的。热爱土味不等于老土，不懂审土才是真的土。

榨菜、老干妈、二锅头作为消费符号，正在不断升级进化和国际化。有人戏称，有一天，它们很可能会和法国红酒、德国奶酪、日本和牛并称世界"四大珍品"。

在今天，拼logo、拼车子、拼房子已属低端，拼到底，谁拥有健康而有益的文艺生活才够高级。

现实越是焦虑，越是需要一点文艺。文艺"是真诚的、严肃的、高尚的，它并非只是表面化、碎片化地堆砌一些花哨之物，它向内渴望精深生活，结果导向一个社会的精神世界的丰富，并且可以抵抗过于功利的潮流"（张伟）。

而一个真正有文艺范儿的人，应该"有丰富的情感，有活泼的头脑，有敏锐的机智，有广泛的兴趣，有洋溢的生气"（梁实秋）。

快来，让我们一起抵抗这个消费主义社会的粗暴与粗鄙。

# 消费保级，是从懂得享受健康而有益的文艺生活开始的

文 / 谭山山

到底是消费降级还是消费升级？

或许更准确的说法是"消费分级"。鉴于社会日益圈层化，不同群体、圈层的消费需求和偏好也出现了分化。我们挑选了三组关键词，以此来观察消费主义背景下的当代生活图景：土味、榨菜和健康而有益的文艺生活。

"土味"指向审美消费：一方面，消费主义鼓吹"精致生活"；另一方面，年轻人厌倦了这种所谓"精致生活"，觉得不妨"适度地审美降级"，于是纷纷"入土"——主动入了土味文化的坑。

"榨菜"指向物质消费：一方面，在上海"西郊 5 号"吃一顿饭可以吃掉 40 多万元；另一方面，拼多多的火爆、榨菜加方便面这一"土味天团"的热销，说明高性价比还是刚需。

"健康而有益的文艺生活"指向文化消费：不用怀疑了，文艺青年是有消费力的！根据网易考拉与易观联合发布的《"品味生活"消费趋势分析》报告，00 后群体对于"品味生活"的理解，集中在潮流／时尚、艺术气质、独特、有趣、创意等个性表达上——这些选项，正是文艺青年的强项。

## 土味无处不在

你一定听说了：竹鼠已经成为网红新物种。

竹鼠的走红，缘于短视频作者"华农兄弟"对它孜孜不倦的推广。"华农兄弟"是一对组合，两人都是江西赣州人：刘苏良负责出镜和解说，胡跃清负责拍摄、剪辑视频。他们发布的视频，可以简单粗暴地概括为"吃掉竹鼠的 n 个理

由"以及"如何完美地料理竹鼠"：这只竹鼠中暑了，烤了吃吧；这只竹鼠吃太多，养不起，"不如把你烤啦"；这只竹鼠得了忧郁症，三天不吃不喝了，再这样下去肯定吃不消，不如拿去红烧；这只竹鼠打架受了内伤，恐怕救不活了，还是把它焖了吧……

这些土味视频，最初发布在今日头条和西瓜视频上，后来网友把它们搬运到B站和微博上，并自发加工成表情包。竹鼠那个"仿佛被命运的大手扼住喉咙"的小表情以及"漂亮警告""中暑警告"迅速在全网蔓延。到了9月初，"华农兄弟"和竹鼠上了热搜，一举成名。

吃货们关注的，还有自称"美食作家"的厨师长王刚的土味美食教学教程。有网友如此评论王刚的美食教学视频："风格生猛，干净利落，没有废话，没有滤镜，没有音乐，也没有猫……"王刚是自贡人，他曾在采访中表示，自己做短视频，定位是"真实后厨""厨师的真实工作状态""做菜的实际与理论操作""把一些秘方烹饪手法通俗化"，平时怎么样，在视频中就怎么样。这令人联想到前大厨安东尼·波顿的《厨室机密》，虽然一个用文字、一个用视频，但显然他们都很明白吸引粉丝的秘诀：真实，不加修饰的真实。这很硬核。

从土味视频到土味情境剧，乃至土味情话、土味追星、土味健身、土味社交、土味旅游，等等，可以说，"土味文化"已经渗透生活的方方面面。梳理土味文化的时间线，可以看到大众审美倾向的变化：芙蓉姐姐、"杀马特"可以说是土味的先驱，但那时人们是以审丑、猎奇的心态来看待他们——"从'芙蓉姐姐'蹿红北大、清华BBS开始，看'丑人'作怪、'废柴'逗比，成了网民们最主要的消遣方

近年来时尚圈兴起睡衣风潮，上海人早就有穿睡衣上街的习惯，因此这些穿着睡衣的人在镜头中既自在又真实，不显得土

式之一。罗玉凤、'小红帽'、庞麦郎、叶良辰……那些模仿大都市中产阶级的生活、娱乐方式，向中产文化积极靠拢的努力无一例外地遭到了恣意嘲讽。"（滕威《"杀马特"：另一种穷人的困境》）

X博士那篇《残酷底层物语：一个视频软件的中国农村》虽然受到争议，但至少它让读者意识到这样一个现实，"快手中的世界与北上广完全是两个陌生而隔绝的世界"，而玩快手的农村孩子们，"他们无时无刻不想突破社会结界，到达资源丰饶的那个世界"，"他们在快手上的拼命表现，求关注，本质上就是想靠此穿越结界"。"土味"的动机因此被合理化，再加上经过搬运的"土味"集锦被网友视为"快乐源泉"，"土味"渐渐洗脱了恶名，人们愿意降低姿态，以"适当地审美降级"的方式接受它们。

## 榨菜为"消费降级"背锅

"一口榨菜一口二锅头，骑着摩拜遛一遛，购物用'9块9包邮'……"谁也没有想到，在2018年，榨菜要为"消费降级"背锅。

事实上，"消费升级"和"消费降级"都是人们热议的话题，汉富金融研究院与复旦大学证券研究所等联合发布的《"新二代"消费观念白皮书》（"新二代"指1978—1995年出生，通过房产变现、家族财富继承、自主创业获得第一笔财富积累，个人可投资资产在100万元以上的二代群体）对这两个概念进行了剖析。

报告认为，消费升级背后的逻辑有三点：其一，时间更重要，比起便宜但耗费时间的东西，新二代宁愿选择贵一些但更节省时间的东西，如高铁、便利店；其二，体验更重要，吃饭的体验比吃饱重要，住酒店的体验比睡觉重要；其三，品牌更重要，衣服不只是用来遮蔽身体，汽车不只是代步工具，新二代对于品牌的需求越来越大于对功能的需求。

至于消费降级，包含两个层面：一是拼多多、闲鱼等回归实用主义的新零售形式、新消费主义，二是近几年受到年轻人追捧的极简生活、"断舍离"等消费态度。报告中表示，这是一个千人千面的消费时代，新二代"既热衷于具有高附加值的品牌，又乐于尝试高性价比的'平民之选'"。

新华网发表《是"消费降级"还是"结构升级"？数据有话说》一文，为消费降级正名。文中援引了浙江大学社会学系教授冯钢的说法："榨菜、二锅头等物美价廉的商品受到青睐，实质也可能是消费理念提升的表现，消费决定变得更加冷静实惠了。"

一篇题为《贫穷逼近？哪有什么消费降级》的公众号文章用数据说明，自2013年以来，我国居民的消费结构出现了明显的变化：食品烟酒、衣着等生活必需品消费的比重逐年走低，交通通信、教育文娱、医疗保健等服务类消费比重不断攀升。房子、车子都是刚需，再加上在教育、文化娱乐等方面支出的增多，会影响或挤占其他消费支出，这就是有些人感觉"消费降级"的原因。

澎湃新闻时评作者熊志认为，"消费降级"实际上是一种渲染中产焦虑的话术。在住房、教育、医疗三大项支出上，哪怕收入殷实的中产，随时都可能被打回原形，"这种压顶而至的焦虑感，会驱使人们放大局部性消费降级，把它理解为普遍现象，为压力的释放提供出口"。

## 文艺是健康而有益的精神生活

"健康而有益的文艺生活"的说法，借用自2018年夏季日剧《健康而有文化的最低限度生活》。这是一部反映日本"生活保障"制度（我们所说的低保）的电视剧，片名来自日本宪法这个规定——"所有国民拥有享受健康而有文化的最低限度生活的权利"。

文艺不是一种叫作"矫情"的病，而应该是健康而有益的精神生活。梁实秋说徐志摩"有丰富的情感，有活泼的头脑，有敏锐的机智，有广泛的兴趣，有洋溢的生气"，这就是文艺青年该有的样子。

文艺范儿不是强行拗出来的。你可以把你的某种生活特质（甚至是偏执）不断放大、强化，久而久之，它就成了你的个人标签，也就是一种范儿——比如说，作家马家辉用球鞋配小西装；比如说，摄影师张海儿永远穿黑色，他觉得穿得舒服的款式，会一买就买半打。

文艺应该成为生活常态。作家张春有篇流传甚广的《各种普通的食物最好吃的时刻》，那种细致的生活体悟，有《枕草子》的味道："春游和秋游应该吃螃蟹。想想看世间的春游食品都是面包，充其量是午餐肉。当你坐在铺满阳光的草地上，和你的狗一起，细细地，渐渐地，吃掉一只大螃蟹……""枇杷滴两滴酱油最好吃。杨桃蘸酸梅粉。这是在厦门学会的。"

"没有钱，谈什么文艺"的说法是错的。没有钱也可以文艺，就像作家闫红在专栏里写的："在我们那个年代里，谈文学的人不古怪，不谈文学的人才古怪，征婚启事上都要标注一句'喜爱文学'，否则就无法引发美好的想象，我见到有人还细化到'热爱李商隐'。"那个年代，是 20 世纪 80 年代，大家都没有什么钱，但精神上很文艺。

当然，有了钱可以更文艺。由中国人民大学文化产业研究院执行院长曾繁文主持的"2017 中国文化产业系列指数"显示：26 岁至 40 岁居民的文化消费综合指数高于其他年龄段。其中，18 岁至 25 岁居民的文化消费意愿和水平指数最高，表明 90 后对文化消费的需求最旺盛；90 后实际发生的文化消费支出也最多。年轻人那么重视文艺消费，这一点令人欣慰。可以说，他们在文艺消费上没有降级，只有升级。

嚼得榨菜，做得雅事
# 榨菜是如何变高级的

文 / 苏静

长期以来，更擅长在网络发表社会趋势观点的人是生活在大中型城市的消费者，他们对于零售消费市场的复杂性了解得并不如他们以为的多，当他们参考自己的生活经验，评价某种消费"降级"或"升级"时，得出的结论往往并不靠谱。

面对拼多多上市的争议，绝大部分人习惯使用一个流行而简明的概念：消费降级。也有媒体引用郝景芳的科幻小说《北京折叠》提出异议：这不过是一个长期处于主流舆论之外的世界"突然平铺于世人面前了"。

## 为流动人口代言的榨菜指数

类似怀疑或中肯的观点，或适用于 2018 年夏天频频引起关注的"榨菜"以及"榨菜指数"。

数据显示，2018年上半年，涪陵榨菜营业收入为10.64亿元，同比增加34.11%，净利润同比增幅达77.52%，其中榨菜收入为8.95亿元，同比增长33%，占总收入的84%，毛利率由48%提升至56.5%。

"榨菜为什么能上天？主流说法是'消费降级'的缘故。二锅头、鸭脖公司都上了天，可见，中国年轻人不过是赚着钱一半交房租，就着榨菜啃鸭脖，手剥小龙虾喝着二锅头，上拼多多买29块钱30包抽纸。"知名财经评论家、财经专栏作家叶檀总结说。她观察了涪陵榨菜自2010年11月上市之后的股市表现：从月K线看，涪陵榨菜绝大部分时间在上涨，"走出了华山一般陡峭的曲线……截至8月20日收盘，涪陵榨菜报价23.59元，总市值186.2亿元，比巅峰的200多亿元降了一点，可仍然是榨菜中的战斗机"。

不同于资本市场的得意，在社会经济学角度，与榨菜绑在一起的另一个概念却不太"高级"，也不够"洋气"，即"榨菜指数"。2013年4月，中国银行业协会首席经济学家巴曙松在一次公开演讲中提及"榨菜指标"。他当时指出，榨菜、方便面、火腿肠是通常意义上与流动人口密切相关的三大快消品，因而从不同地方的销量变化可看出流动人口的变化。

"一般情况下，城市常住人口对于方便面和榨菜等方便食品的消费量，基本上是恒定的。销量的变化，主要由流动人口造成。"《经济观察报》报道，因为榨菜属于低质易耗品，收入增长对于榨菜的消费几乎没有影响。该报道中，受访的国家发改委官员对比了涪陵榨菜在全国各地区销售份额与人口流动趋势的关系，比如，2007—2011年涪陵榨菜在华南地区销售份额急速下滑，而同期在中西部地区务工的农民工数量增长较快。

针对这个有趣的现象与"榨菜指数"，有外媒曾发表社论："跟踪中国2.63亿农民工的流向是一项艰巨挑战。廉价的榨菜颇受中国农民工青睐，涪陵榨菜是销量最高的品牌。一个城市对这种低价值易耗品的需求通常会保持稳定，除非农民工人口发生变化，因此发改委把榨菜当作衡量农民工流向的替代指标。"

沾上这些专业背书，原本廉价亲民的榨菜也愈加成为"接地气""低消费"的代名词。

## 7年间实现五连涨

如果说绑在榨菜身上的底层标签是一种出身论，那么这种食物也像给它打标签的人一样，总有想往上走的欲望。

招商证券研报所提供的"涪陵榨菜"渠道利润变动情况显示，2014 年该集团单包榨菜的出厂价与零售价分别为 0.72 元与 1 元。到 2017 年，这两个数字已分别变为 1.25 元与 2 元，渠道利润也由原来的 39% 上涨到 60%。2018 年，涪陵榨菜价格表面未变，包装规格却从 88 克降到 80 克，相当于变相提价 9%。

结合涪陵榨菜在资本市场的表现来看，从 2014 年到 2018 年，榨菜行业的龙头企业一直在持续提价，并且经济效益不错。

另外，根据涪陵榨菜的年报可知，该公司的毛利率更是在 7 年间实现五连涨：从 36% 飙升至 48%。"这说明榨菜价格的提升并不是简单的转嫁通胀成本，而是变成了公司的利润。"云锋金融相关分析点评道。

关于榨菜，需要补充一点背景信息：这道中国人习以为常的腌制品是世界三大名腌菜（涪陵榨菜、西欧酸黄瓜、德国甜酸甘蓝）之首，其中涪陵榨菜是我国榨菜的源头——榨菜 1898 年始见于中国重庆涪陵，时称"涪陵榨菜"，榨菜的"榨"指的是加工时通过压榨法榨出菜中水分的工序。涪陵榨菜集团则是中国榨菜行业里最早启动大品牌创建与传播的企业，也是国内佐餐开胃菜行业唯一的 A 股上市公司。

所以，谈及榨菜身价逆袭之路时，绕不开涪陵榨菜集团，更绕不开其最为引人注目的"2000 元天价榨菜"。2000 元级豪华榨菜引起市场关注是在 2011 年，当时涪陵榨菜上市不久，且颇受业内关注。

涪陵榨菜 2010 年 11 月 23 日在深交所中小板上市，首发 4000 万股，募集净额 5.24 亿元。上市当天，中邮证券有限责任公司研究员邵明慧曾预测，这只新股潜力十足："稳健发展的行业龙头。公司常年市场占有率在 12%～14% 之间，2008 年经济危机下，公司市场占有率上升至 13.58%；公司积极收缩产品线，将主产品压缩至 20 个以内，并积极投放广告扩大品牌影响力……同时公司拥有品牌知名度作为支撑，因此在产品价格运作上有很大的余地。"邵明慧当时认为，在其他条件不变的情况下，出厂价提升 1%，将带来净利 7.7% 的提升。

涪陵榨菜实际的价格运作远比这更大胆。2011 年上半年，涪陵上市精品装沉香榨菜，单份 600 克，市场定价 2200 元。舆论哗然，《央广财经观察》专门邀请专家点评，称这种方式"营销手段太离谱"。然而涪陵榨菜掌门人周斌全对此表现淡然，详解产品的选材、制作过程，试图让人相信是物有所值，比如每年将大约 30 吨精选青菜头装进 800 个土陶坛内，沉入池子进行发酵，发酵完成以后，再进行精选、剪切、榨压，最终的成品只有 3 吨左右，最长的可能耗时 8 年。

周斌全当时强调，此举是将沉香榨菜当成文化名片来打造，"要把榨菜打造成高端产品，塑造企业形象。这样看，价格就不是问题了"。

天价榨菜的价格是不是问题？到底谁消费它们？这些很难被核实，但可以考证的是，此举对涪陵榨菜的品牌形象及其投资者的信心无疑是非常有效的，根据《北京晨报》2011 年 6 月的消息，涪陵榨菜在用天价产品赚足了眼球后，股票微涨。

"涪陵榨菜推出的沉香榨菜成为涪陵榨菜最高端的产品，提升了涪陵榨菜高端产品形象，并且给予了涪陵榨菜维持'增持'的评级。"当时，有证券行业权威分析师点评，食品企业推高端产品的动机不难理解：一是证明公司有生产高端产品的能力，二是引起市场关注。至于动机之后，则需要有实力。

## 高级榨菜背后的定价权

实际上，"天价榨菜"故事的开端远比这更早。2007 年，涪陵榨菜第一批 600 克装沉香榨菜就以 2000 元的高价上市，当时正是涪陵榨菜的高速增长阶段。

2006 年，涪陵榨菜集团请来当时在《还珠格格》里大红大紫的皇阿玛张铁林做代言人，旗下乌江涪陵榨菜品牌逐渐走红，年产量从上市初的 2 万吨增长到 2017 年的 20 万吨，到 2017 年便已占据同行业 30% 的市场份额，成为名副其实的行业龙头。

关于涪陵榨菜靠广告成名并打开市场的故事，该集团官网有详细记录。大致如下：2000 年，周斌全从某科技企业调任涪陵榨菜集团总经理时，后者正处于亏损边缘，且当时榨菜还"上不得台面"；然而幸运的是，集团旧榨菜厂建在长江边上，赶上三峡工程移民迁建，涪陵榨菜集团因此获得 1.4 亿元移民资金，周斌全借此启动技术改革，引进国外设备、新建现代化生产线、新创榨菜品种，最终在改革第一年扭亏为盈，2001 年销售额 1.5 亿元，2002 年销售额 2.2 亿元。到 2006 年时，为打破销售的瓶颈，涪陵榨菜使用了当时中国企业屡试不爽的"品牌速成法"，即花巨资上央视黄金时段打广告。

按照涪陵榨菜官方说法，2006 年周斌全签下的第一笔支票是 1400 万元，专选《新闻联播》之后的紧俏时段，"于是，在每年 5 月至 8 月，每隔一天，《新闻联播》之后总会出现这样的画面——'皇帝专业户'张铁林拿着一包'乌江'牌榨菜，用惯用的皇帝腔慢慢道来：'乌江榨菜，我爷爷的爷爷都说好！'"

中商产业研究院数据显示，截至 2017 年年末，乌江榨菜市场份额达到 29.7%，较第二名（12.6%）高出一倍以上；与此同时，2017 年重庆产量占全国比例大概为 59.9%，涪陵占比 45.6%。涪陵榨菜在行业内占有绝对的定价权。

叶檀曾点评，榨菜的原料（青菜头）保质期短，价格便宜，"运来运去不值当"，涪陵榨菜这样的龙头企业能安享上游原材料，外加地方支持，以及技术与规模优势，对于行业及相关产品的发展有了绝对的话语权与影响力。

至于这个定价权会发挥到什么程度，明天的榨菜还有哪些动作，可以借用国家统计局新闻发言人毛盛勇的话："我国经济发展到现在这个阶段，总体来讲消费结构升级的步伐只会加快，不会停下来，这是发展的大势。"

《红楼梦》也早已用茄子这一"普通土味"的进化之路提供了参考答案。当茄子有了鸡汤、香菌、新笋、蘑菇、五香腐干、干果、鸡爪等各色辅料，就可以摇身变成奢侈的"茄鲞"，榨菜为什么不可以呢？

请按时吃药，谨防"雅过敏"！
# 伪文青批判
文 / 宋爽

这是一个属于伪文青的时代。伪文青对自己的好恶视而不见，但周围的风吹草动都被他们尽收眼底。作为时代风尚观察家，伪文青总是走在潮流最前端的后面一点点，毕竟引领和创造不是他们要操心的事，他们要操心的是如何不掉队——这是何等的进取之心啊！

土味、榨菜以及健康而有益的文艺生活

## 痴迷莫兰迪色

在过去，想迅速变身文艺范儿，只要买一身性冷淡风的衣服就够了；2018年，如果你还是性冷淡风而不注重颜色搭配，那你将与文艺失之交臂。清宫戏《延禧攻略》横空出世，剧情还没来得及讨论，莫兰迪色却先行走红。

意大利画家乔治·莫兰迪怎么也没想到，他那些低饱和度的瓶瓶罐罐和一部勾心斗角的清宫戏就这样结下了不解之缘。他笔下那些柔美、宁静、与世无争的色调，如今出现在一个个急于邀宠的东方嫔妃的身上。她们的脑海中，日日夜夜算计的就是如何撂倒一个又一个女人，以期永远躺在皇上的枕边。

由莫兰迪色延伸出了另一个概念——高级感。说白了，高级感就是直接拒绝接地气的东西。伪文青当然不能错过这个绝妙的机会，他们对接地气有着本能的抵触：说话爱用专有名词，看电影、听音乐，但凡流行的，哪怕好得要命，也必须拒绝。高级感恰好满足了他们旺盛的虚荣心。

当下，莫兰迪色是获得高级感最简单易行的方式。从卡戴珊姐妹这十几年的剧烈转型便不难看出，花枝招展已经是明日黄花，她们正全情投入泥土的芬芳：土色口红、土色服装、土色头发。这些颜色虽然不能算完完全全的莫兰迪色，但仍属于低饱和度大家族的一员。

自从结识侃爷，金·卡戴珊就发展出与大地色、灰色、白色系的深厚感情。伪文青也是如此，他们抛弃时代所抛弃的，拥抱时代所拥抱的，或者随便翻翻杂志便把衣柜里的旧衣服扔掉一半——不念过往，即是通往成功之路。

此外，伪文青对带有图案的服饰嗤之以鼻。不论是性冷淡风还是莫兰迪色，花哨都必须杜绝，色调如雾霾般醇厚才是上乘——这也是文青对古驰和杜嘉班纳不屑一顾的原因。

## 打卡比吃饭重要

拍吃发吃已经流行了一段时间。现在，随着商业营销的深入，网红餐厅更像洪水一样涌现。

去网红餐厅和去普通餐厅完全不一样。在网红餐厅，等食物的时候，店里有趣的灯罩、多肉绿植、别出心裁的菜单以及丹麦运来的设计师椅子当然都要拍下；食物上来之后，如果有一个真文青胆敢一言不发就开吃，会引起同桌其他人的公愤，并尖叫："等一下！"他们用手机对菜品进行 360 度全景扫描，咔咔咔一顿拍，还不忘加景深，耐心程度堪比验毒。

随后，不论食物有多难吃（有的人甚至拍完就完了，根本没有品尝的兴趣），他们的朋友圈都将多出几条精心编写的朋友圈：图片必须组成完美的九宫格，否则强迫症星人会浑身不舒服；文字（还有人称为"文案"）通常充满感叹号和表情符（嘴馋啦，心心眼啦）。"来打卡！排了 8 个小时队！"

没关系，你的人生就缺这 8 个小时，排长队让这 8 个小时充满了意义。但是，小区楼下那个东西好吃但不起眼的小饭馆，哪怕你天天去，别人也休想从你的朋友圈窥见一丝一毫。

要知道，伪文青最大的特点就是拥有当卧底的能力。他们所筛选的一切，都带有自我提升的附加价值，让你觉得他们就像旺仔牛奶广告词宣扬的那样："比你聪明，比你强！"

## 信奉土味金句

"我淋过的最大的雨，是那一天你在烈日下的不回头"，"我们在同一个时区，却有一辈子的时差"。如此缠绵绵长的文字，来自张嘉佳的著作《从你的全世界路过》。事实上，这本书正在从每一个伪文青身边路过，从数据上便可见一斑：上市后连续两周位居当当网、亚马逊和京东网的图书总榜冠军位置；上架 6 个月销售超过 200 万册。

曾经，作家和网红之间的沟壑不亚于东非大裂谷的宽度，但张嘉佳、陆琪、大冰等人却成功地弥合了这一地理奇观，将二者合二为一。我们不能贸然下结论，认为这些网红作家的读者中存在大量伪文青，但不可否认的是，伪文青喜欢鸡汤小品。

爱读书的伪文青有一点值得敬佩：他们喜欢活学活用。这些鸡汤文学的拥趸，誓将鸡汤洒满人间。他们的言谈举止中，处处透出对俗事俗物的不屑和抵制，但神奇的是，他们选择性忽略了鸡汤文中老掉牙的狗血剧情。

伪文青喜欢在朋友圈里不加引号直接引用书籍中的文字，以混淆视听（发朋友圈又不会被告抄袭）。可见鬼的是，他们越是这么做，粉丝就越多。常有不明真相的群众留言表达崇拜之情："我要像你这么有才华就好了！""学霸小姐姐，你好厉害！"

事实上，阅读畅销鸡汤文的人群和阅读严肃文学作品的人群各自画个圈，二者之间的交集大概只能插一根针。

这是为什么呢？一位读者对《从你的全世界路过》的读后感破解了这个谜题："这是著名杂志《妇女生活》的写作水准，每篇都是极其狗血的情节，卖弄风骚、无病呻吟、夸张过度，完全不符合人情逻辑，忽悠泪点低没读过课外书的小姑娘专用。"

虽说不能以偏概全，但《从你的全世界路过》中那些故事情节，恐怕不是手捧托尔斯泰、马尔克斯以及陀思妥耶夫斯基的读者们喜闻乐见的。此时此刻，马上有人忍不住当一次判官："文化没有雅俗之分！"天哪，饶了我吧。

## 民谣诉心声

2011年那会儿打开豆瓣同城，一个又一个后摇现场映入眼帘。现在，后摇已难觅其踪，失宠多年，民谣却扶摇直上，飞入了寻常百姓家。

如今，听见李志的概率比当年听见杨臣刚的概率大太多了。不论是一线城市还是一百线城市，不论在商场、公厕、酒吧、西安的城墙下还是人们的手机里，民谣已经全面霸屏，让人无处躲藏。

仔细想想，这股民谣风最狂热的追捧者和莫兰迪色、张嘉佳的追捧者是重叠的，他们是一类人。他们虽然缺乏主见，但总能精准地挑出潮流中稍显格格不入的那部分元素：一个伪文青可以喜欢林肯公园，但绝不可能（公开表达）喜欢小甜甜；他可以喜欢李健，但羽泉就不行了，更不能喜欢民谣鼻祖王洛宾。

民谣为什么抓住了伪文青的心？这和它的属性有关。民谣和《从你的全世界路过》有异曲同工之妙：忧伤、唯美、纠结，就像连续叹了一千口气一样富有浪漫主义情怀，颓废中透着希望，希望中带着渺茫。总之话不能说尽，事不能做绝，永远留一手，就像一个个省略号一样绵延无绝期。

这正中伪文青的下怀。在物质飞速发展的今天，比物质发展更迅速的，就是情绪的滋长了。当一个人闲得没事干的时候，没事找事就成了必需。这时候没有比喝一杯民谣酒下肚更适合的了，它同时解决了买一张高铁票就能回家的乡愁、早该分手偏偏剪不断理还乱的情愁，以及缺乏人生目标因此惶惶不可终日的忧愁。

抱怨归抱怨，有一点必须声明：喜欢民谣的，不代表这个人是伪文青；但伪文青鲜有不喜欢民谣的。

## 居家如 Ins

过去被人遗忘的家居用品，现在成了伪文青拼品位的战场。追求品质生活的人当中，也许没有富豪，但不会没有伪文青。

家——作为他们的终极装 × 地，是不能掉以轻心的。白色书架上，文创产品占了大半，书则是严格依照亚马逊总榜排名选购的；大量的铁艺、黄铜制品点缀在家中，给廉价的家具带来了昂贵的质感。

抱枕、餐垫、餐具、桌旗、台灯等不需花大钱的软装部分是重中之重，以小见大的精神尤为提倡，而墙上的挂画是最能展现主人品位的区域：照片墙太接地气，早已被淘汰，动植物图鉴成为近两年的新宠。注意，选择要谨慎，越冷门越好。夹竹桃和玫瑰，应该选择哪一个，应该不用我教你吧？

这不，地毯在进入冷宫多年之后终于翻身，占领了伪文青的客厅，茶几和沙发前必须摆上一条才罢休。但有时因为缺乏清理，地毯就成了皮屑的聚集地和螨虫的理想居所。

伪文青的家追求功能分区，窗前堆满坐垫的榻榻米茶座成为品茗、看鸡汤文学的不二选择。但这些坐垫看上去远比坐着舒服，除了屁股以外，腰和脖子完全照顾不到，只好硬挺着。胆敢用这样的姿势看一下午书，看上几次，腰椎间盘就要突出了。在伪文青的心目中，一切都不如美观来得重要，他们要的是能展示的 Ins 风。只要看上去是完美的，那就是真完美。

厨房又是另一个要智取的高地。只要条件允许，伪文青对莫泽雷勒奶酪、进口矿泉水、冷冻牛排、烟熏三文鱼、藜麦、蔓越莓干、谷物麦片、烤箱锡纸、迷迭香等充满异国情调的事物，有着难以抗拒的好感。条件好一点的，刀都要分好几种，中国人一把菜刀切遍天下那一套，只会让他们头摇得像拨浪鼓。

捞意面有专门的勺子，切比萨有滚轮形的刀，打鸡蛋有打蛋器，搅拌机早已落了灰，动辄上万元一台的料理机才是厨房的灵魂歌者。哦，对了，开放式厨房是最为理想的，但只消做一顿葱爆羊肉，便足以让人噩梦连连。西方的工具理性在伪文青的厨房里得到了最大程度的发扬，但你要问他什么是"工具理性"，那就超纲了。

总而言之，相较于真文青，伪文青是一个人云亦云的群体，潮流是什么，他们就跟着做什么。但神奇的是，他们总自认为最有主张，浑然不觉自己只是跟着人潮被动挪步，也不知道这些潮流的引领者全都是离经叛道、对潮流不屑一顾的顽劣之徒。在这个时代里，能拥有这般自我麻痹的本领，是一种幸运。对真知灼见和自我意志的追求，向来是件苦差事。伪文青才没那么傻，他们用最低廉的成本做出了最正确的选择，并且随时做好与时代同步的准备，以保证自己永远正确。回报也很可观——比如一大堆朋友圈点赞。

文艺生活前史

# 你们现在玩的，都是 50 年前他们玩剩下的

文／卢楠

"日复一日我的爱情在增长，这是自然造成的结合，是天真烂漫的形象，像阿菲理同与阿斯达黛一样。"

阿菲理同与阿斯达黛的兄妹之恋，出自孟德斯鸠《波斯人信札》第 67 篇。要是细问一个年龄 30 岁以上的中国人从哪儿听来的这两个拗口名字，

《我爱我家》主演宋丹丹、杨立新、关凌等重聚

答案八九不离十——《我爱我家》里贾志新妈妈的日记。上文这句半吊子情诗，便是老太太 1962 年在老家与表哥重逢时的即兴之作。

作为一部现象级电视剧，《我爱我家》中类似的神来之笔俯拾即是。从京韵大鼓资深艺人老和同志的"女大九，手拉手，革命路上一起走"，到贾志新的"小本生意"文化衫，这些处在计划经济与商品经济时代分界线上的人物形象在今天看来"老土"，但对于当时绞尽脑汁"起范儿"的文艺青年来说，简直是浑然天成的教科书。

《我爱我家》首播的 1993 年，离持续引起网民狂欢的"文艺标准大讨论"还很遥远。但充满文艺气息的生活方式从未缺席。伴随着经济的发展与社会的转型，它在俗与雅、精英性与大众性、集体与个体的摆动间形成一种微妙的平衡，而贯穿始终的，是对丰富、独立、有尊严的精神境界的向往。

## 1949—1977：新启蒙时代

1953 年冬天，19 岁的王蒙每周都要去什刹海冰场溜冰。那些日子，他沉浸在"大规模、有计划的经济建设拉开序幕"的昂扬情绪中，但这种昂扬情绪更直接的来源是初恋的降临，以及《青春万岁》的发表。冰场的大喇叭里传出苏联庇雅特尼斯基合唱团演唱的《有谁知道他呢》，起伏摇曳，如横空出世的青春一般天真灵动，锐不可当。

在那个时代，苏联范儿是日常生活中大部分浪漫细节的来源，与如火如荼的建设热情并行不悖：工装背带裤与布拉吉成了漂亮女孩的一体两面；工人们拧开职工浴室的热水阀门，口哨声在氤氲的水汽中蒸腾，往往是《山楂树》或《喀秋莎》的旋律；昔日征战南北的军人、干部，伴着电唱机里的《在满洲的山岗上》《阿穆尔河的波涛》学起交谊舞……

在这些细节勾勒的美好愿景中，祖国辽阔伟大，"没有别的国家可以这样自由呼吸"，为之战斗献身时，也总有爱人相伴左右。半个世纪后，王蒙在散文集《苏联祭》中回忆起自己听说中苏决裂时的心情——"那种撕裂灵魂的痛苦，甚至超过了处决我本人"。

时局动荡，但中国人的文艺生活轨迹却没有就此断片。革命"样板戏"与"两报一刊"之外的世界，赋予年轻人偷食禁果的快感，对于他们中的"盗火者"而言，则是打开"新启蒙时代"的那把钥匙。

20 世纪 70 年代初，上海静安区饮食公司红旗机修厂工人吴亮常常装病躲在家里看书。彼时，大量"破四旧"的"漏网之鱼"在年轻人当中流传，"四条汉子"

之首周扬翻译的《安娜·卡列尼娜》得包上《联共（布）党史》的书皮才能传阅，而为了尽快看上热门的外国文学名著，还得采用先借下册再借上册的"错峰"手段。这些"漏网之鱼"，是吴亮后来走上文学批评道路的基础。

1200多千米以外的北京，逃离下放点的知青彭刚和后来以"芒克"之名进行诗歌创作的姜世伟跳上南行的火车。他们在信阳和武汉两度被赶，身无长物时，彭刚让姜世伟用仅剩的五分钱洗把脸，出街行乞，后被遣返回家。促使他们踏上流浪之旅的，正是凯鲁亚克的《在路上》。当时以"黄皮书"形式存在，供机关、研究单位交流批判的"内部读物"，包括《等待戈多》《局外人》《厌恶及其他》等，至今仍被文艺青年奉为圣经。

彭刚更为出名的身份，是青年画家以及铁道部宿舍文化沙龙的座上宾。据朦胧派诗人田晓青回忆，在北京13路公交车沿线，这种以唱歌、读书、看画展、诗朗诵为由头攒起来的地下聚会不胜枚举，这些派对的主持者，家中大都"有些来头"。

画家张仃之子、诗人张郎郎，就曾模仿马雅可夫斯基剃光头、穿军衣、腰缠电线，曾把装着披头士磁带的录音机拿到颐和园的船上播放，称此为"霍查（阿尔巴尼亚总统）他父亲村里人唱的"。

而追随这些派对而来的，是1978年诞生于东四十四条76号的《今天》杂志，对于已经拉开帷幕的历史巨变，创刊者北岛那句"我——不——相——信"，即将成为振聋发聩的回答。

## 1978—1988：美的历程

"然后又聊了会儿法国文学，这时候3点半了，再说，留下来可以，非常感谢，但是最好还是走回去。停下来，又讲了讲人文主义的起源，3点45分了，就说，怎么着都得留下来了。这时候，就讲到美国前卫小说家亨利·米勒，再讲到他的情人阿娜伊斯·宁，这才有了点儿性的感觉。可那时候我已经晕了，困得跟个孙子似的。"2005年除夕，出版商姐姐在女友们的哄堂大笑中还原了老公20多年前"拿下"自己的那个夜晚，她不紧不慢地吸一口烟，表情戏谑。

这是电影《无穷动》中的一幕。本色出演姐姐的洪晃，正是一名"高干子女"和"前文艺青年"。

1978年，此前遭禁的35种中外文学名著重新面世，上海新华书店南京西路门市部的玻璃门、玻璃书柜全被读者挤破。在北京，有市民为了排上队，裹着棉被等了整整一夜。时为北京医学院口腔系学生的作家止庵抢回了《鲁滨逊漂流记》《莫泊桑短篇小说选》等名著，在那之前，他主要靠阅读《毛泽东选集》注释满足自己的阅读欲。而他钟爱的卡夫卡，即将和博尔赫斯、米兰·昆德拉等西方现代派作家一道，在中国青年间掀起模仿创作的热潮。

1985 年，批评家张柠在上海"抢购"了一本"畅销书"——柳鸣九编选的《萨特研究》。被"苍蝇""死无葬身之地"之类"狠劲儿"十足的标题震撼之后，张柠自觉书中文本晦涩难懂，只好模仿插图页中萨特叼着雪茄的姿势，拍了张抽烟照。按照画家钟鸣的说法，年轻人对萨特不太了解，甚至不知道他长什么样，"但都拿他壮胆"。他们频繁使用"向死而生""上帝已死""存在先于本质"等拗口的哲学概念，就着其中隐隐浮现的宏大意象，勇敢而豪迈地谈理想，谈人性，谈存在之困。

几乎在同一时期，中国社科院门口常会出现来自地方的中学教师、工厂学徒、小报记者，他们夹着用来记录谈话内容的小学生练习册，请求"与丁学良讨论问题"。学者丁学良所在的"走向未来"丛书编委会，与"中国文化书院""中国：文化与世界"两大编委会各领风骚，《美的历程》《第三次浪潮》《兴盛与危机：论中国社会超稳定结构》等图书被无数并不具备学术背景的普通人揣进枕边、夹进公文包、扔进自行车篓。对于他们而言，这些思想争鸣直接指向的"五四"以来一直困扰中国人的元命题——本土与西方、传统与现代、保守与改革、主义与问题——实在太过艰深。但在这历史三峡的水流湍急处，他们为自己的在场深感荣幸，也绝不愿缺席。

文学与哲学、阅读与思考，在集体主义时代残留的"从众效应"作用下，就此"飞入寻常百姓家"，幻化为中国人文艺生活史中一道奇特的风景线。这道风景线上不再有张郎郎、郭世英那样遗世独立、几近完美的主角，但对知识的渴望、对美的痴迷、对终极关怀的景仰，却使得每个个体都散发出独一无二的灵气与精彩，并最终汇聚为大写的"人"字，成为那个时代鲜亮的底色。

## 1989—1999：阳春白雪与下里巴人

1999 年，作家王朔在《中国青年报》发表了《我看金庸》一文，将金庸小说、"四大天王"、成龙电影、琼瑶电视剧并列为"四大俗"，"并不是我不俗，只是不是这么个俗法"。

从被划定为"黄色歌曲"的《乡恋》与《何日君再来》，到因为"跳贴面舞"入狱的迟志强，在改革开放初期的岁月里，流行文化一直背负恶名，接踵而来的批判直指原则与路线问题。

及至1992年邓小平发表南方讲话，市场经济浪潮席卷全国，赚钱的机会一下子多了起来。与"发展才是硬道理"对应，口袋里的钞票与当下的快感，被当时的国人摆到了首要位置，甜蜜而柔软的生活成为他们最迫切的需求。"庸俗"也好，"拜金主义、享乐主义"也罢，这些大帽子并不能阻止他们满怀热切地奔向"天王巨星"营造的花花世界。

在此过程中，那套严肃、坚硬、崇高、追求宏大叙事的话语体系，开始被港台流行乐、好莱坞大片解构。《我爱我家》里，当被电视台记者问及见义勇为时想到了什么，"资产阶级阔少作风十分严重"的贾志新回答："我想起董存瑞，炸碉堡，就像冬天里的一把火；邱少云，焚烈火，熊熊火光照亮了我。"《甲方乙方》里，英达扮演的"巴顿迷"书商，一边对着解放战争时的南京地图指点江山，一边驾轻就熟地用译制片配音腔体恤下士："哦，现在还不行，汤姆，等打败了德国鬼子，我把新汁儿西（新泽西）的牧场送给你。"

对于大学生而言，课业是否繁忙，只需看他下课后是刷托福还是织毛衣。贴在宿舍床板上的张曼玉、钟楚红海报日复一日地见证麻将碰撞的喧嚣，见证熄灯后照在"闲书"上的一束电筒光，那方狭窄的明亮中，丐帮帮主乔峰正在聚贤庄血战，无数痴男怨女正用"山无棱，天地合，乃敢与君绝"起誓。与20世纪80年代的前辈相比，他们心中的摇滚乐不只是像一把刀子，还得有窦唯《艳阳天》的闲适悠远、郑钧《灰姑娘》的铁汉柔情；他们心中的文艺片不只有《红高粱》《盗马贼》那样爆棚的男性荷尔蒙，还得有张国荣雌雄莫辨的回眸一笑、王家卫最擅长使用的迷离光影。换言之，思想性要有，但感官体验更重。

当一批作家、学者被冠以"明星"之名横空出世，当《还珠格格》的爆红将"小燕子"赵薇推上2000年春晚主持的位置，什么是"阳春白雪"，什么是"下里巴人"，什么"严肃"，什么"不入流"，都已经很难用明确的标准界定，正如在90年代初期的"人文精神大讨论"中，受到批判的恰恰是王朔本人和他的"痞子文学"。

重要的是，对于每个平凡个体而言，90年代以来越发多元化的价值观，给予他们选择的权利。他们可以设计自己的生活方式，无论是拥抱诗歌、哲学还是在演唱会后台拥抱自己的偶像，这都只是生活的一个维度，而不是生活的全部。

# 用文艺拒绝粗鄙

文 / 罗屿

台湾作家钟芳玲多年前造访伦敦，最常做的事情就是在书店、图书馆、博物馆中穿梭，她说自己"没有一天不是充满着狂喜与感动"。她曾在抵达旅店后立刻卸下行李，迫不及待直奔查令十字街 84 号；也曾徜徉于莎乐伦书店，"以贪婪又灼热的眼光打量着立柱上悬挂的 T.S. 艾略特与狄更斯的照片和亲笔信函、中世纪的手抄羊皮书页、莎士比亚戏剧的别致海报、艾力克·纪尔的黑白版画与藏书票……"触目所及的对象，样样都让她心花怒放。

央视《国家宝藏》制片人、总导演于蕾在英国学习交流期间，把业余时间贡献给了博物馆，除了欣赏展览，她也感受了当地人的文化生活：老人在博物馆画画，孩子在那里领悟历史，年轻人则在里面谈着恋爱。

作家李辉在英国旅行期间，用大把时间艰难寻访位于牛津郡的奥威尔墓地。当他终于站在大小不到一平方米、朴素至极的奥威尔墓碑前，他想到伦敦的西敏寺有一个著名的诗人角，供奉着自乔叟以来的诸多诗人和作家："站在那里，环顾四周墙壁和地面，一个个熟悉的名字，让你难以相信自己竟然置身于他们之间：乔叟、彭斯、弥尔顿、狄更斯、拜伦、雪莱、司各特、艾略特、王尔德……"

诗人于坚曾在法国按照旅游手册寻找波德莱尔的墓地。那是个阳光明媚的春天，风里还夹杂着寒冷。那天，于坚觉得自己似乎有些灵魂出窍，"我站在这里，就像一个中年的波德莱尔，比他稍胖"。

对于坚而言，巴黎并非代表着购物中心与香水皮革。他迷恋的，是那里满城的露天咖啡馆、画廊、剧院、电影院、小店、古玩店、鲜花店……他迷恋的，是充满沧桑感的巴黎。他曾一头扎进老街区，遇到一个祖传三代的铁匠，铁匠在自己的作品前标注：这把刀打造的时间花费 8 小时 34 分钟。于坚去看画家塞尚的纪念画展，去了三次，第三次才看成，"因为从早到晚，都排着长队"。看见这样长的队列，他既吃惊又感动，人们如此虔诚地崇拜艺术，让他热泪上涌，耐着性子排队，跟着来自世界各地的人缓缓移动。

我国台湾作家彭怡平的巴黎记忆，则属于影院、Jazz Club、米其林餐厅……她曾在米其林三星餐厅"芭音"用名贵的昆庭（Christofle）刀切下一小块牛腿，蘸上肉汁酱放入口中，惊叹这"人间至高无上美味"；她曾在几乎代表法国人一生美食梦想的"银塔"餐厅，听老板克劳德·特哈耶以略带戏剧化的演员腔朗读"银塔"的每一寸光荣历史；她曾在克里戎饭店"大使厅"遇到"主要工作是给客人介绍巴黎文化活动"的门房总管。总管先生每天都要花好几个钟头参观博物馆、画廊，看文艺表演。他的专业指导，常会让客人临走前抱着他兴高采烈地又亲又喊："巴黎！我爱你！"

无论是钟芳玲、于蕾、李辉，还是于坚、彭怡平，他们或许都在用自己的经历告诉我们，在匆忙、亢奋的时代，物质如潮水，精神如河床，文艺虽一度被社会潮流调侃、反讽，但好的文艺并非矫情、无病呻吟，或者空洞、做作、腻味的抒情，而是一种必要的审美构成，它是对粗鄙的拒绝、对品质的追求。同时，文艺也是一种自我选择的生活方式。当然，并非置身于大英博物馆、巴黎歌剧院、莎士比亚书店、米其林餐厅等，才算满足精神需求的文艺消费，在寻常生活中，阅读、旅行、欣赏画展、在现场观看一场体育比赛等，同样也是心灵的"消费升级"。

在一篇名为《文艺青年不相信消费降级》的文章中，作者提到，当有关"消费降级"的焦虑被大规模贩卖时，反观各演出平台的售票信息，这种绝非"刚需"的消费却是不降反升。文中引用大麦网数据：在 2018 年 6 月 1 日到 8 月 31 日的整个暑期档，大麦网服务观演用户 220 万人次，覆盖全国 281 个城市。而大麦网在售演出项目占整个演出行业线上在售项目 90% 以上，由此可以反推整个演出市场的繁荣。另外，现场演出不只是我们通常理解的话剧歌剧、音乐会、演唱会等传统品类，像戏曲表演、舞蹈芭蕾、体育赛事，以及啤酒节、会展等新品类均表现强势。依作者看来，经济学所谓"口红效应"，或许在文艺生活中同样适用——现实越焦虑，人们越要保持对生活的心气儿。"既然生活不止眼前的苟且，还有诗和远方的田野。那么能力所及的小奢侈，总能带我们去更远、更好的地方。"

在艾瑞网发布的《2018 年新中产精神消费升级报告》中，同样也提到了文艺消费的新趋势。报告指出，读书、摄影、音乐、舞蹈等方式如今已成新中产常见的休闲方式：新中产男士闲暇时 37.6% 会选择读书，22.1% 会选择音乐；对女士而言，舞蹈、绘画、插花等更受欢迎。报告还提到，新中产大多中意"努力奔跑"的自己，因此愿意持续提升自我：63.8% 的新中产保持阅读的习惯，53.8% 的新中产习惯通过网络扩充知识面。此外，新中产还会通过购买线上课程、跟随行业大 V 等方式持续学习。

这样的数据不难看出，人们越来越倾向于在精神层面自我投资。而只要大家乐于为文艺花钱，消费就没有降级。一如新世相创始人张伟所说，我们都在为生存奔忙，文艺是让这种奔忙的本质显得略带质感的努力。

在《我们终将改变潮水的方向》一书中，张伟提到，希望每个人都有点"文艺"气质，因为文艺"是真诚的、严肃的、高尚的，它并非只是表面化、碎片化地堆砌一些花哨之物，它向内渴望精深生活，结果导向一个社会的精神世界的丰富，并且可以抵抗过于功利的潮流"。

文艺甚至可以教会我们如何在不断变化的世界里从容跟随，就像第二次世界大战时人在英国的萧乾，面对纳粹的轰炸，他仍在地下室心无旁骛地翻译《尤利西斯》。

由此看来，文艺既是一种生活方式，更是对自我的救赎。对文艺、对精神生活的追求，好似无声无息流淌的溪水，映照我们每个人生命的丰盈、尊严与体面。

新周刊
NEW WEEKLY
2018 年度佳作

# 有一种迷药叫……

村上春树（图－藤本理）

如你所愿，村上春树又为文青们送来了一剂最新的迷药：《刺杀骑士团长》。

30 年来，村上春树给爱他的中国迷们陆续制造了至少 18 颗迷药：跑步、美国文化、猫、幽灵鬼怪、贫乳少女、两种女人、枯井与洞穴、威士忌、死亡、翻译、"小小人"、料理、粉丝、旅行、数字、独居生活、音乐、汽车……也许还有其他。

在村上春树的迷药里，通常含有 16.67% 奇怪的梦境、4.17% 耳朵、12.5% 做饭、25% 猫、8.33% 古典乐、25% 分裂的姑娘们、8.33% 爵士乐。

他和他笔下的主人公总是在人群里活得孤独，活得不那么与时俱进，活得像一个大时代边上的局外人，但是，他们又活得那样有趣，那样充满了爱和希望。正是这一点，相继戳中了日本、中国青年的内心。

与其说村上春树是作家，不如说他更像生活家，经由他，许多人爱上了村上 style 的生活方式：跑马拉松、听古典乐与爵士乐、过一个人系生活、穿性冷淡风、用极简家具、挑剔美食、操一口文艺腔……

"我认识一个年过四十的 Harukist（村上春树书迷），做人完全没有自信，动不动就受到打击，对社会和交际非常不擅长，罪魁祸首难道不是村上作品经常出现的逃避到'别的世界'的缘故吗？"日本《朝日新闻》一次针对村上的喜恶调查，发现"讨厌村上春树"的比例高达 49%。

是的，如果对一种药物上瘾，迷药就会成为毒药，你应该学会用村上春树戒掉村上春树。

祝你好运！

# 在石头与鸡蛋之间，永远选择站在村上春树这边

文 / 谭山山

　　"我受到村上先生作品的很多影响，甚至可以说自己是'春树的孩子'。我一直很感谢村上先生。"

　　2005 年年初，一位名叫 Moon、33 岁的韩国女编辑通过"村上的地盘儿"（村上さんのところ，又译"村上家"）网站，给村上春树写了这样一封短信。这恐怕也是许许多多村上春树的铁粉——不管他们自称"村上主义者"还是"Harukist"（姑且可译为"春树饭"或"春树 er"）——最想对村上春树说的话。

## 从对村上春树一无所知到推崇备至，中国读者只花了 20 多年时间

　　作家潘向黎在《收获》杂志 2004 年 1 月号发表的小说《白水青菜》中，描述了一个热爱村上春树的年轻女性："嘟嘟有两个爱好，一是健身，一是读村上春树。她不但有村上春树的所有作品，而且每种都不止一本，有各种版本。他怀疑只要国内有的她都买齐了。甚至还有日文原版的，虽然她不懂日语，'我可以学啊！'她唱歌般地说。只要有空，她就会随手拿起一本村上春树，随便翻到哪一页，开始看。看着看着，她的眉头就会微微蹙起来，光洁的脸似乎突然长了几岁。书架上、沙发上、床头甚至洗手间的梳妆台上，都放着村上春树。有的合着，有的打开封面封底朝上趴着。"

　　在这个超级村上春树迷眼里，"村上春树"早已成为一个形容词、一个符号、一种生活方式的表征。她给中年企业家男友做了《世界尽头与冷酷仙境》里出现的"番茄泥炖斯特拉斯堡香肠"，因为"那是世界末日当天，他和图书馆女孩过了一夜，在她家做的早餐"，自我陶醉于这道餐点的"另类！浓烈！丰富！"，

认为它"绝对村上春树"。

但她的 60 后男友显然与她步调不一致。这道煞费苦心的情怀料理，在他看来不过是"国内航班的经济舱餐点"："这就叫用最村上的方式享受生活？……慢着，这个叫村上春树的人，会不会故意戏弄这些崇拜他的人呢？"

潘向黎是 20 世纪 90 年代较早接触到原汁原味的村上春树小说的那拨人之一。她 1992 年前往东京外国语大学研究所留学，次年开始读日文原版的《挪威的森林》，"哭着一口气把它读完"。

村上春树以《且听风吟》在日本文坛崛起的 1979 年，中国刚刚为改革开放走出关键一步——在深圳、珠海试办经济特区；而这一年中国文坛的关键词是"反思"，随着文学界的进一步松绑，作家们纷纷在作品中力图揭示导致社会伤痕、心灵伤痕的病因，没有人听说过村上春树这号人物。此后，村上春树保持着旺盛的创作力，以长篇—短篇/随笔—长篇的节奏不断出版作品。与此同时，经过 1986 年 2 月《日本文学》杂志最早以小专题的形式推介村上春树、1989 年 7 月《挪威的森林》出版等标志性节点，村上春树在中国开始拥有读者群。到了 20 世纪 90 年代末、21 世纪初之时，中国年轻人（正如《白水青菜》中的嘟嘟）已经接受了"绝对村上"的世界——如此算来，从对村上春树一无所知到推崇备至，中国读者只花了 20 多年时间。

## 一群生活于主流之外的人，拥有独特的个人价值观——正是这一点相继戳中了日本、中国的年轻人们

每个人进入村上春树世界的契机都不同。很多人看的第一本村上春树作品是《挪威的森林》，现为作家、译者的孔亚雷则是《舞！舞！舞！》。

根据译者林少华的转述，2000 年左右，孔亚雷在一家航空母舰般巨大的银行上班，做着一份无须想象力的工作。正当他和大多数青年人一样感到自我迷失的时候，他碰上了村上春树，读到了《舞！舞！舞！》（当时叫《青春的舞步》）。"一读之下，爱不释手。那种感觉，就像打开一扇门，进入另一个小小的世界。那是专门为我而存在的世界，一切都像为我而度身定做。我的失落、我的惘然、我的悲伤，都在那里得到了温暖的拥裹。于是我找来当时所能找到的所有村上小说，一本接一本读下去。渐渐地，我的心变得安静而坚强。所有的纷乱沉淀下来，我终于从某个角度看见了我自己。"

在为《海边的卡夫卡》中文版所写的序文中，村上春树给自己小说中常见的主人公描画群像："之前我的小说主人公大多为二十多岁到三十多岁的男性，住在东京等大都市，不是从事专门职业，就是失业之身。从社会观点来看，他们绝不是受到高度评价的角色，毋宁说是一群生活于主流之外的人。但他们拥有独特的个人价值观。在这个意义上，他们维持着一贯性，根据情况有时也会变得强大。我迄今描写的大致是这种生活方式，是这种价值观，是他们个人体验的人生，是这个世界反映在他们眼中的真实状态。"

一群生活于主流之外的人，拥有独特的个人价值观——正是这一点相继戳中了日本、中国的年轻人们。所以孔亚雷说村上春树改变了自己的人生观，并把村上春树视为精神之父。

村上春树本人的经历也具有榜样意义。1974 年，时年 25 岁的村上春树和妻子阳子用东拼西凑来的钱，在东京国分寺车站南口开了一家名叫"彼得猫"（Peter Cat）的爵士乐酒吧。"值得庆幸的是，那时候年轻人开店不像现在这样耗费巨资，所以和我一样'不想进公司上班''不想摇尾乞怜'的人们，就到处开起小店来，诸如咖啡馆、小饭馆、杂货店和书店。我的小店周边也有好几家同龄人经营的店……整个世间好像还有不少类似'缝隙'的地方，只要走运，找到适合自己的'缝隙'，就好歹能生存下去。"在《我的职业是小说家》一书中，村上春树如此回顾那一段经历。

年轻、健康，可以整天听自己喜欢的音乐，而且，"无须挤在满员电车里行色匆匆地赶去上班，也无须出席枯燥无聊的会议，更不必冲着令人生厌的老板点头哈腰，还能结识形形色色的有趣的人、兴味盎然的人"。这样的自由，不要说 20 世纪 70 年代的青年，就算现今的青年，也是会感动得流泪的。

而更具有榜样意义的是他对自己的人生信条的坚持。村上春树说过："不管全世界所有人怎么说，我都认为自己的感受才是正确的。无论别人怎么看，我绝不打乱自己的节奏。喜欢的事自然可以坚持，不喜欢怎么也长久不了。"开爵士乐酒吧如此，写作和跑步也是如此。"我这个人有自身固有的视角，还有赋予其形态的固有程序。为了维持这程序，从生活方式来说，有些地方就不得不变得个人一点。"（《我的职业是小说家》）

## 用"小说家"这个框架去衡量村上春树的价值，已经远远不够了

村上春树的人生，示范了一个人可以在多大程度上坚持自己的主张，活得

有一种迷药叫……

不那么与时俱进、活得像一个大时代边上的局外人，而且，活得非常有趣。你可以称他为小说家，但他可能更愿意被称为"生活家"。

你可以像他那样，每当遇到艰辛与悲哀，就想起杜鲁门·卡波特那句名句："去想无关紧要的事。去想想风吧。"（他甚至表示，这句话用来当自己的墓志铭挺好的。）在《去想想风吧》一文中，他记述了自己和阳子在希腊一个"除了风几乎一无所有的宁静小岛"隐居的日子："不管我们到哪儿去，风都如影随形。在海港的咖啡馆前，风匆匆忙忙将遮阳伞的周缘吹得哗哗作响。在无人的游艇码头，船桅不停发出咔嗒咔嗒的干燥响声。步入林中，风拂过绿叶四处飘飞。它将漂浮在海上的白云运往遥远的岸边，它让桌前窗边的九重葛花翩翩起舞。它浓淡不匀地运走街头小贩的吆喝，送来何处人家烤羊肉的香味。我们几乎片刻不能忘记风的存在。"

你也可以像他那样，随时脑洞大开。在健身房活动身体时，他突发奇想：能不能将在这里消耗的能量用来发电？可以在街角放上一排健身自行车，请志愿者踩动脚踏板发电，然后在能量手册上敲上2000点的戳印："谢谢，您辛苦啦，您今天献的能量是2000大卡。"而这些脑洞的前提，是他对核电站的存疑。

你还可以像他那样，开车遇到红灯时间很长时，就掏出牙刷，不蘸牙粉，也不用水，只是慢慢悠悠地刷遍每个角落。"对面车道上常有司机傻乎乎地望着我这样刷牙，脸上清清楚楚地写着'不用水怎么能刷牙呢'。是的，一切都能练出来。"（《边等红灯边刷牙》）

你更可以像他那样，做一个坚定的猫奴。他说自己属于典型的"猫型人格"，是不折不扣的猫派。在《村上朝日堂，嗨嗬！》里他写道："刚结婚的时候，我们在家徒四壁的房间里大气也不敢出地活着。连火炉也没有，寒冷的夜晚抱着猫取暖。猫也冷，紧紧贴在人身上不动——颇有些同舟共济的意味。"他的作品里猫无处不在，像《海边的卡夫卡》里，居然有人获得了和猫交谈的能力。

可以向村上春树学习、效仿的东西，实在太多太多了。所以，那些每到诺贝尔文学奖颁发之际就把村上春树是否"万年陪跑"搬出来说了又说的人，那些煞有介事地论证村上春树作品的文学价值的人，他们可能没有意识到，用"小说家"这个框架去衡量村上春树的价值，已经远远不够了。

村上春树说："假如这里有坚固的高墙，而那里有一撞就碎的蛋，我将永远站在蛋一边。"

而"春树的孩子"说：我们将永远站在村上春树这一边。

# 村上春树制造的 18 颗迷药

## 1. 迷跑步——时间的陪跑者

"村上春树 / 作家（也是跑者）/1949-20？？/ 至少到最后都没有用走的。"

这是村上春树给自己写的墓志铭。

33 岁那年，村上春树开始长跑，并养成了坚持至今的作息习惯：写长篇小说时，凌晨 4 点左右起床，泡咖啡，吃点心，开始工作，写五六个小时；下午跑步 10 千米或游泳 1.5 千米（或者两样都干），然后读一会儿书，听听音乐；晚上 9 点就寝。

对于村上而言，他的写作与生活作息，无一不与时间为友。他曾对一位年轻作家表示："作家如果长赘肉就完了。"他解释说，这是物理上的赘肉，也是隐喻上的赘肉。当大多数人在恐惧衰老、恐惧赘肉、恐惧江郎才尽时，他一直在用强大的意志力把时间拉到自己的阵营。

陪跑诺贝尔文学奖 7 年算什么，陪着自己的时间跑，"至少到最后都没有用走的"，才是真正的赢家。

## 2. 迷美国文化——"日本文学界的弃儿"

在村上春树的作品中很难找到传统的日本符号。"我"不喝清酒、不听演歌、不读私小说。"像黄瓜一样酷"这种古怪比喻，则直接来自英语俚语 "as cool as cucumber"。名古屋大学文学教授三浦玲一评价道："村上与其说代表日本作家，不如说这位全球化的作家正好是日本人。"

有一种迷药叫……

在村上看来，日本文学与西方文化是一种"父与子"的关系：村上的父亲是日本文学老师，祖父是佛教僧人，他作为"子"走向了威士忌、爵士乐和美国文学。几乎囊括所有日本文学大奖的村上，可算是日本文学界的"宠儿"。相较于连续 7 年擦肩而过的诺贝尔文学奖，村上或许更希望得到芥川奖的认可。村上无缘芥川奖，正是因为评委们认为其笔下的日本人等同于美国人。"某种意义上，我是日本文学界的弃儿"，若不是真心介意，村上应该不会发出如此嗔怨吧。

### 3. 迷猫——最文艺的网红猫 IP 推手

20 世纪 70 年代，村上春树夫妇曾经营一家叫"彼得猫"的爵士乐酒吧。这两位毕业于早稻田大学的文艺青年，打造了一个网红猫 IP：酒吧门外是一张巨大的嬉笑着的猫脸，每张桌子都有个猫的小雕像，钢琴上也有，墙上贴的是猫的画像和照片，猫形花盆里插的是猫薄荷，火柴盒、杯垫、筷子包装甚至衣架上，随处都是猫的身影。夫妻俩曾因此在 1979 年接受一家爱猫杂志的采访，阳子穿的毛衣上织有"彼得猫"的字样和好几只猫的图案。

"我喜欢它们的柔软温暖，还有个性，很像我"，在 1989 年写的一篇散文中，村上提到自己数年间养了十几只猫。他用写作赚来的第一笔钱买了一只苏格兰折耳猫，另外，有一只叫作"麒麟"的猫是村上龙送给他的。村上曾说村上龙是日本最好的作家，或许跟这只猫不无关系。

### 4. 迷幽灵鬼怪——藏得很深的"和魂洋才"

村上春树没有宗教信仰，可以说不奉神，但他信鬼。他还自称曾在诺门罕的旅店中遇到"鬼压床"。《1973 年的弹子球》中就出现了"我"和双胞胎女孩一起为废弃的配电盘举行葬礼的情节，因为冷冰冰的配电盘被赋予了灵魂——"一窝小狗的妈妈"。《挪威的森林》里"玲子"的日语发音是 Reiko，与"灵魂"（Reikon）发音相似，因此，玲子大约就是直子的"灵魂"。

村上十分喜爱这种与灵魂若有若无的距离。《列克星敦的幽灵》中收录的故事全部涉及幻想鬼怪，但不像是仅仅通过语言文字简单创作出来的，而是出于一种相信——他深信世界上存在魂灵，在某些地方可以听见、看见它们，并觉得这种与幽灵邂逅的经历十分有趣，故事由此产生。有学者认为这反映了日本人的灵魂观，既传统，又新颖。可以说，村上把自己"和魂洋才"的一面藏得很深了。

## 5. 迷贫乳少女——"永远的少年"

贫乳少女是村上小说中的典型形象。如《1Q84》的青豆、《刺杀骑士团长》的秋川真理惠、《舞！舞！舞！》的"雪"、《奇鸟行状录》的笠原 May，她们像怕生的猫一样谨慎，又带着奇异的洞悉力。这些少女的共同点是，迫切希望自己的乳房鼓起来。"哎，我的胸是不是不够大？""今天我的乳房还是没有变大。"青豆和秋川真理惠反复这样问。

日本文学研究专家石原千秋说："村上春树的主人公们皆有'恋乳癖'。"事实上，在村上的隐喻里，乳房象征着对社会（或人生）的认知和理解。如果说男主人公的命题是找回妻子，少女面对的问题则是含糊不定的，所以她们把乳房的成长当成了可见的首要目标。但最终，她们都会像《海边的卡夫卡》里的真理绘那样，经过某种形式的试炼，"必须成为有勇气又聪敏的女孩"。而村上，则是那个见证她们成长的"永远的少年"。

## 6. 迷两种女人——《失妻物语》头号男主角

村上小说里自始至终存在着两种女人：第一种女人才貌出众、性冷淡、内向，和"我"的关系本质上是认真的，这个女人往往会莫名失踪或离开，在"我"的记忆中挥之不去；另一种女人则出现较晚，往往爽直坦率，即使生命中有过悲伤的经历，也持乐观向上态度，在性方面毫不遮掩，通常都是人妻，寓意着一种母亲的形象。

这两种女人是村上编织的"丧失—探索—发现—再丧失"故事链上的珍珠。通过寻找妻子（或者是羊，或者是某种真相）的过程，"我"渐渐明了生存的意义和本质，得到了自我存续的理由。途中出现的第二种女人则是重要媒介，她们协助"我"去寻找，使一些事情得以发生，把"我"带到某处，经历一些必须经历的事，最终帮助"我"忘却。

## 7. 迷枯井与洞穴——爱丽丝仙境的门卫

"我一生的梦想就是待在井底。"除了村上春树，大概不会有人这样描述自己的梦想。对于村上而言，这并非普通的枯井和洞穴，而是像《爱丽丝梦游仙境》的那种枯井和洞穴，是现实世界与黑暗世界的联结点。他作品中的井，也是通往潜意识的通道，井底的水象征着精神的内容。当故事中的人物进入一口枯井深处，他就充当了水的角色，几乎一变而为纯精神，变成纯记忆与想象，在意识间浮进浮出，无法确定他与黑暗的界线。也就是说，他每部作品中的现实世界与非现实世界，都是相互交叉的，枯井或洞穴就是两个世界的联结点。村上本人则像一个门卫那样，守在这个点上，等待着那只兔子，引来好奇的爱丽丝。

很多读者很想知道村上本人是否也下过井，答案是绝对没有。"太害怕了。"他坦白。

## 8. 迷威士忌——百分之百的酒吧老板

1979 年，村上春树在处女作《且听风吟》中就开始写威士忌："那天晚上，鼠一滴啤酒也没喝。这绝不是什么好预兆，相反的，他连续不停喝了五杯 Jim Beam 加冰块。"紧接着的《1973 年的弹子球》中，"我"每完成一件工作，"就喝干一根手指头宽的威士忌"。后来他写下《如果我们的语言是威士忌》一书，甚至在《海边的卡夫卡》里直接把角色命名为尊尼·沃克（苏格兰威士忌品牌）。新作《刺杀骑士团长》中，"我"反复喝的是 Chivas Regal。

对于威士忌的选择，村上有自己的智慧。"多数人以为年头越多越好喝，但并非那样。既有岁月使之得到的，又有岁月使之失却的。蒸发有其增加的东西，也有减少的东西。终究不过是个性差异而已。"别忘了，说这话的人是一个百分之百的酒吧老板。

## 9. 迷死亡——怕死的敢死队队长

有位读者曾问村上春树信不信有来世，他答道："等我死了之后再来考虑这个问题。"要说村上不怕死是假的。他在短篇小说《有熨斗的风景》中写"我"经常光顾便利店，理由是不喜欢冰箱——冰箱意味着封死的箱子里一种缓慢、痛苦的死亡威胁。他在与心理学家河合隼雄对话时也坦承，"虽然平常没什么感觉，但在写小说的时候，就非常能感受到死者的力量"。

但他选择了直面，无论是以阪神大地震为背景的《神的孩子全跳舞》、从诺门罕战役出发的《奇鸟行状录》、承认南京大屠杀罪行的《刺杀骑士团长》等虚构作品，还是关注奥姆真理教发动东京"沙林"毒气事件的纪实作品《地下》，他都以作家身份承担起社会责任，从"超脱"变为"承担"。他一直在以自己的方式来做一个日本人。

## 10. 迷翻译——"一个人革命"的翻译家

从事写作 30 多年来，村上春树从来不混圈子——无论是日本文坛还是世界文坛。他的社交活动基本被公开在作品中，如《走，别跑——村上龙、村上春树对谈集》《村上春树，去见河合隼雄》，他作为粉丝拜见雷蒙德·卡佛、跟约翰·欧文一同跑步的逸事也记录在《倾听村上春树》中。

村上也从不写书评和文学评论。他一直试图让自己远离所谓结论性的东西。所以他更喜欢翻译，他曾将翻译比喻为浸泡在温泉里，还说过"所谓翻译，换言之是效率极低的读书"。事实上，村上文学也的确得益于翻译这种"深度阅读"。而他的翻译工作，在日本研究者三浦雅士看来，是一场"一个人的革命"，为日本文学带来了一种全新的、城市的、国际化并且明显美国风味化了的文学趣味。

## 11. 迷"小小人"——那个看着你的"老大哥"

跳舞的小人、电视人、小小人、骑士团长……村上春树笔下不断出现这样的小个子精灵。"在下既非神，亦非佛，用不着判断人们的善恶，也没必要依照善恶基准行事。"日本第一经典怪谈小说《雨月物语》中，黄金精灵化成的矮小老翁这样说道。《海边的卡夫卡》中的卡内尔·山德士原封不动地引用了这句话，《刺杀骑士团长》中的骑士团长也有相似的表述。

这些"小人"到底是谁？《1Q84》中的重要人物戎野曾说，"小小人"是与邪教组织"大哥大"相对应的存在。他们是构成社会"体制"的重要力量，也

有一种迷药叫……

可以说是我们每个人心中的潜意识。每一种邪恶跟扭曲，一开始都以一种看似小小的存在出现，慢慢变大，跟欲望一样，有一个慢慢膨胀的过程。当你意识到的时候，"小小人"变成了"老大哥"，《1Q84》的世界就变成了《1984》的光景。

## 12. 迷料理——讨厌中国菜的轻食料理达人

只要搜罗村上春树作品中的"用餐镜头"，就能明白几件事。首先，其中很少出现晚餐和中餐，如果有，必然是一场推动剧情发展的重要宴约。早餐基本是在家一人食，菜单很简单，烤面包或咖啡，偶尔会出现蛋包饭和苹果汁。若是头天晚上酒喝多了，或吸烟过量，"我"的早饭就会索然无味，"吃起来味同嚼蜡"。而能与某人（当然主要是女孩）分享的时候，就仿佛黑白电影摇身变成了彩色画面，重燃了食物那温暖而丰富的口感。例如在《舞！舞！舞！》中出现了"老一套"——火腿、鸡蛋、烤面包、土豆沙拉、咖啡和热牛奶，"好像野营的早晨"。

另外，村上很不喜欢中国菜算是公开的秘密。老友杰·鲁宾猜测，应该跟他对日本在中国犯下的暴行难以释怀有关。不过村上指出，他"先天无法接受的不只是中国菜，还有朝鲜菜和越南菜"。

## 13. 迷粉丝——从骑士团长到粉丝团长

早在 1996 年，村上就热衷于利用网络跟读者交流。在个人网站"村上朝日堂"，他会通过电子邮件回答读者的提问。除了讨论公共事件，也有涉及个人隐私的古怪问题，如"村上夫人到底是个什么样的人""淋浴时你用什么擦洗身体""如果看到一位裸体女人在阳台上溜达你会有何反应"……这些问答后来集结成了《"对了！问问村上看！"大家都这么说，并向村上春树抛出 282 个重大问题，但村上究竟能否像样地全部回答呢？》——这个在 20 年前看起来很疯狂的书名，倒是很像今天网络上常见的"10 万⁺"爆款文章标题。

村上很清楚，他的很多读者是普通上班族，每天花两小时坐列车上下班，在这段时间里阅读他的小说，于是他把书分成上下两册出版——如果印成一本就会太沉了。他收到读者来信，抱怨说在车上读他的小说会发笑，这让他们很难为情。村上最喜欢这些来信，因为这是他设计的结果——每隔 10 页就让读者笑一笑。

## 14. 迷旅行——"生活在别处"的实践者

如果说旅行和平常生活是日常与反日常的关系，那么在村上这里，则是从小说中的反日常回归日常的过程。

或许是受偶像菲茨杰拉德的影响，村上一直有在海外写作的习惯。1986年起，他与太太有近10年的时间主要在美国、意大利和希腊生活。旅行对他来说，就是"生活在别处"。他的旅行随笔中，记录了他在托斯卡纳和纳帕谷往胃里灌进量大得足以使人生观发生变化的美味葡萄酒、去北海道看数量尽可能多的羊群、横穿美国大陆吃数不胜数的薄煎饼、在冰岛发现远离欧陆存留下来的古老语言……他还会饶有兴致地研究美国购物型录里的猫专用录影带。

每次旅居带来的是频繁的搬家，对于恋物成瘾的村上而言，倒是一个"断舍离"的机会。他自称喜爱搬家，"搬家的好处是什么都能'了结'"。

## 15. 迷数字——爱打哑谜的数学课代表

如果要写一篇遇见村上春树的文章，肯定有50%以上的人会使用"遇见百分之百的村上春树"做标题。村上小说里有太多的数字细节描述，读者往往一边在"我"的记忆中探险，一边迷失在村上构建的标签丛林里，产生一种虚无幻灭感。

数字"四"是一个代表。日本学者小山铁郎认为，村上春树作品中的"四"与"死""死者的世界"有关，是一个有灵性的数字。《奇鸟行状录》中，被逮捕的中国人有四名，逃跑了四名，有四个中国人负责挖坑掩埋尸体，土坑直径为四米，同时还有四个日本士兵轮班看管他们……另外，在好几部作品中出现的"四国"，不仅仅是一个地理方位，更大程度上意味着"死者的国度"。而在死者的国度徘徊，通过与死者的心灵交汇实现自身成长，最终回到现实世界，是贯穿村上春树作品的主题之一。

## 16. 迷独居生活——"父母皆祸害"小组组长

村上小说中的主人公，无一不是生活在都市中的青年，无一不以独身一人

有一种迷药叫……

的形象存在于社会上，几乎摆脱了所有血缘关系以及家庭体系的联系，父母特别是父亲的形象几乎是不存在的。

坊间流传的一种说法是，村上春树的父亲曾是侵华日军，基于此缘故，父子关系不算太好。在接受文艺评论家川本三郎的采访时，村上曾表示：自己有些东西可以写，有些东西却不能写。由此看来，父母、家庭对村上来说，很可能是一个不愿触摸的领域。

另一种说法来自村上本人，他自结婚以后就疏远父母，成名之后的情况更糟。"我们的观点分歧太大，"他说，"我不喜欢成名。我喜欢独处。他们不理解我的感受。有人采访他们，他们就谈论我的私人生活。我讨厌那样。"

## 17. 迷音乐——自嗨型即兴写作家

从 1979 年耕耘至今，很少有作家会像村上春树那样着魔似的反复书写同一个"失去—寻找"的主题。与其说这是他作为一个作家的精神内核，不如说更像一个音乐家的 88 个琴键，由此演奏出无限可能性。从写作节奏上看，他不仅长篇与短篇交替进行，作品风格也是有规律的，"有点像贝多芬的交响乐，有奇数编号和偶数编号，3、5、7、9 是一种大交响乐，而 2、4、6、8 是个人化作品"。

如果说村上的作品集是一部古典音乐作品，他的每一个句子与词语组合，则是在玩即兴爵士乐。他形容自己写作时，"我的左手并不知道右手在干什么"，也完全不知道小说下一刻会发生什么，他与读者一样渴望知道"凶手"是谁。但他清楚地意识到，他风格独具的节奏跟爵士乐的节拍隐然相和，正如他在《我的职业是小说家》中说的，"确保节奏、发现美好的和音、相信即兴演奏的力量"。

## 18. 迷汽车——金牌汽车销售代表

村上春树每发布一篇新作，就像一次"村上春树最新车款发布会"，"驾驶感跟阅读感都很棒"。他不仅精确描述主角所开的车的车型与特征，还能传递出驾驶感觉；即便是对车完全不感兴趣的读者，也能被他独有的语言风格打动。这位"金牌汽车销售代表"会像选美那样给你介绍不同"村上春树牌"车款的"表情"："日本车很奇怪，没有所谓的表情，高兴也好、难过也好，大多都以一副上市股票企业般的表情跑着。只有一种表情的宾士是可怕的，BMW 也绝对不会微笑，Opel 的话则完全是铁假面，我甚至觉得 Opel 一面在高速公路奔驰时，是不是一面在想中国国债的事。我对女人虽然没什么偏爱，但总之不会想跟像 Opel 的女人睡觉。"

最后，就像所有谦逊的销售员那样，村上经常声称自己"不爱车"或"喜欢经济型的车"，开的却是"敞篷车，只有两个座位，手动挡"的保时捷 911。

# 村上答问录

辑 / 谭山山

村上春树到底是什么样的一个人？

在他的老友、长期给他的作品配插画的安西水丸眼中，村上春树有着诸多优点：早睡早起、爱跑马拉松、会弹钢琴、会画画，菜也做得妙，而且，有着"白金般的声音"，很好听；字则写得像江米条似的，很好辨认（这是什么鬼比喻）。这样一个人，当然很讨女人喜欢，"夫人平素只怕很不容易"。

作为读者，我们没有安西水丸般和村上春树朝夕相处的经历，但我们可以从他的作品中、他的访谈中了解他。确实，你会很容易喜欢上他。

"我可能是往大众心目中的浪漫幻想上，不停地泼着无情的冷水呢。"

问：近年来，一到诺贝尔文学奖的颁奖日，你就作为大热门被频频提及，甚至有媒体说你是"万年陪跑"。会觉得困扰吗？

答：也许可以用我尊敬的作家雷蒙德·钱德勒的话来回答："我想不想成为大作家？我想不想得到诺贝尔文学奖？诺贝尔文学奖算什么！这个奖颁给了太多的二流作家，还有那些作品不堪卒读的作家。更别说一旦得了那玩意儿，就得跑到斯德哥尔摩去，得身着正装，还得发表演讲。一个诺贝尔文学奖值得费那么大的功夫吗？绝对不值！"

问：米兰·昆德拉不喜欢抛头露面，说"作家必须潜藏在自己的作品之中"。众所周知，你也是一位不求宣传的作家，你认同米兰·昆德拉的说法吗？

答：所谓小说家，以写文章为职业。有效地将一切事物化作文章提供给读者，这是要求小说家做的工作。既然如此，为什么小说家非得做写作之外的工作呢？这恰恰是我想反问的。如果想上电视，我干脆做个电视明星算了。我可不想被人评头论足，说什么"哎哎，妈妈，快来看呀！村上春树上电视啦！那张脸长得真好玩"。脸长成什么样，是我的自由吧。

问：你的一个典型工作日是如何安排的？

村上春树在海边。村上春树连续 7 年入围诺贝尔文学奖候选人名单，却次次擦肩而过。他的作品被翻译成 30 多种语言，畅销全球

答：当我进入一本书的写作阶段时，我会在早晨四五点钟起床，工作五至六个小时。下午的时候，我会跑步 10 公里或游泳 1.5 公里（或者两样都干），然后读一会儿书，听听音乐。我晚上 9 点钟就寝。我每天重复这种作息，从不改变。这种重复本身变得很重要，就像一种催眠术，我沉醉于自我，进入意识的更深处。不过，要把这种重复性的生活坚持很长时间——半年到一年，那就需要很强的意志力和体力了。

问：你和世人想象的小说家形象似乎大相径庭。

答：住在安稳的郊外住宅区里、过着早睡早起的健康生活、日复一日地坚持慢跑、喜欢自己做蔬菜沙拉、钻进书房每天按部就班完成固定工作量的作家，只怕谁都不会渴望吧？我可能是往大众心目中的浪漫幻想上，不停地泼着无情的冷水呢。

问：你作品中所有的"我"当中，哪一个主人公和你自己最相似呢？

答：在我的小说里出现的第一人称的我，虽然也有和我相似的地方，但并不相似的地方更多。而且我觉得，在各部作品里相似的部分和不相似的部分都稍有不同。或者，把这些我，理解为"具有'我说不定会是那个样子'的可能性的我"大概会比较好。用英语表达就是"过去假定完成时"吧，即"The one I could have been, if…"。能够尝试这样的假定式，大概也是写小说的乐趣所在吧。因为这在现实中是无法做到的。

问：一个老问题：为什么不写以自己的同龄人为主人公的小说？

答：为什么作家非得写自己的同龄人不可？写小说让我感到无上快乐的事情之一，就是"只要愿意，我可以变成任何一个人"。有时我可能化身为有同性恋倾向的 20 岁女子，有时又可能变成 30 岁的失业家庭主夫。我把脚伸进此时交给我的鞋子，让脚顺应鞋子的尺码，开始行动。

问：在平时生活中有没有被人认出过——"啊！是村上春树！"，或是被用那种表情看着？有没有什么作为名人觉得生活不便的地方？

答：我也是普通人，所以经常乘坐电车，也在超市买东西，还会在附近的荞麦面店吃笼屉荞麦面，也会在 FamilyMart 便利店买东西，还去神宫球场的外野席，也喜欢漫无目的地散步，还会去涩谷的中心街。虽然不去风俗店和夜店之类的地方，却也过得挺开心的。走在路上被打招呼这样的事情，基本上完全没有发生过。或许是大家都有所顾忌特意没有跟我打招呼也说不定。我穿着大山猫道具服的时候，请大家不要来揪我的尾巴哦。

问：有没有想到一些引人注目的小说的名字把它们存起来啊？

答：《剃须魔神的逆袭》啦，《平将门的忧郁》啦，《海龟吼叫的岬角》啦，《兔子桑和鳗鱼君》啦，《应援团长杀戮》啦，名字的存货嘛要多少有多少啊。

"我觉得自己堪称彻底的'猫型人格'。听到'向右转'的口令时，会不由自主地转向左边。"

问：活着的意义是什么？

答：死了以后再考虑。这就是我的回答。还活着的时候，是怎么也看不清意义的。相当忙碌，也被各种事情困扰。死了以后再慢慢考虑吧。我觉得在那以后也一定不迟的。

问：如果将人分成"狗型人格"和"猫型人格"，你属于哪一种？

答：我觉得自己堪称彻底的"猫型人格"。听到"向右转"的口令时，会不由自主地转向左边。虽然这么做的时候常常心生歉疚，但好也罢、坏也罢，这是我的天性使然。我体验过的日本教育体系，在我看来，其目的似乎是培养为共同体效命的"狗型人格"，有时更是超越此境，甚至要制造出将整个集体引向目的地的"羊型人格"。

问：你会有"恶趣味"这种东西吗？

答：我很久以前（不知为何）就有一种嗜好，喜欢收集人的各种惨烈的死法，在饭桌上详细地讲给大家听，招人厌恶。在《奇鸟行状录》中，我写过被活生生地剥皮而死的日本军官的故事。我一丝不苟地描写了这个场景。这种事也让我自己非常不快，几乎窒息，甚至感同身受。译者们纷纷写信来诉苦，说因为译了这一部分而做噩梦。我觉得很对不起他们，但也无可奈何。因为这样的描写是出于故事需要，绝不是因为我喜欢才写的。

问：日本有个酒吧提供一种叫"挪威的森林"的配菜。取一簇西蓝花满满堆在盘子里，将辣椒、大蒜、凤尾鱼用橄榄油炒了以后哗啦一下浇上去就成了。

答：哈，是吗。还有叫作"挪威的森林"的配菜啊。似乎蛮开心的啊。如果叫"没有色彩的多崎作和他的巡礼之年"，一定会因为名字太长而没有人点吧。感觉若是有叫作"天黑以后"的鸡尾酒也蛮不错的吧。

问：台湾花莲有个民宿叫"村上春宿"。这样的旅店你会想去住吗？

答：以前听说台北有个叫"村上春宿"的公寓。据说起这个名字是为了营造"时髦"的感觉。真是摸不着头脑。要是情人旅馆的话倒是蛮有意思的嘛。然后年轻的恋人之间进行着这样的对话："嗨，我们去'村上春宿'吧，走吧？""讨厌啦，还不行啊。还没到去'村上春宿'的程度嘛。你真是好色。"这样的话我也不好办啊。

问：有没有设想过人生最后一顿饭吃什么？

答：人生的最后一顿我还是想吃烧锅乌冬面。冬天的话自不待言，即便是夏天也想吃烧锅乌冬面。店铺哪家都行。我不强求。就算是"增田家"也不要紧（对不起啊，增田家）。就想一个人一边读着《产经体育》一边津津有味地吃着烧锅乌冬面。辞世的遗言是："东京养乐多队，在最后这天，还是输球了。"好悲催的感觉啊。

问：那人生最后想听的音乐呢？

答：我只想听草原上风吹过的声音。是不是感到装模作样？但我真的是这么想的。

问：你爱吃甜食吗，比如巧克力？

答：我不爱吃甜食，几乎从来不吃点心，基本也不太会去买巧克力。然而不知何故，每年总有那么两次被强烈的欲望袭扰："不管三七二十一，现在马上就要吃巧克力！"兴许我身体里躲着一个爱吃巧克力、性情狂躁的小矮人，那小子平时总是躲在某个阴暗角落里呼呼大睡，因为某种缘故猛然醒来时，就连吵带闹扯着嗓子狂吼"快拿巧克力来"。我只能二话不说，拔脚向附近的便利店飞奔，在那里买了巧克力，平息小矮人的雷霆之怒。

问：有没有想过要变成猫？

答：想过要当风，猫的话倒是没有。另外也想过当鱼卷。

## "假如对方不妥协，那我就妥协。"

问：到底什么是"恋爱"呢？

答：所谓恋爱，并不是因为会幸福才去谈、不幸福就不去谈那样的东西。也不是有利才去谈、吃亏就不谈那样的东西。也不是会顺利才去谈、不顺利就不去谈那样的东西。所谓恋爱就纯粹是"咚"的一下陷进去的东西。陷进去就完了。无所谓有利或是吃亏，无所谓危险或是安全。如果你喜欢那个女生，除了恋爱别无他法。反正是要喜欢的，不妨鼓起勇气去爱好了。

问：男女间维持长久关系的秘诀是什么？

答：概括而言就是"妥协"。假如对方不妥协，那我就妥协。这很重要。这样做基本上都行得通。但就算那样行得通，谁也不知道会在什么时候发生什么无可挽回的事情。人生，寸步之前就是黑暗。可就算是那样，也要在黑暗降临之前坚忍着继续妥协。也只有那么做。

问：你是不是跟导演李安一样，做过"家庭主夫"？

答：是的，结婚第二年的时候，我做过半年左右"主夫"。我觉得世上的男性一生当中至少应该当半年或一年左右的"主夫"，染上主妇式倾向，以主妇式眼光（哪怕短时间内）看待世界。那一来，就会明白现在社会中大行其道的许多共识是建立在何等脆弱的基础上的。

问：后悔过这么早结婚吗？

答：我想早一点结婚的心情很强。因为，我是独生子。在家里经常只有父母亲在，没有兄弟姊妹，经常处于从属地位。所以很想早一点拥有自己的世界。还有也看对方怎么样。如果你有信心觉得这个人应该没问题的话，30 岁结婚或 21 岁结婚都没关系。如果怀疑的话就会更怀疑。

问：你相信占星学吗？

答：我 1 月 12 日出生，属摩羯座；我太太 10 月 3 日出生，属天秤座。我对占星学不感兴趣，但唯独对"摩羯座和天秤座的结合必无开心事"这一说法笃信不疑。摩羯座脚踏大地，孜孜矻矻劳作，认认真真生活；天秤座则飞来飞去华而不实，轻颠颠飘乎乎的。时不时对老婆生气冒火，认为她实在太过分了，岂有此理，一塌糊涂！但又想知道这两个星座的不合会严重到什么程度，总以为事情不止于此，应该还有底牌。如此想法大概是保证婚姻幸福的关键？

问：太太发火时，你会怎么样？

答：虽然我只娶过一个女人，却也脸皮颇厚，对广大女性有一家之言，那就是：女人并不是有事想发火才发火，而是有时想发火才发火。对方大光其火时，我只能严防死守，老老实实地充当沙袋。面对自然灾害，正面迎战是不会有胜算的。我就像一个聪明的水手，只管缩紧脑袋，心中想些不相干的事情，等待那蛮横的台风过去。

问：会不会有红颜知己什么的？

答：说不可思议也是不可思议，外表上符合自己口味的女性基本百分之百在内在方面——或者说为人——不符合我的口味。所以，即使最初如电光石火击中一般胸口怦怦直跳，而同对方交谈起来就一下弱似一下地平复下去，没等堕入情网便已偃旗息鼓。这样的人生说不幸也不幸，说平和也平和。

（出处："村上さんのところ"问答网页及《我的职业是小说家》《村上朝日堂》《村上朝日堂，嗨嗬！》《村上朝日堂的卷土重来》《无比芜杂的心绪·村上春树杂文集》《爱吃沙拉的狮子》《大萝卜和难挑的鳄梨》《巴黎评论·作家访谈 1》等作品）

# 当我们谈论村上春树时，我们在谈论什么

文 / 张佳玮

有美国读者写过一个段子，说村上春树的小说是如此构成的：16.67% 奇怪的梦境、4.17% 耳朵、12.5% 做饭、25% 猫、8.33% 古典乐、25% 分裂的姑娘们、8.33% 爵士乐。

我们自然可以补充几句：还该有性爱、有威士忌、有奇妙的比喻……但的确，差不多了。

## 想过一种"村上春树笔下人物的生活"是一回事，"像村上春树一样生活"则是另一回事

相当多读者乐意过一种"村上春树笔下人物的生活"，即梦境、做饭、古典乐、爵士乐、独立自强的姑娘们。

"村上春树笔下人物的生活"是这样的：读书、听爵士乐、古典乐及 20 世纪六七十年代的美国流行乐；找到一个靠谱且养猫的酒吧老板，或者一个爱讲冷笑话的富二代哥们儿（"鼠"），或者其他能言善辩的朋友；找一份收入不那么高但有充分空闲的工作，等着四面八方的朋友不断到来，一边跟你喝点饮料或威士忌，一边跟你说自己的故事（《旋转木马鏖战记》）；也不必跟人扎堆，因为会有美丽且略话痨的姑娘(雪、胖女郎、由美吉、绿子、岛本、笠原 May、图书馆员、耳朵模特、双胞胎、等等）来找你的；练好厨艺，因为姑娘们会跟你边话痨边吃饭喝酒，羊栖菜做的沙拉啦，味噌豆腐汤啦，炒香肠啦，会做点小菜，就够姑娘们高兴的了；当然还要养一只猫；经常搅和进乱七八糟的事儿，但大体上平静自持、自得其乐，利用了现代科技的便利获得精神与物质享受，又能充分享受

有一种迷药叫……

自我。

"像村上春树一样生活"则是另一回事。因为真实的村上春树，还包括以下细节：不关心收入，铁一般的规律生活，不吃中餐，不间断地跑步，不抽烟，吃大量蔬菜瓜果，惊人的大量阅读（他并不是只靠爵士乐和古典乐汲取写作感觉的）。

这就是只见贼吃肉，没见贼挨打。

## 买买买、一切细节都要按照村上春树的生活来的小布尔乔亚主义，那就真是南辕北辙了

村上春树的小说里，常有两个女性：一个温柔年长、性格偏内向，一个活泼年少且经常神神道道。前者基本代表过去的年代、已故的人，而且连接着黑暗，是暗之彼侧；而后者相对代表着阳光烂漫的生之世界。

在面对这两个姑娘时，主角一般会与那个温柔年长、性格偏内向的姑娘睡觉。你可以理解为，村上春树似乎想用"与过去的女人睡觉"来完成"与过去的连接"。许多读者大概也乐意过这种"有一个安静内敛的妹子用来爱，有一个活泼跳脱的解语花一起聊天"的生活。

但现实生活里，村上春树找到了一个太太，即肯接受他生活模式的、肯找老爸借钱跟他一起开酒吧的、肯一起抱着猫住在铁道边过穷日子的、肯给他打理日常生活的、肯读他的小说而且经常提意见（《世界尽头与冷酷仙境》结尾改了六遍）的妻子。那就是村上春树的夫人阳子。

虽然在村上春树的小说里主角很少有妻子，有了妻子也是离婚收场，或者干脆跟主角生活交集少、情节出场不多（《国境以南太阳以西》《奇鸟行状录》），但他的现实生活，很大程度上，是他和妻子阳子共同构造的。

当然，无所谓啦。读一个人的书，并不意味着就得成为主角那样的。只是中国读者对村上春树一直有所误会。他笔下的自己，大体上还保持着20世纪60年代那种学生范儿，即一个不介意孤独的主角，乐滋滋但也不以此为傲，平静地过着自己的日子。如果将他这种不在意现代物质生活和消费主义（参考《舞！舞！舞！》）的离群索居风，当成买买买、一切细节都要按照村上春树的生活来的小布尔乔亚主义，那就真是南辕北辙了。

所以，真心喜欢村上春树的人，大概是这样的：不介意自己一个人待着，能

用简单的生活方式找乐子；吐槽他人的话，会留七分不说；对大多数事情，可以做到"好吧，这事不太让人高兴，不过就这样吧"；对消费主义无感。

## 相比于前辈作者，村上春树是个更美式的小说家

村上春树本身是个很好的、中短篇好过长篇的小说家，而且态度颇为严肃——可惜贴给他的标签，大多偏颇。明明他写过《世界尽头与冷酷仙境》那样的结构佳作，《奇鸟行状录》那样的反战抨击政治小说，青春四部曲（《且听风吟》《1973 年的弹子球》《寻羊冒险记》《舞！舞！舞！》）那样的青春小说，转型到反右翼、反思社会的小说，以及一大堆精妙短篇——像 1995 年《奇鸟行状录》里，居然涉及诺门罕战役后苏联战俘营、日本右翼选举这些话题，但人们谈及他时，每每挂上《挪威的森林》《1Q84》以及《当我谈跑步时，我谈些什么》，好像这点东西就是他的代表作似的。

村上春树的写作技巧，不算很日本。论到"和风"，则老一代的谷崎润一郎、芥川龙之介，长他一辈的川端康成、三岛由纪夫，都比他风味浓郁，更有"这玩意儿一望而知是日本作品"的辨识度。相比于前辈作者，村上春树是个更美式的小说家。生活方式上，他读大学期间就筹谋爵士乐酒吧，29 岁才出道写小说，又搞翻译，数十年如一日地跑步。他迟至 26 岁才大学毕业，在短篇小说《出租车上的吸血鬼》里，他曾自嘲过"大学上了七年之久"。他和太太结了婚，贷款 500 万日元开酒吧，直到 30 岁时关张。这段生活，在《且听风吟》《1973 年的弹子球》《寻羊冒险记》里都描写过。《国境以南太阳以西》里，男主角干脆就是开爵士酒吧的。

这样一段很美式的生活，使得村上春树对美式品位和美国作家甚为推重——至少在早期是这样的。实际上，如果要讨论他早年的风格，很难脱开斯科特·菲茨杰

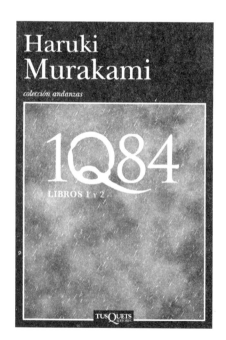

日版《1Q84》

有一种迷药叫……

拉德、雷蒙德·钱德勒和雷蒙德·卡佛这三个人。

## "记不得死去人的面孔""记不得自己的名字"，他小说里许多人遭受伤害的方式，都是失去记忆与感觉

村上春树在他作品里，不止一次提到菲茨杰拉德。《且听风吟》里，谈及虚构的作家"哈特费尔德"时，就列了菲茨杰拉德与之比照。《挪威的森林》里，永泽和渡边这对男一号和男二号，就是通过菲茨杰拉德开始对话的，言谈之间，直接把菲茨杰拉德封神。

《且听风吟》的许多部分都可以看作对菲茨杰拉德的致敬。尤其是末尾，"我"离开爵士酒吧，上长途车看海岸灯灭，"一切一去杳然，无人可捕获"，时光抛掷，茫然若失，其风味和《了不起的盖茨比》结尾处尼克的海滩独白绝似。在《且听风吟》《1973年的弹子球》《寻羊冒险记》的前半段，村上春树总在呢喃着一个很菲茨杰拉德的主题：菲茨杰拉德在告别他的少年时光，村上春树在告别他的海边故乡（《寻羊冒险记》里被填埋了的海、《1973年的弹子球》里的"宇宙飞船"号弹子球机）和"二十岁的年代"。

村上春树1979年写完《且听风吟》，1980年完成《1973年的弹子球》。那时他的风格清丽洗练，但已隐约出现这个主题："被过去时光吸噬进黑暗之中的往昔。"同时期的短篇，如1981年的《意大利面之年》《四月一个晴朗的早晨，遇到百分之百的女孩》，他更喜欢摆弄"个人情怀加回忆"的路数。

到了1982年，他完成《下午最后的草坪》时，已经露出了一些"彼侧的阴暗"。小说中，主人公为某中年妇女除草，受邀去观看她女儿的房间，在端详这个"主人不存在"的房间时，笔触间渗透着阴森味道。1983年的《烧仓房》，他点到了这个主题："那些被黑暗暴力吞噬掉的、不被注意的人。"也就是这一年，《寻羊冒险记》出版。

村上春树后来喜欢雷蒙德·钱德勒。他读了十几遍《漫长的告别》，2006年亲自把它译成日文。对照《舞！舞！舞！》和《漫长的告别》，有个显而易见的细节：《舞！舞！舞！》里主角被"渔夫"和"文学"两个警察带去讯问的经典段落，可以类比《漫长的告别》里特里·伦诺克斯失踪时，两个警察闯到马洛家来敲门的情节——根本就是致敬段落。两部小说里的两位男二号，同样身处富贵，同样对之厌倦不堪，喜欢没事来找主角喝酒、发牢骚的五反田和特里·伦

诺克斯，嗅来也不无相似之处。

村上春树自己也说过，《1973 年的弹子球》写完后，他有过选择，然后就是《寻羊冒险记》。在我看来，这个过程可以推演为：他从菲茨杰拉德转向钱德勒。《且听风吟》和《1973 年的弹子球》风格类似，清新、抑郁，略微有他后来招牌的"彼侧之空虚"的意境，但大多还是在和流逝的时间对抗。而在《寻羊冒险记》和《舞！舞！舞！》里，主角开始行动起来，开始有类侦探小说的味道，各类村上春树式的想象力、黑色幽默和比喻也出来了。《寻羊冒险记》和《舞！舞！舞！》里的第一人称男主角，都不是省油的灯：日常的冷硬幽默，到处溜达，与其他势力对抗，有碰撞，有斗智。类似细节，都像是复制了钱德勒笔下的侦探马洛。

村上春树喜欢卡佛的事尽人皆知。"极简主义"也早被说滥了。换个角度想，卡佛的小说有一个特色：《大教堂》《真跑了那么多英里吗》都试图从现实开始，逐渐过渡到一个近于虚空的情境。《大教堂》结尾尤其如此，主角就坐观他人慢慢把现实感抽离，反客为主，进入一种虚空领域。卡佛在其唯一一篇描写父亲的小说里，也用过此手法：结尾处，大家都开始念"雷蒙德"这个父子通用的名字，死者仿佛荡漾在生者之中。这种玄空、与死亡连接的彼侧世界，恰好是村上春树所喜爱的。

如是，村上春树早期、中期的大多数小说，可以归纳为一个类似的故事：一个"不合时宜"的、守旧的、怀念着早年故乡海滩风景和故友的、不喜欢大城市现实主义冷酷面貌的、性格独立的、爱耍冷幽默的主角，对抗着一个黑暗的、现实的、狡猾的、庞大的、吞噬时光的、带有死亡阴影的、填海造陆把一切美好旧时代事物吃掉的、资本式的、暴力的大家伙。

村上春树小说的一个主题是：记忆。他小说里许多人遭受伤害的方式，都是失去记忆与感觉，"记不得死去人的面孔""记不得自己的名字"。有些记忆并不美好，但他要保存下来。这，多少就是他的倔强了。

日本人眼中的村上春树

# 他写的就是我们自己的故事

文 / 丁小猫

　　一个熟识的日本女孩，眼看就要大学毕业，最近她忙着四处找工作，开始重读村上春树的《斯普特尼克恋人》。初读这本书时，她还是准备高考的年龄，无端端觉得书中做葡萄酒贸易的主人公很酷，因此报考了神户外国语大学，想把英语和法语学好，顺便在酒吧打工学习酒类相关知识。然而，事与愿违，尽管考上了神户外国语大学，她进的却是汉语言系而不是英语系，和葡萄酒贸易的缘分也就没能展开。

　　如今，这个女孩站在人生的岔路口，又一次读完这本书，发出了如下感慨："村上小说里的主人公每天都过得很踏实、很稳定，有酒，有爱的人，有擅长的工作。我自 14 岁遇到村上春树以来，在每一个人生的转折点，他的小说和那些主人公都会帮我思考。我还是觉得女主人公妙妙的工作内容、堇自由自在的态度，或者男主人公小学老师 K 条理分明的讲话方式，是很酷很酷的。别人说我是梦想家，是不懂现实的笨蛋女孩，但我还是想像村上春树作品的人物一样生活。"

　　出版于 1999 年的《斯普特尼克恋人》是村上春树作品中相对冷门的一部。尽管如此，它仍然这般影响着日本的年轻人。拿它和《刺杀骑士团长》一比，就会发现村上春树笔下主人公的生活方式，从来没变过。

　　他们依然独居，一个人做三明治，一个人煮意大利面，一个人洗衣服，一个人打扫卫生，一个人也要把裤子熨得妥帖，一个人过着自给自足、不善交际的生活。虽说难免孤独，更多的却是令人艳羡的洒脱，因为他们清晰地在自我世界里划分"和自己有关的事""和自己无关的事"两个区域，并且坚决只执行前者，绝不多看一眼多余的人和事，从细微之处守卫着那些看似不值一提的日常生活准则。

这种从未过时的生活方式，到了风靡"一个人生活"的这个时代，更被日本年轻人向往。当他们意识到自己仍处于一个"不做和别人步调不一致的事"的传统日本社会时，村上小说里的生活，就更像理想主义的世界了。

## 一个作家的粉丝群能衍生一个专有名词，也只有村上春树这一家

痴迷村上春树到一定程度的书迷，自称"ハルキスト"。"春树"用罗马拼音写作"Haruki"，"ハルキスト"即"Harukist"。在日本，一个作家的粉丝群能衍生一个专有名词，也只有村上春树这一家。

每年诺贝尔文学奖颁奖时，Harukist 都会固定守候在几个地方：东京荻窪的"6 次元"咖啡馆，一间以村上春树为主题的文学咖啡馆，这里能读到他的全部著作，平日就是 Harukist 的一大聚集地；东京千驮谷一间名叫鸠森八幡的神社，村上早年经营的爵士乐酒吧就在这一带，每年都有一两百人聚集在神社内等待结果；神户市内的比萨店"ピノッキオ"，村上曾在游记随笔集《边境·近境》里提及阪神地震后来这家店吃海鲜比萨的事，并且得到了一张"958816"号码牌。

村上在日本引起的骚动可不只是在粉丝之间。如果说日本的夏季风物诗是花火大会，那么秋季风物诗就是"村上今年会不会得到诺贝尔文学奖？"。年年落空也没关系，"为什么不是村上春树"将会成为接下来一周的报纸头条、电视节目固定议题，以及推特上的热门话题。

诺贝尔文学奖也是各家书店的大事件，就算得奖希望渺茫，每年这时村上春树的书都会被摆放在显眼位置。2017 年诺奖开奖前，新宿纪伊国屋本店就开设了声势浩大的村上作品专场。直到官方宣布获奖者是石黑一雄的时候，店员才在全场一致"唉"的叹息声中，匆匆换上石黑一雄的"冷门小说"。

如果遇上村上春树推出新长篇小说的时候呢？我们不妨回忆一下一年前《刺杀骑士团长》上市的盛况。我在日本生活这些年，头一次目睹一本新书连封面、标题都还没有就挂出宣传海报的，到了 2 月 24 日正式发售当天，车站前书店的店员从早晨 7 点就举着新书在门口叫卖，这样的待遇也只有村上能享受得到。

村上春树的新书采取了"零时发售"手段。三省堂的东京神保町本店就举行了名为"比谁都更早读到村上春树新书"的彻夜读书会，人们在零点购入新书

后，可以读至早上 6 点。而且，书店还纷纷举行倒数活动，全场书迷一齐高喊："10、9、8、7、6、5、4、3、2、1……"你以为是在跨年吗？不，我们称之为"村上春树现象"。

不过也有人指出，近年来"村上春树现象"正在瓦解。有媒体前去蹲点，发现 2 月 24 日那天在三省堂参加深夜读书会的读者不超过 10 人，Harukist 聚集得比较多的代官山茑屋书店也不过百来人在排队等待发售。至于《刺杀骑士团长》，书店里卖了好久还堆积如山，几天后二手书店 Book-off 就出现了可以半价买到的二手书。

这种情况还可以有另一种解释。一个真正的 Harukist 会告诉你：想想村上春树小说里的主人公吧，他们之中有谁会零点跑去书店等待发售？

### 如今还活着的日本国民作家，只有村上春树一个人，不是吗？

2017 年石黑一雄获得诺贝尔文学奖以后，媒体上又出现了"为什么不是村上春树"的各种分析。有趣的是，石黑一雄本人倒是村上的迷弟一枚，他说自己先于村上之类的伟大作家得奖，有一种罪恶感。石黑一雄是这么评价村上春树的："虽然他是日本人，但是谁都不能把他仅仅视为日本人。他是超越国籍的作家。一个人即便对日本文化不关心，也能从村上春树的作品中得到共鸣。"

日本人无论如何不会赞同这个观点，且不说喜欢与否的口味问题，他们总之是把村上春树视为一大国宝的。最近和一个 30 多岁的朋友聊起村上，他是在大学时代深受村上影响的一代人的典型，至今也每逢新书出版必然第一时间拜读，我问起他村上春树的特别之处，他一点儿也没犹豫："如今还活着的日本国民作家，只有村上春树一个人，不是吗？"

仍在读大学的新晋书迷，读着他的小说踏入社会的中年人，甚至退休的老年人，都是村上春树的读者。能将不同年龄段的读者一网打尽，这是一个国民作家的基本素养。哪怕对于这些读者的很大一部分来说，村上春树可能只是一个"说不上喜欢也说不上不喜欢，只是出新书了一定会读"的畅销书作家。

我们还能数得上来几个日本国民作家呢？谷崎润一郎、夏目漱石、川端康成、大江健三郎和三岛由纪夫。比起以上几位纯文学作家，村上受欢迎的原因显而易见：内容上，政治性薄弱（像大江健三郎那样积极对现实政治发言的写作，会让年轻人觉得被说教，从而产生反抗心）；故事叙述不追求试验性，文学语言也非常通俗（像三岛由纪夫那样写作时坚持使用复杂晦涩的日语，真的不是每个人都读得进去的）。因此村上的小说一定适合在最轻松的场景中阅读：电车中，课间，吵闹的咖啡馆，哪怕是和朋友一边聊天一边读。读这个人的小说，从来都不需要静下心来。

## "全世界在精神和心理上还没有成为成年人的中年人，都是村上春树小说中'僕'的投影。"

从简单的日语到琐碎的生活细节描写，村上的国民性在于给人一种"普通人"的生活实感。普通人能在阅读过程中产生些许共鸣，狂热的粉丝会觉得"他写的就是我自己的事"。这样的结果，也是村上从细节之处就刻意营造的。曾有读者提及，在《1Q84》开头登场的 246 国道线上的高速公路，是他每天的必经之路，"真的有种那一带存在异世界入口的感觉"。而在小说中反复出现的"自杀""孤独"和"性"之类的议题，几乎是每个当代人都会寻找出口的关注点。村上曾坦言，自己写的是"地下二楼的小说"，探究人类深层的心理活动，因此即便故事发生在一个非真实的世界里，也能时刻营造侵入现实世界的心情。那些以虚无感和丧失感为主色调的主人公，就是所谓"都市型生活孤独"的集中表现。

关于村上，最近看到一个有趣的评论，很能说明问题："当我还是个孩子的时候，一直认为到了 30 岁就是中年人，40 岁就成为优秀的大叔了，可如今到了这个年龄回头来看，自己完全还是个孩子，成了'终于没成为大人的大人'。像我这样，没有妻子没有孩子也没有担负房贷的责任，全世界在精神和心理上还没有成为成年人的中年人，都是村上春树小说中'僕'（相对于较为严肃的"私"，村上更喜欢用平辈视角也更平等的"僕"）的投影。村上本人也对迟迟不能成为大人这件事表示肯定，呼应了我们这一生活在和饥饿、战争无缘的文化圈里的世代。"

多年前，网上就有人探讨这样一个话题："为什么村上春树和 Mr. Children 会成为国民性的存在？"这是另一种有趣的比较，一个是文学，一个是音乐，都是日本中青年的精神领袖。这个问题不是一个谜。有人已经清楚地看到：从两者身上得到的慰藉，让自己的无力、无用之处得到了一种类似于镇痛剂的肯定效果，虽然读完/听完之后，本质的状况并没有得到改变。

村上文学就是这样，他处在时代中，却又完美地回避了时代的十字架。顺带一提，之前《朝日新闻》做过一个针对村上的喜恶调查，回答"讨厌村上春树"的比率高达49%。我到今天还记得其中有人说道："我认识一个年过四十的Harukist，做人完全没有自信，动不动就受到打击，对社会和交际非常不擅长，罪魁祸首难道不是村上作品经常出现的逃避到'别的世界'的缘故吗？"

# 哈利·波特考据学

文/谭山山

　　一个合格的哈迷，在有生之年至少应该去英国一次：你难道不想去伦敦国王十字车站，看看神奇的九又四分之三站台？这里是一切开始的地方，是从现实世界通往魔法世界的入口。霍格沃茨魔法学校是去不了了（J.K. 罗琳只说它在苏格兰的某处，学生必须乘霍格沃茨特快到达。学校处在严密的魔法保护之下，麻瓜们是看不到这里的），但你可以乘坐霍格沃茨特快的原型——The Jacobite 蒸汽火车，感受一下前往霍格沃茨的心情。在苏格兰高地阴冷潮湿的天气里，车窗上凝结着水汽，站台上的景象影影绰绰，仿佛摄魂怪随时会出现。你还应该去爱丁堡，去看看 J.K. 罗琳写哈利·波特小说的地方——一家是著名的大象咖啡馆（咖啡馆临街的玻璃窗后，有一块写着"Birthplace of Harry Potter"的告示牌，告示牌上还有"魔法咖啡馆"这行汉字，说明已经有不少中国哈迷来这里打过卡了），另一家则是原名尼科尔森咖啡馆（是 J.K. 罗琳的妹夫开的）、现在易主改名为 Spoon 的咖啡馆；在 Greyfriar Kirkyard 这片墓地，你可以看到 Riddell 家的墓碑，上面有 Thomas Riddell 这个名字——天哪，这不就是"伏地魔"（汤姆·里德尔）名字的源头？

　　J.K. 罗琳笔下的魔法世界，并不是一个与现实世界毫无关系的平行世界。它跟现实世界是有交集的：哈利·波特们在现实世界和魔法世界之间来来去去，哈利·波特寄居的德思礼家，地址具体到门牌号（4, Privet Drive 即女贞路 4 号）；而霍格沃茨的四大学院，是有现实原型的（天津外国语学院教师翟文喆曾撰写长文论证霍格沃茨其实是个法学院，四个学院的原型分别是英国法律界著名的"四大律师学院"——林肯、格雷、内殿、中殿律师学院），魔法石的创造者尼可·勒梅在历史上也确有其人。虚中有实，而且具体到各种细节，这样的魔法世界，就容易让读者有代入感。

**一部作品，在一读再读之后，撇除已经烂熟于心的情节、对话，会有一些之前从未注意的细节浮现**

如果让哈迷们选出最想去的地方，除了必然排第一的霍格沃茨学校（毫无疑问，每个曾梦想自己会收到霍格沃茨来信的哈迷都想去）、九又四分之三站台、对角巷、破釜酒吧、霍格莫德村、古灵阁等应该也会入选。当然，也会有一些小众的选项：有人想去魔法部（还记得进入魔法部，在入口处的电话亭要拨什么号码吗？答案是 62442），哈利粉想去女贞路 4 号、戈德里克山谷（哈利·波特的双亲在这里被伏地魔杀害），罗恩粉想去"陋居"。

有一位哈迷考证了德思礼家地址（萨里郡小惠金区女贞路 4 号）的真实性：萨里郡，地处英格兰东南部，距离伦敦约一小时车程；小惠金区，查无此地，应该是 J.K. 罗琳虚构的；女贞路 4 号的话，布里斯托尔市、布拉德福德市的奥科沃思、赫特福德市的利维斯登都分别有一条路叫作女贞路，但如果用"4, Privet Drive England"作为搜索关键词，则只有利维斯登这个唯一地址。所以，结论是：除了小惠金区，这个地址上的其他地方都是真实存在的。

J.K. 罗琳是在爱丁堡写完《哈利·波特与魔法石》的。当地人相信，书中一些人物的姓名，如伏地魔（原名汤姆·里德尔）、麦格教授，就源自 Greyfriar Kirkyard 这片墓地

一部作品，在一读再读之后，撇除已经烂熟于心的情节、对话，会有一些之前从未注意的细节浮现。以我为例，在不知道第几次读《哈利·波特与魔法石》的时候，突然发现了一个有趣的地方：为了逃避霍格沃茨的来信，德思礼姨夫带着一家人东躲西藏。但是霍格沃茨来信避无可避，在他们入住的科克沃斯镇铁路风景旅馆 17 号房间，他们又收到了写给哈利·波特的信。等等！科克沃斯，是不是那个 Cokeworth，也就是哈利·波特的妈妈莉莉·波特（原名莉莉·伊万斯）和西弗勒斯·斯内普童年时住过的地方？

根据哈利·波特中文维基网站的"科克沃斯"词条，Cokeworth 这个名字显然来自"焦煤镇"（Coketown），是狄更斯小说《艰难时世》中一个虚构的工业中心。J.K. 罗琳沿用了它的名字和"工业小镇"的设定，童年时的"混血王子"西弗勒斯·斯内普就住在这个镇上的蜘蛛尾巷，莉莉·伊万斯则和父母及姐姐佩妮·伊万斯住在离蜘蛛尾巷步行可至的地方。在《哈利·波特与混血王子》里，J.K. 罗琳这样描述蜘蛛尾巷附近的环境："雾气正在一条肮脏的河流上飘浮。这条河蜿蜒曲折，两岸杂草蔓生，垃圾成堆。一根巨大的烟囱，那是一个废弃的磨坊留下的遗物，高高地耸立着，阴森森的，透着不祥。四下里没有声音，只有黑黢黢的河水在呜咽，也没有任何生命的迹象，只有一只精瘦的狐狸偷偷溜下河岸，满怀希望地嗅着深深的杂草丛中几只炸鱼和炸土豆片的包装纸。"

看了这样的文字，很难不对斯内普惨淡的童年表示同情。而哈利·波特早在进霍格沃茨之前就跟斯内普教授有了这样的交集，发现这一点也令人惊喜。这就是阅读的乐趣之一。

## "利用早就存在的神话或者对一些神奇生物的认知，是一种塑造这个魔法世界的方式。"

"在哈利·波特小说中，我们读到的很多东西，在历史上都确有其事。""哈利·波特：一段魔法史"（Harry Potter:A History of Magic）特展策展人亚历山大·洛克这样表示。这也是大英图书馆在 2017 年也就是《哈利·波特与魔法石》出版 20 周年之际，推出这一特展的出发点，BBC 的同名纪录片完整记录了该特展的诞生过程。

纪录片中，J.K. 罗琳来到大英图书馆，翻看着馆藏古文献中描画曼德拉草的页面，笑着说："我小说中的曼德拉草，可不是这样的。"曼德拉草在《哈利·波特与密室》中首次出现，在魔法世界，它是一种强效恢复剂，能够让中了变形术或魔咒的人恢复原状，但它也很危险，听到曼德拉草的哭声会使人丧命。所以，小巫师们在斯普劳特教授的指导下给曼德拉草换盆，必须戴上耳套。至于它的样子，长得很惊悚："从土中拔出的不是草根，而是一个非常难看的婴儿，叶子就生在他的头上，他的皮肤是深绿色的，上面斑斑点点。这小家伙显然在扯着嗓子大喊大叫。"

真实的曼德拉草，学名风茄（Mandrake），又名毒参茄。它确实有着人形根部，当然，并不能尖叫。吃了这草根的人，会出现心率加快、嘴唇干裂、迷幻的现象，这或许就是古人认为曼德拉草的哭声会致命的缘由。古人是这样收获曼德拉草的：将绳子一头绑在曼德拉草上，另一头系在一只狗身上，狗将曼德拉草拖出来，听到其哭声后即死去，主人则顺利得到曼德拉草。J.K. 罗琳翻阅的那一页上，左下方顶着一头叶子的裸男就是曼德拉草，叶子上画着残肢，说明曼德拉草有一定的麻醉功能，可以在进行手术时使用。

特展上展出的古文献中，最珍贵的恐怕是记录制作魔法石步骤的"里普利卷轴"（Ripley Scroll）。这幅卷轴已经有 1600 多年历史，当它在 J.K. 罗琳面前被慢慢展开时（大英图书馆的工作人员称，它几乎很少被完全展开），J.K. 罗琳赞叹不已："我没有见过这样的古文物，应该也没有什么人看过。"她说，自己在写作《哈利·波特与魔法石》时，真的梦见了尼可·勒梅——也就是传说中魔法石的创造者。但是，在梦中她只是静静地观察，观察尼可·勒梅的炼金工场，观察墙上布满的各种符号，都忘了向这位伟大的魔法师发问。"难道你们没有试着（按照卷轴记载的步骤）做一颗魔法石？如果它真的有用，那我就尴尬了！"J.K. 罗琳开玩笑道。

真正的尼可·勒梅——也就是麻瓜世界里那个，约于 1330 年出生在巴黎附近的蓬图瓦兹。魔法世界里的尼可·勒梅是在法国布斯巴顿魔法学校结识妻子佩雷纳尔的，现实世界里，佩雷纳尔是带着前两个丈夫的遗产嫁给他的，这是他暴富的原因之一。另一个解释则是，尼可·勒梅是个书商，他花了 21 年破译一部名为《犹太人亚伯拉罕之书》的手稿，那实际上是一部炼金术秘籍。由此，他制作出魔法石，并变得很有钱。尼可·勒梅 1418 年去世，所用的墓碑是他生前自己设计的。如今，这块墓碑被收藏在大英图书馆里。

"利用早就存在的神话或者对一些神奇生物的认知，是一种塑造这个魔法世界的方式"，这是 J.K. 罗琳的创作心得。

2018 年度佳作

# 江南梦华录

园林一景

人人心中都有一个江南。

江南，几乎满足了中国人对美好生活和诗意栖居的所有想象。

"上有天堂，下有苏杭""欲把西湖比西子，淡妆浓抹总相宜""烟花三月下扬州""花柳繁华地，温柔富贵乡""金陵百万户，六代帝王都""南朝四百八十寺，多少楼台烟雨中""青山隐隐水迢迢，秋尽江南草未凋。二十四桥明月夜，玉人何处教吹箫"……

江南，是翠竹、月亭、夕照、湖上、昆曲、评弹、鱼米乡、桃花源、绍兴酒、龙井茶、乌篷船、蓑笠翁、文人画、吴侬软语、才子佳人、梅子黄时雨。

江南，是小、轻、细、雅，是温婉、闲适、散漫、古典、从容、坚韧、灵秀、文雅、隐逸、无争。

中国人讲究的好生活从江南开始——从晚唐江南到宋代江南，再到明清江南，中国人只有在江南才能超越生存的政治，拥有了一种后来叫作"生活方式"的生活美学。

在今天，江南不再是一个地理符号，而是一种生活方式，一处精神原乡。

爱江南，爱生活。

# 中国人对美好生活的那一点念想，全折叠在江南里

文 / 孙琳琳

中国人讲究的好生活从江南开始——从晚唐江南到宋代江南，再到明清江南，中国人只有在江南才能超越生存的政治，拥有了一种后来叫作"生活方式"的生活美学。

当代中国人对理想生活的那一点念想，都折叠在古典又新潮的"江南"两个字里——成为文化上的学霸、财富上的巨贾、制造业的匠人、天地自然的写生者、高情商多技艺的达人、衣食住行的生活家、营造私人内在空间的业主……

江南不仅是一个地域，更是一种观念，一种生活方式的延续。

爱江南，就是爱生活。

## 第一层：才华江南

江南学霸，于东晋时便开始崭露头角，至宋代不仅人数众多，还出了不少英才杰作。等到了明清时候，江南文人更是领跑文化界。中国历代文学家中，江苏共有 1306 人，浙江 1265 人，双倍于第三名江西的 541 人。（曾大兴《中国历代文学家之地理分布》）

再以明代为例，1401 名文学家中，南方出了 1165 人。全北方的文学家，还不及一个苏州府多。（谭正璧《中国文学家大辞典》）

江南为什么出学霸？因其是富庶之地，交通便利、经济繁荣，宋以来就是文化中心，官办学校与私人书院都十分发达。明代的南直隶地区，也就是松江、苏州、常州、应天、扬州、徽州一带，有包括大名鼎鼎的东林书院在内的 119 所书院，科举成绩常年位列全国第一。清代的 115 名状元中，江苏、浙江、安徽

占了 78 席。

公元 1111 年，东林书院创始人杨时学成南归无锡时，老师程颐曾感叹："吾道南矣！"在江南，"风声雨声读书声声声入耳，家事国事天下事事事在心"（顾宪成撰），激励了古今多少知识分子。

晚清和民国，江南人士鲁迅、茅盾、郁达夫、周作人、徐志摩等人，都是名满中国的现代文学家。当代作家苏童、格非、叶兆言、余华、王安忆等，也是今日江南文人的佼佼者。第九届茅盾文学奖，5 位获奖者中有格非、苏童、金宇澄 3 位江南作家。

## 第二层：富庶江南

江南土豪，以盐商为最。明清两代的盐法制度，让拥有运销特权的盐商垄断暴富，其中扬州的两淮盐商最富，"百万以下者，皆谓之小商"。

乾隆六下江南，每次都由扬州八大总商之一的江春接待，有一次他竟在一夜之间为乾隆修造起一座白塔，连奢侈惯了的皇帝也惊叹："盐商之财力伟哉！"（《高宗南巡遗事五则》）

买地造园、进贡捐款、挥霍浪费，都是盐商的日常开销。清代李斗笔记《扬州画舫录》卷六，记载了盐商斗富的一幕，奢靡中透出荒诞喜感：

"初，扬州盐务，竟尚奢丽，一婚嫁丧葬，堂室饮食，衣服舆马，动辄费数十万。……有欲以万金一时费去者，门下客以金尽买金箔，载至金山塔上，向风扬之，顷刻而散，沿沿草树之间，不可收复。"

炫富的同时，盐商也是文化艺术的供养人和保护者。梁启超认为，17 世纪末开始扬州盐商聚积的经济和文化资本，"与南欧巨室富豪之于文艺复兴，若合符契也"。

古建专家罗哲文口中的"晚清第一园林"何园，就出自与盐商有莫大关系的何芷舠，因他买下并保护了吴氏片石山房旧址，才保住了石涛叠石的人间孤本，后来还容纳了黄宾虹、朱千华寓居其中。

今天江南最富的马云，也自称是个"爱玩的文艺青年"，唱京剧、演小品、变魔术、跳迈克尔·杰克逊的舞、拍电影，样样都来。在 2018 年 1 月的达沃斯世界经济论坛上，他一身唐装主办晚宴，不谈阿里巴巴，只谈中国文化。

## 第三层：匠心江南

对于那些需要倾注大量时间的慢工细活，江南匠人最为擅长。

小到器物，明人王世贞《觚不觚录》载："今吾吴中陆子刚之治玉，鲍天成之治犀，朱碧山之治银，赵良璧之治锡，马勋治扇，周治治商嵌，及歙吕爱山治金，王小溪治玛瑙，蒋抱云治铜，皆比常价再倍，而其人至有与缙绅坐者。"

大到建筑，凡在中国营造的建筑师，无不对江南工匠的精湛手艺印象深刻。明代建筑匠人蒯祥，技艺高超，当上了总管明皇宫建造的"木工首"，被公认天安门城楼的设计者。他的故乡苏州吴县有著名的"香山帮"，所出工匠个个是木工能手，不但工种全，而且分工细，可以把活儿干得特别精致。

经"香山帮"推荐，陆慕砖窑所出的铺地方砖，成为永乐皇帝专用的金砖。所谓金砖，先选好土放置一年去除土性，再练泥制模阴干 7 个月以上，随后用糠草熏、劈柴烧、整柴烧，各一个月，松枝烧 40 天，才能出窑。之后的打磨泡桐油，更是手艺活儿，就连铺设，一个瓦工加两个壮工每天也只能墁 5 块。4718块金砖，构成了故宫太和殿金属般光亮铿然的地面。

直到今天，苏州御窑仍在为故宫修缮烧制金砖。而所谓中国品质，就折叠在金砖清晰的款识里、苏绣名手竞秀的针法里、缂丝的 6000 多种彩色纬丝里、"红帮裁缝"的量体裁衣里。

## 第四层：文雅江南

江南是中国文人的理想生活地，美是他们的乌托邦。对江南的表现，是文人画的重要母体，趣味代代相继。明代董其昌最爱的《潇湘图》，出自五代董源之手，表现的是烟雾之中的江南水乡景观。建造中国美院象山校区时，建筑师王澍则从李公麟实绘的隐居山水《龙眠山庄图》中得到了灵感。

元四家黄公望、吴镇、倪瓒、王蒙，都是文人画高手，也是江南人士。黄公望曾在松江、苏州、杭州一带云游，晚年隐于杭州；吴镇在嘉兴、杭州平淡度过一生；倪瓒曾是无锡首富，后在太湖一带辗转浪迹直至去世；王蒙早年隐居黄鹤山，明初曾任泰安知州，后卷入宰相胡惟庸贪渎案而死。他们以《富春山居图》《渔父图》《容膝斋图》《青卞隐居》等名作著称于世，开创了江南文人山水画的传统。

等到明中叶出现由沈周开宗的吴门画派，文人们除了追求独特的审美，也试图经营一种与大众有别的文雅生活。不仅以绘画，也以园林、雅集、游览、交友、赏艺来描绘生活理想。

与画纸相比，文学纸上的江南就更加浩瀚了。"忆梅下西洲，折梅寄江北。"（《西洲曲》）南朝民歌里的江南离我们很远？那么近一点："千里莺啼绿映红，水村山郭酒旗风。"（杜牧《江南春》）再近一点？"未能抛得杭州去，一半勾留是此湖。"（白居易《春题湖上》）还要近？"春天，遂想起江南，唐诗里的江南。"（余光中《春天，遂想起》）

## 第五层：婉约江南

"苏州姑娘嗲无边。"2018 年央视元宵晚会上，"评弹皇后"盛小云在《看今朝》里唱道。吴侬软语，形容的是"吴人讲话轻清柔美"的样子，以苏州方言表演的评弹，自是娓娓动听。而华丽婉转的昆曲与苏剧，也以细腻含蓄的"水磨腔"与"小动作"惹得观众心醉不已。

与燕语莺声相配的，是"小、轻、细、雅"的江南丝竹，以丝弦和竹管为基本编制，有二胡、琵琶、扬琴、三弦、笛、笙、箫等乐器，悠扬起来恰似《高山流水》，热烈起来可以《金蛇狂舞》，切换之间游刃有余。

江南的嗲，是秀气，是灵气，是才气；江南的软，是雍容，是从容，是一点也不焦虑。

《红楼梦》开篇，僧人答应带石头"到那昌明隆盛之邦，诗礼簪缨之族，花柳繁华地，温柔富贵乡去安身乐业"。这块石头，是上天赐予江南的通灵宝玉。

1993 年 5 月 11 日，就是在网师园集虚斋的小姐楼上，苏州打动了李光耀，促成了中新合作开发苏州工业园区的项目。那天殿春簃庭院内演的是传统昆曲《游园》，"婉丽妩媚、一唱三叹"的美丽昆曲演员，叫王芳。

## 第六层：隐逸江南

关于园林是如何吸引眼球的，要从上一次申遗说起。巫任恕在《江南园林与城市社会》中写道："当代人重新关注园林，始于 20 世纪 90 年代末，当时拙政园、留园、网师园、环秀山庄、沧浪亭、狮子林、艺圃、耦园、退思园相继入选联合国教科文组织的世界遗产名录，苏州园林名声大噪。"

现有的明清苏州园林，大都集中在大城市，景致背后不仅有文人文化，还有繁荣的社会经济支撑。然而越是在闹市中，园林越是私密。对文人来说，造园与写诗、作画是三位一体的事情，都是私人生活的一部分。

园林，就是浓缩的自然，就是把自然山川放入自家院中日日把玩。园林专家陈从周夸赞网师园时，就说其中有个水池仿虎丘白莲池仿得好。他还说园林不需要太大，"镇江焦山酊顶的别峰庵，为郑板桥读书处，小斋三间，一庭花树，门联写着'室雅无须大，花香不在多'"。

不过现在，不管是拙政园式的大园，还是网师园式的小园，都早已完全公共化了，过去的私家园林，如今也变成了公园。江南原本向内的一面，被高高挂起，成了最亮的金字招牌。

## 第七层：情趣江南

有了江南，中国人才有了生活。在宋代，江南就已宝马香车，夜夜笙歌。"暖风熏得游人醉，直把杭州作汴州。"（林升《题临安邸》）

中国近代四大生活家金圣叹、李渔、袁枚、沈复，全部出自江南。他们的生活，就是中国好生活的标本。

金圣叹是中国古代文学批评家、文学美食家，他以"六才子书"为食，使小说戏曲与传统经传诗歌并驾齐驱。

"人间大隐"的李渔，用一部《闲情偶寄》写尽生活情趣。林语堂说这本书"专门研究生活乐趣，是中国人生活艺术的袖珍指南，从住室与庭院、室内装饰、界壁分隔到妇女梳妆、美容、烹调的艺术和美食的系列。富人穷人寻求乐趣的方法，一年四季消愁解闷的途径、性生活的节制、疾病的防治"都写到了。

"造屋不嫌小，开池不嫌多；屋小不遮山，池多不妨荷。游鱼长一尺，白日跳清波；知我爱荷花，未敢张网罗。"就凭这番话，便可知袁枚多懂享乐。《随园食单》是他 40 年的美食经验，随园是他 50 年的伴侣。对他而言，园是园林，更是家园。

沈复不如前面几位生活滋润，《浮生六记》写的是夫妻二人平淡、漂泊又有情趣的日常，一蔬一饭，皆是生活。但行好事，莫问前程。

可以说，当代人只要照着这几位古人的样子活，就也是生活家了。

今天，折叠的江南正在被游客、文化人、开发商和当地人一层层打开。今天，您将翻阅古典江南如何复兴，又如何进化为新锐江南。

江南，封面是地理，封底是生活。

建筑师王澍

# 江南之美，美在坚持朴素与弱小

文 / 孙琳琳　图 / 阿灿

王澍在中国美院象山校区造了 20 万平方米的房子，自己在校园里的办公室，只是秘书室里的一张沙发，比容膝斋还小、还朴素。

2018 年 4 月 11 日一早，阳光好。阿姨沙沙地扫地，他坐在象山校区 14 号楼走廊边上接受采访，一转脸就能看见屋檐和树在院子里投下的斑驳阴影，于是老是转脸看。

生于新疆，长于新疆、北京、西安，1981 年考入东南大学建筑系后，王澍正式入了江南籍，在这里读书、生活，也在这里慢慢造房子，一年只接一个项目。

少年意气时，同学形容他每次出现都像"一把刀走过来"。他写《死屋手记》，提"三无理论"，锋芒毕露。而在杭州做"业余建筑"以来几近隐居的生活，用湖光山色一天天打磨着他，让沉思更沉、定力更定。

王澍喜欢罗兰·巴特的一句话："生活是琐碎的，永远是琐碎的。"他拾起碎片，有时拿它们拼一些什么，大多数时候根本不用。

他的象山校园是散点游观的长卷，没有主角、没有作息、没有年龄。他是营造，也是作画、写诗、拍电影。他在现实里挖洞，既隐藏自己，也透露自己。透过出其不意的门洞、窗洞，他赞美了一座原本不起眼的小山，就像它是珠穆朗玛。

2012 年，凭借象山校区，王澍成为第一个获得普利兹克建筑奖的中国人。

2017 年，他设计的富春山馆开馆。"按照中国传统的山水序列，在建筑本身的整体构筑中呈现了近山、次山、远山的潆洄呼应"，让《富春山居图》立了起来。

2018 年，他将在巴黎建造大型混合社区，挑战夯土加纯木构。"这个应该是属于（踢馆）那个感觉。"（王澍语）

当年那把刀依旧锋芒不减。

## 当杂树成了风景的主角，弱势文人也成了主角

《新周刊》：过去你每年带学生去苏州看园林，现在还保留着这个习惯吗？

王澍：现在已经做不到了，因为事儿实在太多了，但时不时还是会去。对我来说，园林无处不在，一个山边上，一棵树下，一座桥边，都会找到那个意思，不一定是在园林里，不一定非要去苏州。

《新周刊》：你曾说自己的建筑本质上都是园林。做过宁波博物馆、象山校区等建筑以后，再回头看传统园林有没有一种新的看法？

王澍：传统园林，特别是苏州园林，它是很特殊的，产生于晚明到清初，章法、格式跟那个时期的绘画和诗歌非常接近。它已经形成了某种几乎可以说是严谨的格律，在那样一个框架下，进行非常细腻的推敲。因为是从生活里有感而发的，所以它一定是和生活内容、生活方式有关系的。

《新周刊》：你在很多场合提到童寯先生，他是奉天人，园林研究专家，你又为什么对江南感到亲近？

王澍：我对童寯先生的喜欢是另一种心态，我称之为文人心态。我们在

2018 年 4 月，杭州，中国美院象山校区 14 号楼。王澍过着几近隐居的生活，没有手机，没有办公室，晚上才会去西湖边转转

古典诗歌里经常可以看到文人的这样一种心态。他已经在城外了，回头望着高高的都城的宫阙。他要去的不是城市，而是另一个地方。今天南方这一带之所以变成中国美好生活的样本，恰恰是因为它坚持了看上去最没有权势、最朴素、最生活、最弱小的东西。园林是非常弱小的，它已经退无可退，都退到一个小园子里了。而恰恰是这个最弱小的东西，变成了最持久的东西，所有曾经雄壮、宏大而辉煌的东西都已经凋敝了。

《新周刊》：文人迁居江南，很多是因为政治上的失意。这种生活里是否还有对政治中心的渴望？

王澍：当然这里面一定有这样的内容，但是我觉得江南的特殊性就在于，它逐渐发展到确实有一批人从一开始就是不想干什么大事的。当这种生活开始有了独立的位置，江南这一带的散淡、平淡和雅致，就开始有了自信，有了价值，有了真正强大的、很难被摧毁的生命力。

《新周刊》：过去你的工作室有四张古画——五代董源《夏景山口待渡图》、北宋郭熙《早春图》、范宽《溪山行旅图》、南宋李唐《万壑松风图》，现在还挂着吗？

王澍：那倒不成，打印的画很快就褪色了。现在挂的是一排乡村风景，我在浙江乡村里拍的，像极了郭熙的一张画。但郭熙只是画了一个村口，我从村口一直拍到了村尾。让人有点感慨的是，我拍了四个村子才拼全了这么一张画。原来可能一个村子就能解决的问题，现在都已经残碎了。

《新周刊》：你最喜欢什么树？

王澍：我还是最喜欢一般的杂树。中国古典时期对树的讨论都在说一些特别好的树，比如"庭中有奇树"。后来文人的思想理论和审美趣味发生了变化，开始出现了以杂树为主的讨论，这个是我特别喜欢的。董其昌就画了很多杂树，杂树是最没有名、没有用的，而且特别便宜，当它开始变成风景的主角，也就可以说，文人中的弱势群体开始变成了主角。

## 飞来峰是大学，菩萨是老师

《新周刊》：有人说象山校区在雨中是最漂亮的，你设计时有考虑吗？

王澍：象山校园确实是和雨和雾特别有关的一个想法。很多人不太明白设计这么大的校园的难处，相当于画一张无限长的画。我做的时候有两三张画是作为参考的，像相传李公麟的《龙眠山庄图》，他画了一个特殊类型的大学，山洞是一个教室，或者说树下是一个教室。它们都在山的崖壁边，在人间和自然的交界面。这跟杭州有一处特别像的地方，就是灵隐寺对面的飞来峰。飞来峰就是一个典型的大学，里面所有的菩萨都是老师，他们都坐在里面讲课，你只要去看就相当于是去学习。所以我说"亚洲大学最美丽的原型"就来自飞来峰。

整个象山校园是以那个作为背景的，你可以看到我设计了好几栋大房子，就像山一样高低起伏，有洞啊什么的，其实和飞来峰是有关系的。但是它中间有很多突然的间断，这些间断要是按中国画的画法，一般会画云气接起来。这种云气的节奏，又特别像中国音乐的做法。整个校园都是以节奏为主体的，里边会突然出现旁逸斜出的小地方，就感觉突然走了调，或者离了题。你想控制但它不断地失控，只有失控才有自由。学院最需要的就是自由的空气，所以象山校园有很多角落，老师、学生几个人可以进行秘密的小讨论。

《新周刊》：你的建筑怎么处理与山水的关系，你怎么理解风水？

王澍：风水有朴素的关系，也有一些神神秘秘的关系。朴素地说，我们都知道最好是背后不要有阴风，对着太阳，建筑本身就像一个吸取正能量的装置。另外，山和水并不纯然是美好的，也是危险的，所以你放的位置要对。

还有一些关系是一套以《周易》为背景的演算，结果往往又出乎你的意料。我前两年做富阳文村，那个村子坐南向北，和我们一般理解的风水完全是相反的。他们能够记得住的理由是：因为山是有阴影的，为了生存，人住在阴影里，庄稼住在太阳里。这很有道理，但是要让人下决心住在阴影里，必须有强大的力量。一定有人搬出书来算过，说你们得住在阴影里。

《新周刊》：我们这次去苏州看了金砖，工艺很复杂、造价很高。是不是说更高的材料和人力成本就一定有更好的效果？

王澍：这个问题只能这样回答，肯定是，又不是。谁都知道，这个东西下了心血，琢磨越多越好，为了做一个把玩的东西，中国人可以不遗余力，为这些看似无用的东西花巨大的精力，这个东西就叫文化。金砖是这样，很多东西都是这样。但它又不是，因为最后实际上是一个人生选择、人生态度的问题。比如白居易就会说，他的园林就是三开间的一个农舍，前面有一个菜园。他站在那儿，那儿就是园林，他不在那儿，那儿就是一个农舍。他并不在乎这个地方是不是用金砖铺砌的，虽然他知道金砖是好东西。

《新周刊》：《造房子》里有你 22 岁在南京时的书单，你最近在读什么？

王澍：这两天闲来无事在翻曾国藩编的《十八家诗钞》，是他精选过的读诗入门，而且他很自信地说这是正门口。其中陶渊明、阮籍、鲍照都是100首以上，李白、杜甫是300首以上。读到这个量之后，你才能体会到很多，园林里原来不太看得懂的东西，也开始有点看懂了，因为园林背后有大量的文学经典和它有关。我们现在看就是傻乎乎在看，稍微懂一点，体会到一点。那个年代的那种滋味，你无法想象。

《新周刊》：你的作品主要都在江南？

王澍：这是有原因的。一是生活的熟悉，就是水土嘛，你对气候的了解、对温度的感觉，建筑和这个是直接有关的。也许有人认为没有关系，只要有空调哪里都可以造，但是对我来说绝对有关系。还有工匠的问题，因为我的建筑都是和工匠配合的，脱离这个地区，要么我得带着我的工匠，要么就得在当地再做工匠培训，其实都很花时间。

《新周刊》：江南工匠的手艺比较好？

王澍：一般是这样。明朝的北京城，所谓的北方建筑，其实主要是浙江工匠造的。

《新周刊》：我昨天看到一张新闻照片，西扎的设计博物馆在象山校园非常显眼。

王澍：他的红墙放在这，我也觉得很有趣，因为原来这是一个和园林有关的校园，至少跟权力中心拉开了足够的距离，这个红颜色一出现，我经常会感觉我怎么就在紫禁城旁边。学校一开始要求他造得更高，他已经往下压了，但还是有一点高。

《新周刊》：象山校园里三位建筑师的作品有何不同？

王澍：西扎做的是一个博物馆，在西方的语言里，博物馆是纪念性的、经典的。我这个是属于白居易的农舍。隈研吾设计的民艺馆就是一个很典型的日本忍者，有点神秘兮兮地躲在象山南坡上。

《新周刊》：但看得出西扎的心思，一棵树，绕开它。

王澍：当时我们提出希望把这棵树留下来。但是西扎做建筑有一个习惯，就是基本上要撑满场地。只有撑满之后才会出现和这棵树要撞上，不得不绕一下。他这个做法是典型的从西班牙城市里来的习惯，因为西班牙城市里密度很高，跟中国以前的城市一样，给你一块地，多么金贵，基本上全占满。然后把美好藏在中间，自己看。

《新周刊》：好多园林也很有权力感，尤其是商人园。超高的高墙，里边弄一些亭台楼阁。

王澍：对，但那个一般是在城市环境里。象山还是小山水环境，所以我做的房子就有很多开口。西扎还是在城市里的感觉，我曾经跟他讨论过，我说你能不能对着象山开一个大一点的窗户？他不干，他的理由是看展览必须专心致志，不能说看了一半展览突然又去看山，这个事他不接受。

《新周刊》：贝聿铭的苏州博物馆不仅要开窗，就连窗外景色他都要负责。

王澍：因为贝聿铭骨子里还是一个中国人，中国人对山水的兴趣是很特殊的，外国人不太容易理解。中国人认为山水比人更美，山水最后在中国人心里变成了带有类宗教色彩的状态，它是一个精神力量，就是我能够和世俗抗衡。这是中国文化的一个核心，比名利更高洁的东西，我们的文化中永远有它的位置。中国悠久的历史中，它在那么长的时间里能够存在下来，一定需要某种精神力量。它相信一个东西，叫良心也好，叫道德也罢。这个道德是指老子《道德经》里的道德，不是今天讲的世俗伦理。

## 理想和现实的冲突里有特别有趣的东西

《新周刊》：如果由你来规划一个江南建筑之旅，你会怎样设计路线？

王澍：这倒是个很好的问题。比如说苏州园林，你怎么样能安排出一个小时，这个园林里没有人，然后进去看？现在简直像猴山一样，没办法看。现在没有理想路线，倒是有一个让大家能够理解到理想和现实是什么关系的路线。你到哪里都看到，理想和现实的差距是很大的。但我不认为理想和现实的冲突完全是负面的，其实现实是很有趣的，在那个冲突里你能发现特别有趣的事情，至少我做设计往往在这里会找到一些想法。尽管我说我和园林有关系，但我的建筑从来不直接选用苏州园林的元素。它只是跟我有关的一件事，它放在那儿，是一个参照。我从来不直接用，连一个地方你都找不到，说我用了苏州园林的细节，没有，不存在这件事。

《新周刊》：杭州最早是一个湖的城市，后来变成江的城市，现在又成了海的城市。你怎么看杭州的变化？

王澍：我记得有一天，杭州党校请我去做讲座，车子把我向城的西边拉去，拉到如此之远，我说这还是杭州吗？建筑连绵不绝，远远超出了我对杭州的认识，已经出发一个多小时了才到那个地方，还没出杭州城。这个城市已经完全不是我曾经认识的那个城市了，但是这件事对我也没有影响，因为我基本上只生活在西湖边一个很小的区域。

《新周刊》：你怎么看各个城市都在争建第一高楼？

王澍：我对它没兴趣。我希望我的这种感觉能够像一种传染病，多传染一些人，大家都对这事没兴趣，那事情可能就会有变化了。

《新周刊》：你怎么处理你的建筑跟这种大干快上气氛之间的关系？

王澍：在今天这个时代，为什么"园林"这个概念仍然有价值？因为它基本上就是在现实里挖了一个洞，你就生活在这个洞里。今天看苏州老城，大家会想象它多么美好，实际上当年文人在城里修一个园子躲在里面，是因为这个城俗气到让他无比厌恶。我在园子里修了曾经去过的山里的某一个地方，觉得特别好，整天只看着它，它就是我的美人。这是一个很决绝的选择和态度，也是一个很现实的选择和态度。我今天做建筑基本上也是类似的心情，任何一个地方，我也要看有没有可能被我抠一个洞出来。现在整个世界乱糟糟的，只有这样我才有可能求得一点心灵的平静，我希望平静地活着。

《新周刊》：西湖周围现在也够景观化的。

王澍：对啊，所以我们到很晚的时候才会去湖边转转，或者恰巧没什么人的时候。

《新周刊》：你怎么看杭州现在强调的南宋概念？你做过御街，跟这一城市定位有关。

王澍：这个不管怎么样，算是一种追求吧。今天的人说的话和做的事，你不能那么相信他能直接产生美好的关系。但不管怎么样，宋确实是一个审美上的高标，大家去讨论这件事多少会受益。但实际上大家真正能从宋学到点什么我也很怀疑，也许茶器现在有进步？我看小碗什么的比以前做的确实好一点了。

"我就在那个接近真的边缘"

《新周刊》：你曾说觉得自己是 17 世纪的人，400 多岁，是明代吧？

王澍：明末。我对中国传统的感受和讨论，大概能达到那个年代的意识。其实明末是中国很特殊的年代，那也是一次中华民族的伟大复兴。17 世纪的明朝人，造了大量宋代的假画，我们现在看到的所谓宋画，十张里头有九张都是明朝人伪造的。它也是那个意识，但跟宋朝人那种平淡天真的意识是有差距的，它是学习，是一个仿本。我现在觉得我大概有仿本的水准。明末乱复制的状态其实是很不守规矩的，中国传统不允许这样做，但又是一个相对自由开放的状态，是可以和今天产生直接关系的状态。再往前的传统，现在的中国人基本上很难体会了。

《新周刊》：看来假也有假的用处。

王澍：我不说我是真的，我就说我是在那个接近真的边缘。我对自己的判断，就是我努力向真的方向去探求了，也基本上到了接近于真的边缘。我觉得我走在了真的旁边，这就是很幸福的状态了。

《新周刊》：水的流速决定了江南生活节奏不会太快。你造房子有没有什么办法降低其中的速度？

王澍：园林其实就是在做这个事。盈尺之地，怎么让你产生更大更远的感觉，就是通过对路径、对视线进行控制。它让你在一个小的地方反复地游，但是不觉得疲倦，我设计的建筑大部分都有这个特征。很多人觉得像迷宫一样，甚至有的建筑进去之后他们都找不到出路。我希望他们能稍微平静一点、慢一点，象山校园每一个建筑都有相当大一块空间是完全开放的，就像这个 14 号楼的院子，经常有我不认识的人坐在我喜欢的这个长椅上，很长时间。我把凳子设计得那么长，就是希望多一些人可以坐下来，当然躺也是其中的一个选择。

# 江南范儿是什么范儿

文 / 詹腾宇

提起"江南 style"，第一反应是邻国那首过气网红歌：墨镜油头的胖子、挤满屏幕的美女、宽敞的马厩与海滩、纸醉金迷的斑斓色彩，滑稽的骑马舞贯穿始终。PSY 先生用幽默的中产视角，窥视和讽刺了奢华过头的"江南 style"。

此"江南"地处韩国首尔，乃"汉江之南"，韩国著名富人区，集中了商业、时尚、艺术等多种顶尖资源。虽与中国之江南全无联系，但放在一起看又毫无违和感：都代表着富足美好，引领一时风潮。

中国旧时有塞上江南，包括宁夏黄河平原以及其他塞外富庶之地，和韩国江南区一样，亦是"江南"溢出效应的一个典型案例。久而久之，听到"江南"二字，就会自动将其定型为一种好生活的样子。

中国江南的魅力之所以绵延至今，远不止表面富足那么简单。

## 接近"最江南"，是一种见贤思齐的积极举动

当代中国，西域塞北的概念已不存在，中原关中的叫法也日渐式微，唯独江南这片地处长江中下游以南、占国土面积仅百分之一的区域，孕育了一种清雅、殷实、丰饶的江南式生活，成为一个自明清时期开始便极具特色、在数百年间仍不减光芒的文化符号。

美国汉学家比尔·波特在《江南之旅》中写道："它（江南）也是很难用语言表达的中国人精神上的概念，在我们的脑海里，江南意味着成片的苍松和翠竹，或者是茶山和种满稻子的梯田，或者是荷塘飘香、鱼跃其间的湖泊。"

这种气质来自江南所代表的文化宽度与精神广度，而不止于物质的丰富程度。不仅风光雅致、物产丰饶，更有这种视觉、味觉中透露的清净俊秀的格调。江南十景如金山寺、北固山、瘦西湖、拙政园、虎丘、狼山，都是很好的注脚。

无论古代或现代，城市如何处理与外来人口和外来文化的兼容关系，都是一大难题。而在江南诸城，原住民与移民并存，明清时期的苏州会集了来自周边如江宁、镇江、无锡的务工者，甚至远至福建的客商团；本土文化与外来文化相融，当代上海的兼容性遍及全球，成为一座既保留东方气韵、又与国外气质无缝对接的国际化都市；学术思想与社会现实结合，崇尚文教，又有经世致用的思想。

这些观念，让江南不只有诗词中描绘的柔美浪漫，还有务实与进取的一面，既出文豪，也出富商，还有精通一技的匠人。重商、崇奢、重技、惜才，鼓励和尊重通过技艺强大起来，让江南式富足有生生不息的基础和动力。"小扬州""小杭州""小苏州""小上海"在江南内外、祖国南北频繁出现。无论政治地位、商贾做派、文人气质还是生活方式，只要与某地相似，都可以以"小"名之，比如高邮、仪征、泰州之于扬州，接近"最江南"是一种见贤思齐的积极举动，也是一种得到共识的荣耀。

追随和学习某种成功模式（比如"苏南模式"），或在生活方式和文化气韵上与被追赶者相通，是城市崛起由内而外的模式。长江三角洲城市群成为我国经济、开放程度、创新能力的示范点，成了互相赶超的起点。这一点，也沿袭了旧时江南之于中国的意义。

为商之外，精通技术也可以获得尊重。小的如绣、剪、织、雕、塑、绘和茶艺，大的如家具制造，都透着浓郁的江南范儿：高品质，高度审美，高技术含量。

## 一饭一食，便是江南的美好生活

江南范儿的生活，衣食住行均是美好。

世人多知江南饮食精细且鲜嫩，而这种饮食里的江南范儿，要么贵气到极点，要么家常到极限；要么重金难寻，要么随处可得；要么清淡到几乎只是依赖食材本味，要么借助猪的油脂和酒的提味，混合出浓郁醇厚的味觉。

江南美食里数河鲜第一，河豚、鲥鱼、刀鱼又是河鲜中的顶级食材，并称"江南三鲜"，因其娇贵且数量少，价格昂贵。因此作家陆文夫说："讲究的吃食要满足两个条件，一是要有，二是要吃得起。"

江南物产富足，就开始折腾吃的心思。"三鲜"的烹调，是江南味道和技艺的最佳表达：刀鱼看似普通、烹饪简单，红烧、清蒸都可得其美味。刀鱼每年2月底从东海入长江，身体盐分随行程而淡化，从淡水吸收养分又使其变得肥美鲜嫩。熟手师傅净刺骨、揭鱼皮，留下纯净的刀鱼肉进行烹制。娇嫩的鲥鱼离水即死，不能隔夜，但新鲜的鲥鱼兼具了鱼的鲜美和肉的肥腴，只有到为数不多的几个沿江食店，才有汁水饱满、滑溜油腻的鲥鱼可吃。河豚的名声更不用说，要有专门的师傅细心处理，才能有胶黏鲜美的肉品可尝。

全国两个最擅长吃鱼的省份，有地理因素而生的不同习惯：粤人多吃海鱼，讲究其生猛鲜活；江南客多吃江鱼、湖鱼，多了一份平滑细嫩，以及一份不疾不徐、细心处理的江南范儿。

除了高贵难寻的食材和繁复的做法，平凡之中见功力的菜品也有：折腾猪肉，江南人也是一把好手，有杭州东坡肉、镇江水晶肴肉、无锡糖醋排骨；细制家禽，有常熟叫花鸡、南京盐水鸭；主食小吃，上海生煎包、湖州馄饨、绍兴臭豆腐均名扬全国。"小葱拌豆腐"每个人都听过，但做好这种样式的菜品并让它深入人心，绝非易事。可贵气，可家常，一饭一食，便是江南范儿的美好生活。

# 江南生活小词典

### 鱼米之乡

长江中下游平原别称。因气候湿润、物产丰富、盛产大米而得此名。唐、宋后就成为全国稻米供应基地，"苏湖熟，天下足"说的是这里，"四大米市"也在这里。

### 弄堂

在上海与江浙地区特指街路的支巷或屋边的陪弄，可连街，可通河，幽深曲折，结构复杂。19世纪经上海租界的欧风美雨浸染，又以联排石库门形式粉墨登场，并诞生磨牙斗嘴、其乐融融的"七十二家房客"文化。

弄堂里的孩子

### 四水归堂

徽派建筑的主要特点。即四合房围成小院子"天井"，由于周边封闭，下雨时水从四面流向中庭，因而得名。除了光线明暗，徽派建筑的空间感与别有洞天的韵致，往往由天井决定。

### 乌篷船

浙江绍兴一带特有的水上交通工具，因船篷呈半圆形，涂以黑色烟煤粉和桐油的混合物而得名。绍兴人的交通接驳、游山玩水、婚丧嫁娶，往往都源自船夫脚下的一副桨、手中的一支舵。

## 夜航船

绍兴一带的远距离水上交通工具，夕发朝至。由于乘客背景驳杂，奇闻逸事往往穿插于沿途闲聊中。明人张岱即撰写"聊天指南"式小百科《夜航船》，并称"天下学问，唯夜航船中最难对付"。

## 马头墙

徽派建筑主要元素，特指两山墙的高出部分，原本只为防火，却在"三叠""四叠""金印""朝笏"的不同样式变化中，透露出一个宗族的兴衰荣辱。"万马奔腾"般的姿态与厚重的粉墙黛瓦，亦交织为一种动静结合的美感。

## 借景

中国古典园林中常用构景手段，指将优美景色组织进园林视线。而在苏州园林中，可"借"者不仅包括山石花木、亭台楼阁，更包括雨打芭蕉声、荷塘虫鸣声，以及时时移动的月色，可谓登峰造极。

## 皱漏瘦透

太湖石审美标准。也是因为此种清瘦嶙峋，却铁骨铮铮又不失灵气的画风，太湖石常被寄予有关传统文人精神的想象，并因此受到推崇。宋徽宗为在江南搜罗美石，炮制出大名鼎鼎的"花石纲"。

## 水乡泽国

常用以指代长江三角洲。该地区每平方千米河流长度达 4.8 ~ 6.7 千米，亦有 200 多个大小湖泊。传统民居前门通巷，后门通河，以"小桥流水人家"式景致最为人熟知。

## 西湖龙井

中国十大名茶之首。一年以清明前采摘为最佳，一日以太阳未升露水尚存时采摘为最佳，泡茶以虎跑泉水为最佳，"三沸""三点头"之后，入口的是一腔最新鲜的春色。

### 青莲衫子藕荷裳

苏州以东吴县甪直、胜浦、唯亭一带农村妇女传统服饰。主要元素包括三角包头元宝髻、拼接风大襟衣大裆裤、百裥褶裙、绣花围裙、绣花鞋。

### 嘉兴粽子

有鲜肉、蛋黄等咸口品种，又以"五芳斋"所产最为出名。《神雕侠侣》中曾写嘉兴少女程英给杨过包小粽子吃，甜的是猪油豆沙，咸的是火腿鲜肉，杨过"一面吃，一面喝彩不迭"。

嘉兴粽子

### 杨梅

江南地区初夏最常食用的水果，亦是浙东特产，除生食外，还用来制蜜饯、泡酒。宁波话中，常以杨梅喻人，刻薄吝啬的，称"早酸杨梅"；出类拔萃的，称"乌珠杨梅"。

### 咸蛋

新鲜鸭蛋外裹食盐料泥或浸入盐水腌制而成，以江苏高邮所产最为出名。江苏过端午有食红色菜的习俗，无论"五红"抑或"十二红"，咸蛋都位列其中。高邮籍作家汪曾祺则称，"他乡咸鸭蛋，我实在瞧不上"。

### 长江三鲜

长江中下游水域出产的三种洄游鱼类，分别为刀鱼、鲥鱼、河豚。吃时讲时令，如刀鱼"清明后则刺硬价贱"；讲烹饪方法，如鲥鱼只能对剖两半带鳞合蒸，加之苏东坡也不免"拼死吃河豚"，入口三分鲜美中，有两分归功于仪式感。

### 七头一脑

苏南一带常食八种春季野菜合称。传统的"七头"分别指枸杞头、马兰头、荠菜头、香椿头、苜蓿头、豌豆头、小蒜头，"脑"则指菊花脑。南京有民谚称，

"南京人，不识宝，一口白饭一口草"。

## 水八仙

又称水八鲜，是苏南、浙北地区常食的八种水生植物，包括茭白、莲藕、水芹、芡实（鸡头米）、茨菰（慈菇）、荸荠、莼菜、菱，大多在夏末秋初上市。

## 梅干菜

浙东地区常见腌制蔬菜类食品，多用以焖肉增加鲜甜感。周作人喜食梅干菜，"三年困难"时期无鲜肉可寻，曾尝试用梅干菜炖罐头肉，却称"不免辱没干菜耳"。

## 秃黄油

秃，在苏州话中是"独有"的意思，指纯蟹膏蟹黄。因为用以做豆腐、拌面、捞饭，口感鲜甜酥腻，而成为食蟹之顶级享受。

## 黄泥螺

学名吐铁，一种产于宁波沿海的贝壳类软体动物，常被加盐加酒腌制食用。由于上海多宁波移民后裔，黄泥螺成为日常生活中不可或缺的一种食物，用来当"小菜"下泡饭吃。

## 绍兴花雕

中国黄酒的代表品种，呈半透明琥珀色。古时绍兴有风俗，在女儿出生之后，封存坛装绍兴酒以备嫁妆，因在坛面上塑雕彩色花鸟图案，称之为"花雕"。

## 南京鸭馔

美人肝、鸭四件、鸭血粉丝汤、鸭油烧饼等将南京送上了"鸭都"的宝座。"三巨头"中，板鸭资格最老；盐水鸭是民初"八家争鸣"的主角，亦是平日"斩只鸭子去"的首选；而南京焖炉烤鸭，则是北京烤鸭的先祖。

## 粢饭

又称糍饭、蒸饭。可以包油条咸菜成为粢饭团，亦可切成立方体下锅炸成粢饭糕，与大饼、油条、豆浆一道，被上海人称作早点"四大金刚"。

## 淮扬菜

中国传统八大菜系之一，也是国宴菜式首选。清淡，讲原味，重刀工，对鳝鱼有谜之执着。皮薄汁浓的各式点心，诱惑了无数扬州人清早上茶楼体验"皮包水"。

## 金华火腿

浙江金华所产腌腊肉制品，鱼翅、猴头等高端食材的亲密拍档，南方各大菜系的常驻嘉宾，是"鲜美"感的重要来源。

## 社戏

当地话叫"做戏文"，指浙江绍兴农村在庙会上搭台演戏的行为。只因当地河网密布，戏台一般都临水、临桥搭建，观众也一般得搭船前往听戏，几十条甚至百来条乌篷船簇拥着锣鼓喧天的一座戏台，别有滋味。

## 栀子花白兰花

江南弄堂中卖花阿婆用来招揽顾客的吆喝。她们在入夏后售卖栀子花、白兰花和茉莉花，女人们爱买来挂在前襟纽扣上，提神醒脑，清香满身。

## 老虎灶

盛行于江浙、上海一带的街头熟水店，在不供煤气的年代，是弄堂居民获取热水的主要途径，上海话称"泡开水"。

## 鸬鹚捕鱼

鸬鹚（鱼鹰）以鱼为食，下喉有小囊，可将鱼储存在里面。江西鄱阳湖地区渔人故以"号子"为令，训练鸬鹚潜入水底捉鱼，再勒住其颈取鱼，几乎"百无一失"。

## 水包皮

出自扬州民谚"早上皮包水，晚上水包皮"，代指扬州人对浴室的热爱。扬州浴室卧虎藏龙，讲究"四轻四重四周到"的"扬州式搓背"，以及"三把刀"中的剃头刀、修脚刀，都隐身氤氲水汽间，深藏功与名。

## 木马桶

独立卫生间普及前苏南、上海弄堂居民处理便溺需求的主要途径。清晨倒马桶、当街刷马桶，堪称"弄堂一景"。苏州人、宁波裔上海人嫁女亦必备雕花木马桶，内置鸡蛋、红枣、米糖，曰"子孙桶"。

## 骆驼担

昔时"长三角"地区城市内常可看到的夜间流动小食摊，以"笃笃"的敲竹梆声招徕食客，一副两头高耸的货担上，锅灶碗碟一应俱全，从鲜肉馄饨到赤豆糖粥，从茶叶蛋到糖芋艿，四季更新，花样百出。

## 蓑衣

旧时江南地区使用的避雨用具，由蓑草编织成上衣与下裙两块，与斗笠共同使用。唐人张志和《渔歌子》称，"青箬笠，绿蓑衣，斜风细雨不须归"。

## 琼花

特产于江苏扬州的一种花木，从"隋炀帝凿运河下扬州看琼花"到"金主完颜亮侵宋过扬州除尽全部琼花"，与之相关的各种传说，都与扬州这座千年古城的兴衰荣辱紧密联系，而其洁白、清雅的品相，也相应地被引申为时移世易中个体所应该保持的坚贞品质。

## 南京民国建筑

民国时期在首都南京地区兴建的各类建筑物总称，是 1929 年对南京城区进行功能性规划的《首都计划》的产物。以市区主干道中山北路为例，沿途尽是"宫殿式大屋顶"，壮观异常。

## 《采莲曲》

乐府旧题，内容多描写江南水乡风物、采莲生活，最早可追溯到汉乐府"江南可采莲，莲叶何田田"。王昌龄的"荷叶罗裙一色裁，芙蓉向脸两边开"，王勃的"莲花复莲花，花叶何稠叠"等，均脍炙人口。

## 紫砂壶

江苏宜兴特产，由一种含有石英、云母和赤铁矿的黏土"紫砂泥"烧制而成，外形可与瓜果、花草、人物相融，加上茶禅一味的文化，历来为文人所好。

## 昆曲

中国最古老的剧种之一，是传统戏曲诸多声腔中一枝独秀、正本清源的"雅部"，是文辞华美、韵律工整、开口婉转清越的"水磨功夫"，也是明朝以降"文人的自我修养"中不可缺少的部分。以民国为例，无论是西南联大师生还是合肥张氏四姐妹，都能张口就来。

## 文人画

中国画重要种类，出自文人、士大夫之手，常取材山水、花鸟、木石，不考究艺术功夫而注重渲染意境，抒发抱负。从"元四家"到"清四僧"，从顾恺之到徐渭，寄情江南山水的文人中，从不乏书画大家。

## 焦尾琴

中国古代"四大名琴"之一，由亡命吴地（今江苏常熟一带）的东汉文人蔡邕抢救一段被当成柴火煮饭的上好桐木制成。琴学渊源深厚的常熟，亦是虞山派古琴的发源地。

## 龙泉剑

原名"龙渊"，古代名剑，为春秋战国时期越人欧冶子铸造。欧冶子被尊为铸剑师之鼻祖。其铸剑之地后被称为龙泉，至今仍以出产优质宝剑为名。

## 苏扇

苏州折扇、檀香扇、绢宫扇、纸团扇的总称。除用料考究外，在绢宫扇与折扇上作画、题诗，亦是苏州文人的一大爱好，"吴门四家"即有大量扇面画传世，《长物志》曰"苏州最重书画扇"。

## 湖笔

"文房四宝"之一，产自浙江湖州善琏。必须选择山羊腋下或颈下未经损伤的羊毛制成，靠工匠凭眼力剔除杂毛，称"择笔"，元时因被包括赵孟頫在内的一批书画大家推崇而出名。

## 江南丝竹

流行于苏南和浙江的中国民间传统器乐，编制一般为 3 人至 8 人不等，以二胡、笛子为主要乐器，曲目多来自婚礼节庆和庙会活动所用音乐，其中《倒八板》经聂耳改编后，成为脍炙人口的《金蛇狂舞》。

## 油纸伞

从白居易的"油纸伞中凝怨黛"到戴望舒的"丁香姑娘"，从《白蛇传》中的"游湖借伞"到油画《毛主席去安源》中青年毛泽东"一袭长衫一把纸伞"的造型，江南多雨，很多故事、思绪，也都从一把湿漉漉的纸伞开始。

## 吴侬软语

苏州话别称，以软糯清和、抑扬顿挫著称，为吴语标准音。后者已有 3000 多年历史，无论发音抑或表达，都称得上"古汉语活化石"。

## 《茉莉花》

起源于南京六合金牛山地区的江苏民歌。是中国重大涉外场合中最常听见的旋律，也因为《图兰朵》成为西方世界最熟悉的中国曲目。

## 江南贡院

位于南京夫子庙的中国古代规模最大的科举考场，八百余名状元的折桂福地，孕育明朝公务员系统半壁江山的摇篮。

江南贡院放榜图

## 西泠印社

位于杭州孤山南麓的金石篆刻研究学术社团。从吴昌硕到饶宗颐，从李叔同到傅抱石，集齐社员名单，可召唤一部 20 世纪中国艺术史。

## 江南三织造

江宁织造、苏州织造和杭州织造合称，为明清两朝专办宫廷御用和官用各类纺织品的织造机构，也是《红楼梦》中"一损俱损，一荣俱荣"的四大家族之原型。

## 松江布

泛指上海松江及其附近地区出产的棉布。明朝后行销四方、衣被天下，甚至通过英国东印度公司出口，以"南京布""紫花布"之名风靡 19 世纪初的欧洲，包法利夫人的"紫花布长袍"，基督山伯爵的"高领蓝色上装配紫花布裤子"，均与之有深刻渊源。

## 越窑青瓷

产于绍兴、上虞一带的青瓷品种之一，盛行于唐代，因釉质晶莹润泽，釉面青碧，被陆龟蒙赞作"夺得千峰翠色来"。

## 青花瓷

盛行于元代景德镇的中国瓷器主流品种之一。是明清皇家的宠儿，对欧外销中最受欢迎的品种之一，也是海上丝绸之路昔日繁华的见证者。

## 天一阁

中国现存年代最早的私家藏书楼，阁名取自"天一生水"之说，也是乾隆修筑存放《四库全书》的"南北七阁"所参照的范本。

## 云锦

中国传统丝织工艺的集大成者，只能由老式提花木机织造，加之原料贵重，色彩图案庄严富丽，被称为"寸锦寸金"。

# 杭州问茶：一市居民半茶客

文 / 冯嘉安

登上龙井茶山的半山腰，自南向北能俯瞰西湖全景。近处的雷峰夕照、苏堤春晓和三潭印月，远处新杭州摩天大楼勾勒出的天际线，一览无遗。

清明前夕，是龙井茶园最忙碌的季节。茶山上是忙碌采摘的身影，茶厂内炒得热火朝天，满是龙井茶飘散在空气中的清香。慕名驱车而来的茶客把并不宽敞的上山公路堵得水泄不通。

龙井虽有春、夏、秋三收，但以清明前的"明前茶"为极品，谷雨前的"雨前茶"为上品。

"院外风荷西子笑，明前龙井女儿红"，相传旧时采摘明前龙井，只能由未婚少女以嘴唇轻柔地衔下，因为用手采摘会留下折痕。如今虽不如此讲究，但采摘过程仍十分细致，茶叶在手上不能停留太久，否则手的温度会破坏茶叶的色泽。

苏东坡"欲把西湖比西子"，杭州人则把不同时期的龙井比作不同岁数的女性——明前龙井是黄毛丫头，雨前龙井是宝贝女儿，雨后龙井是姑娘，再往后是媳妇和婆婆。"娉娉袅袅十三余，豆蔻梢头二月初"，明前龙井如13岁女孩那般水灵、清纯、无瑕。

龙井问茶之"问"，一为寻问——明前女儿红金贵得可遇不可求，唯有心访茶之士寻问才能得之；二为学问——喝茶虽为饮食生活平凡之举，位列"开门七事"之末，但茶背后的学问之大与雅趣之浓，不逊"琴棋书画诗酒花"；三为自问——茶能洗心，正如唐代僧人皎然诗云，"一饮涤昏寐，情思朗爽满天地。再饮清我神，忽如飞雨洒轻尘。三饮便得道，何须苦心破烦恼"，三杯过后而心境澄明。

问味、问学，最终也是问心，即"禅茶一味"。

## 四时幽赏，不可无茶

杭州人的生活离不开茶，明代文人高濂在《四时幽赏录》里提到虎跑泉试新茶："西湖之泉，以虎跑为最；两山之茶，以龙井为佳。谷雨前采茶旋焙，时激虎跑泉烹享，香清味洌，凉沁诗脾。每春当高卧山中，沉酣新茗一月。"古人如此，现代人也一样。马云曾言："我爱杭州，还有什么城市能够与之比拟？这里有西湖，有茶馆。当我在孩童期间，经常与父亲一起在茶馆里听评书，可以说我在茶馆里长大，后来许多关于阿里巴巴的重大决策，也是在一个茶馆中进行的。"

茶是生活，也是文化。龙井山上，中国茶叶博物馆分为旧馆双峰馆区和新馆龙井馆区，游人沿着两馆之间的"乾隆御道"和"龙井八景"，可从旧馆徒步到达新馆。到茶叶博物馆了解茶文化的游人络绎不绝，尤其是在明前、雨前的问茶季节，到茶叶博物馆来的人更多。

王建荣是中国茶叶博物馆原馆长，学茶30余年，从浙大茶学专业一直读到博物馆学专业，后来在茶叶博物馆一待就是21年。王建荣说："茶开启了我对植物最早的记忆。我的童年生长在浙江的县城遂昌，遂昌多山，门前屋后都是茶山竹林，茶也是当地一个产业。家乡喝的茶粗，一个大茶缸或一把茶壶，痛痛快快地灌下去，能解去劳作的辛苦。清明前后采一把鲜茶叶，放点白糖，直接冲入开水，清心明目。春天过了一个又一个，清新的茶香贯穿了我整个童年与少年时代。"

茶是中国人的刚需饮品，无论是农人田间的粗放式解渴之饮，还是文人雅士书斋里的细味，都有各自的滋味。唐代煮茶、宋代点茶、明代泡茶，随着时代更迭，中国人的喝茶方式也在不断变化。到了今天，年轻人喝茶的方式也是古人难以想象的。

王建荣现在卸去了馆长职务和公职身份，全心致力茶文化的普及，他说："中国茶的发展从绿茶开始，历史上杭州以产绿茶为主，一直延续到今天。杭州产茶最早的记载出自陆羽《茶经·八之出》所记'钱塘生天竺、灵隐二寺'。唐代无寺不种茶，无寺不饮茶。茶非常传统，现的年轻人喜欢时尚的生活方式，所以茶也要更时尚。同样是绿茶，现在的年轻人有新的品尝方式，例如近年抹茶开始流行，非常对年轻人的味觉，抹茶甚至可以做成蛋糕、冰淇淋、饼干等，都深受年轻人喜爱。年轻人喜欢快捷的冷饮，现在的抹茶可以冷水冲泡，味道也很好。"

有人说，杭州是"一市居民半茶客"，这并不为过。王建荣表示："《儒林外史》作者吴敬梓曾游杭州，他在小说中对杭州明代茶馆着墨颇多。小说第十四回说道：马二先生步出钱塘门，过圣因寺，上苏堤，到净慈，这一路上'五步一楼，十步一阁'，'卖酒的青帘高扬，卖茶的红炭满炉'，他四次上茶馆喝茶小憩。后来，马二先生又到了吴山，那里是茶铺子、茶桌子林立，'这一条街，单是卖茶的，就有三十多处'。"

在星巴克对每个大城市的每个商圈不断抢滩的今天，茶在不同年龄的中国人中逐渐找到了自己的位置。咖啡厅是适合文青看书和文化人写作的空间，茶馆却是能帮助马云创造阿里帝国的地方。

## 味轻醍醐，香薄兰芷

距离龙井茶园 50 余千米外的杭州余杭区，有创建于盛唐年间、位列五岳十刹之一的径山寺。径山从唐代开始，便与禅、茶结下不解之缘。唐天宝年间，"安史之乱"爆发，"茶圣"陆羽避难至杭州。上元元年（760）和宝应二年

（763），陆羽两次到径山考察茶事，并在双溪驻足写《茶经》。唐代诗人皇甫曾有诗《送陆鸿渐山人采茶回》云："千峰待逋客，香茗复丛生。采摘知深处，烟霞羡独行。幽期山寺远，野饮石泉清。寂寂燃灯夜，相思一磬声。"远离世事的纷扰，陆羽独自进入径山云深之处寻茶著书，如仙人一般。

径山寺的茶宴始于唐代、盛于宋代，张茶榜、击茶鼓、恭请入堂、礼茶祖、宾主参话、行盏分茶、说偈吃茶、法师弘茶、煎汤点茶、谢茶结缘、退堂送客等十余道程式把喝茶一事仪式化。径山茶宴传到日本以后，成为日本茶道的源头。

如今，径山茶宴已经成为国家级"非遗"项目，径山禅寺的法师依据宋代的《梦粱录》、径山寺高僧诗词等史料进行创编，把1200年前的径山茶宴重现于世人面前。

王建荣说："径山茶宴是一套严格的礼仪规范，审美价值和历史价值都非常高，今天研究、再现和体验都非常有必要。径山茶宴传到日本，经过日本文化的重塑，发展出抹茶道和煎茶道两大体系，传承有序。文化的影响都不是单向的输入和输出，中国古代文化对日本影响很大，日本近现代文化反过来也对中国有很大影响。很多人觉得当下中国人喝茶不及日本人讲究，其实不然。中国疆域辽阔，各地茶的品种和喝茶习惯大不相同，难以统一，应该说是各有各的讲究。不管怎样，中国文化的主体是儒释道，儒家讲敬茶之礼，释家讲禅茶一味，道家讲以茶修身，三家都推崇茶。"

宋代兴起的茶事不仅有茶宴，还有斗茶。斗的内容之一，便是点茶的手艺。宋代的"点茶法"亦是由径山寺的僧人所创。北宋初年斗茶注重味和香，范仲淹描写斗茶的标准是"味轻醍醐、香薄兰芷"，犹如美人的沉鱼落雁、闭月羞花。王建荣说，到了北宋后期，斗茶的标准要加上"斗色斗浮"，汤花要白、要厚，停留的时间要长，也就是所谓的"咬盏"。范仲淹形容斗茶的胜负也非常有趣——"胜若登仙不可攀，输同降将无穷耻"，斗茶之乐不输今天的竞技体育。

江南的一座山、一座禅寺，从时间和空间上看，竟对茶文化的影响都如此深远。自唐宋及当下，自江南到神州再到日本，轻轻一片茶叶承载着一段厚重的历史。

# 昆曲传承人王芳：从头发丝到脚尖，都不能浪费

文 / 冯嘉安

　　在苏州昆剧院的排练室里，隐约听到昆剧水磨似的缠绵婉转、柔情万种。几对年轻演员在各自对戏，他们背后"戏比天大"四个大字格外醒目。看着这些年轻面孔，让人想起青春版《牡丹亭》。

　　由作家白先勇主持制作的青春版《牡丹亭》，从主创到主演多来自苏州昆剧院。白先勇曾说："青春版《牡丹亭》的演出由苏州昆剧院的演员担纲，具有特殊意义。苏州是千年古镇，有悠久的文化传统，在中国历史上一直扮演着'江南文化'的重镇，文风鼎盛，人才荟萃。明清时期，一度是全国昆曲中心，昆曲发轫于苏州邻近同属于吴语系的昆山绝非偶然，吴侬软语，也就决定了昆曲委婉绮丽的风格。柳暗花明、曲径通幽的苏州园林艺术，巧夺天工、色彩精艳的苏州刺绣，吴门四大家清丽淡雅的画风，其实与昆曲都属于同一文化系统，也都是'江南文化'的精髓。"

　　悠悠 600 年的昆曲历史跌宕起伏：从明代昆剧兴起成为"百戏之祖，百戏之师"，到清代"花雅之争"后昆剧的地位逐渐被京剧取代；从民国苏州昆剧传习所中"传"字辈昆剧艺术家的努力，到国难当头昆剧再度没落，昆剧传习所在一场大火中化为断井颓垣；从昆剧《十五贯》在 20 世纪 50 年代大获毛泽东、周恩来等国家领导人的好评，实现"一出戏救活了一个剧种"，到 80 年代再趋低迷；后来 2001 年昆曲被联合国教科文组织列入首批"人类口述及非物质遗产代表作"，青春版《牡丹亭》十余年来热度不减……

　　昆剧总是在辉煌、衰落、复兴、危机、再次涅槃的起伏循环中传承着。

　　在苏州昆剧院，"传"字辈老先生培养的后辈分别有"继"字辈、"承"字辈、"弘"字辈、"扬"字辈、"振"字辈，取昆剧不断薪火相传之意。

苏州昆剧院名誉院长王芳属"弘"字辈，师承沈传芷、姚传芗、张传芳、张继青、庄再春、蒋玉芳等前辈。王芳觉得对于她这一代昆剧演员来说，当下是昆剧最好的时代。

20世纪80年代末，昆剧遭遇低迷，王芳不得不离开剧团，去了一家中外合资的婚纱公司学习化妆。王芳说："当时到了赠票也没有人来的地步。"

虽然在企业领着不错的工资，但王芳对昆剧一直念念不忘。90年代，王芳毅然重回舞台，后来相继获得"兰花最佳表演奖"和"梅花奖"，她找回了自信。可能当时王芳也没想到，等待在她昆剧生涯面前的，是进入21世纪以后，昆曲将成为联合国教科文组织评选的"非遗"、国家对昆曲的大力扶持、观众群体的再度成熟以及自己的梅开二度（再获"梅花奖"）。低迷过后，王芳遇到了昆剧发展最好的时代。

在昆剧起起落落的历史里，苏剧一直是与昆剧共生、互养的剧种。苏剧是由花鼓滩簧与南词、昆剧合流而成的地方戏曲剧种，流行于江苏省苏南浙北城乡。江苏省苏昆剧团（江苏省苏州昆剧院前身）很长一段时间内一直兼演苏剧、昆剧。王芳也是一名苏剧、昆剧俱擅的演员。

20世纪80年代初，苏剧常常一演六七场，走廊里都加着座位，由此带来了不错的经济效益。而昆剧则处于演出的低谷，观众很少。当时苏昆剧团在经济上"以苏养昆"，在艺术上"以昆养苏"，两剧一起走出困境。

到了今天，这种境况竟有了一个180度的转变。昆剧重新回到了辉煌的地位，但苏剧却成了濒危剧种。苏剧全国仅有一个剧团，被无奈地称为"天下第一团"。

文化部"全国地方戏曲剧种普查"结果显示，截至2015年8月31日，全国现有戏曲剧种348个。241个剧种拥有国办专业剧团，其中120个剧种仅有一个国办专业剧团，即"天下第一团"。还有107个剧种没有专业剧团。当前全国具有创作演出能力的剧种不足戏曲剧种的三分之一，如果不给予它们具体而有力的扶持政策和扶持力度，这些剧种仍然面临着消亡的危机。

如今王芳身兼苏州市苏剧传习保护中心主任和苏州昆剧院名誉院长双重身份。作为全国人大代表，王芳一直呼吁保护苏剧。苏剧传习保护中心成立后的第一台戏为《国鼎魂》，讲述苏州女子潘达于守护国宝"大克鼎"的一生，潘达于的扮演者就是王芳。

潘达于守护国宝，与王芳守护昆剧、苏剧，内在的精神是一致的。

《新周刊》：有人曾说昆剧"最好的演员在大陆，最好的观众在台湾"，现在的状况还是这样吗？

王芳：现在已经改变了。几十年前，确实是"最好的演员在大陆，最好的观众在台湾"。台湾的传统文化没有断层，他们很懂欣赏昆剧。遇到这样的好观众，演员的荣誉感也会更强。80 年代我们演出的时候，台上的演员比台下的观众还多，演员看到也会觉得很凄凉。近年来改变很大，尤其在大学校园里，大学生对昆剧的认知与喜爱远超我们想象。普通观众看情节，进一步可能会看到一个演员唱得好在哪里，演得好在哪里。如今很多年轻观众不仅能看出唱得好、演得好的地方，还能看到这个演员灵魂里的人物，看得出演员的一举手、一投足能否跟角色吻合，这是很高的欣赏境界。

《新周刊》：很多年轻人看了白先勇改编的青春版《牡丹亭》后开始喜欢昆剧，你对这种改编有什么看法？

王芳：青春版《牡丹亭》《长生殿》（全本）等剧目，让入门的观众能够看到一个比较圆满的故事。在观众没有断层的时候，观众很喜欢看折子戏。因为大家对故事、戏文都非常了解，折子戏能领略不同的演员对同一个角色同一个故事的诠释。后来观众断层了，折子戏成了一出没有上下文的戏，观众越看不懂就越不爱看。回到今天，大家又能重新欣赏折子戏了，因为大家对整个故事又重新熟悉起来。还有一些刚入门的观众喜欢看实景版的昆剧表演，如在园林里的昆剧。但更专业的观众还是喜欢舞台上的表演，因为舞台能提供更多想象空间，甚至可以不要布景、不要灯光，单看演员的表演就已经如痴如醉。

《新周刊》：张继青老师说："有的演员是在'讲'杜丽娘，而不是'演'杜丽娘。"凭这么多年的舞台经验，你认为"演"和"讲"最大的区别是什么？

王芳：我们是在表演，但表演不能做作，演员要觉得自己就是角色，生活在这个角色里，忘了自己在演这个角色。"讲"是第三人称在讲，"演"是第一人称在演。每个演员在演一个角色之前心里必须有一个人物小传，这样才能把人物的思路厘清、把人物的线条勾勒出来。要是演到观众在台下看不到演员的身姿、眉目和神态，看到的完全是角色中的人物，那就成功了。我在比利时演出时感受很深。那时我在演《长生殿》中的杨贵妃，台下一点声音都没有。我演到杨贵妃死后，鬼魂回来向唐明皇哭诉，那时台下还是悄无声息，但隐约看到很多白点，原来很多观众在拿着纸巾捂着鼻子哭，但又不敢发出声音。当演到两人在天上相逢的时候，才听到台下纷纷长叹一声。演员跟观众的呼应是很默契的，那个瞬间就连演员自己也很感动，这是给演员最好的褒奖。

《新周刊》：清华大学当代中国研究中心的李楯教授曾说："《牡丹亭》述说的是性而非爱情。"你在演杜丽娘的时候如何处理与表达这个问题？

王芳：我们演杜丽娘时，会有一个用手摩挲桌子的动作，表现一种少女怀春、百无聊赖的萌动心情。这个动作必须拿捏得很准确，火候恰当、不能太过，观众才会有一种美好的遐想，否则就会让人感到怪异。有些版本的昆剧《牡丹亭》会把这个动作拿掉，但我觉得拿掉太可惜了。老先生们能想到用这个动作来表达这种心情，太了不起了。这种少女心里难受的感觉是很难说出来的，用这个动作来表达就妙极了。杜丽娘进入了自己从未去过的后花园，内心的震撼是很大的。这种春情的表达，必须有而且必须要含蓄。"传"字辈老先生说过，昆剧的最高境界是达到自然而然，舞台表演是诗化的、干干净净的。

《新周刊》：历史上有"花雅之争"，后来京剧与昆剧分庭抗礼。你觉得与京剧相比，昆剧独特的美在什么地方？

王芳：昆剧是厅堂型的，而京剧是广场型的。所以昆剧用很小的声音就够了，但京剧需要放大音量。昆剧含蓄、细腻，这是由江南人追求精致的意趣决定的。演员在台上每一次眨眼、每一次呼吸都是有意味的，不会做无缘无故的动作。我们的"四功五法"——唱、念、做、打、手、眼、身、法、步都要跟人物极致地吻合。同样是握手的动作，杜丽娘与柳梦梅、杨贵妃与唐明皇就很不一样。我经常跟学生讲，我们昆剧演员从头发丝到脚尖都很讲究，身体就那么多，一点都不能浪费。舞台上，不动的时候连身体里的细胞都不能动，到情感要倾泻的时候，仍要压抑着血液的沸腾，人不能松下来，否则角色会显得很轻浮。有人说京剧是听戏，闭着眼睛可以听半天，但昆剧是要看的。昆剧全剧的气息是黏在一起的，所以中间没有喝彩也没有鼓掌，等到全剧结束才会鼓掌。京剧不一样，它每段会有彩头，观众会叫好。昆剧是"百戏之祖"，像梅兰芳先生也以学昆剧为傲，京剧艺术家需要从昆剧中获取滋养。其实两种剧是互相影响的，昆剧的武戏比较弱，但京剧的武戏在台上非常有光彩，所以现在有些昆剧虽然还是原来的唱腔，但武戏是向京剧学习了的。

# "评弹皇后"盛小云：琵琶声声脆，金嗓舒歌喉

文 / 冯嘉安　图 / 李伟

"一条水巷弦一根，书场开张在新楼，琵琶声声脆，金嗓舒歌喉，乡音分外亲，乡情浓如酒，苏州评弹妙无俦。"苏州评弹演员盛小云用一口吴侬软语唱出这首评弹开篇《姑苏水巷》，把人带入那个"一川烟雨，满城风絮，梅子黄时雨"所描绘的苏州。

苏州评弹的受众，南不出浙江嘉兴，西不过常州，北不越常熟，东也超不过上海松江，地域特性很浓。

跟昆曲 600 年浮沉起落的历史相比，评弹的发展历史更顺当一些，几百年来一直长盛不衰。乾隆皇帝南巡至苏州时，评弹艺人王周士获准御前弹唱，得皇帝赏识，后随驾进京御前弹唱，获赐七品顶戴，被后人誉为"七品书王"。晚年王周士在苏州观前街第一天门创立光裕公所。到了民国时期，苏州评弹的从艺人员激增。据 1927 年的统计，当时光裕社（原光裕公所）拥有社员 200 人，而未进入光裕社的艺人有近 2000 人，艺术竞争十分激烈。

如今光裕社所在地改称"光裕书厅"，评弹表演每天都在上演。盛小云说："苏州人离不开评弹，饭后喝一杯碧螺春、听一回评弹说书，依然是很多苏州人的生活方式。"

初中以前，盛小云还不叫盛小云，本名陈红卫的她还不知道自己未来将会成为评弹演员。但生在评弹世家，她自小没少受父母的耳濡目染。陈红卫父亲陈瑞安是上海青浦人、苏州评弹演员，母亲盛玉影是浙江平湖人，也是苏州评弹演员。父亲拜擅说《落金扇》和《游龙传》的唐竹平为师，母亲的老师则是苏州评弹名家周玉泉。在几个姐姐相继出嫁以后，父母决定让小女儿陈红卫继承衣钵。

在 20 世纪 30 年代，小商贩以船货运商品，穿梭于各港口之间，以此作为生存手段，称之为"跑码头"。之后，戏曲界也借用了这一词语，以"跑码头"指代艺人们到外地演出。决定走上评弹之路后，陈红卫开始了向评弹演员盛小云的蜕变之路。盛小云跟父母跑码头，和父亲搭档演出，母亲则在台下听。一家三口，整整 10 年间跑遍江浙沪大小码头，一年有接近 300 场演出。这些经历让盛小云打下扎实的

盛小云

艺术功底。进入苏州评弹学校，毕业后进入苏州市评弹团，先后拜邢晏芝、蒋云仙为师，盛小云开始在更大的舞台崭露头角。

台湾戏剧研究学者、京剧剧作家俞大纲曾盛赞苏州评弹为"中国最美的声音"。从 1998 年第一次赴台演出以来，盛小云每次到台湾，都会引起岛内一股不小的评弹热，她被台湾观众称为"评弹皇后"。每一次看完盛小云的演出以后，台湾观众都会想起俞大纲那句并没有过誉的称赞。

2016 年在台湾演出时，盛小云还受到不少 90 后"迷弟""迷妹"的热捧。盛小云自己也没想到，苏州评弹这一传统的、地域特征如此浓厚的艺术，竟能在海峡对岸的台湾受到年轻人这么高的关注。

《新周刊》：现在江浙一带的年轻人喜欢听评弹吗？

盛小云：在苏州有 100 多家书场，语言决定了评弹主要的受众在江、浙、沪这个范围。与 20 世纪 80 年代相比，现在走进书场的观众要少很多。但现在有一部分观众在电视、电台和网络上收听收看评弹节目。跟我年纪相仿的很多人都依然很喜欢听评弹，因为他们小时候是听着评弹的声音长大的，他们有这情结。但像我孩子那么大的那一代人，小时候接触评弹不多，所以要专门培养他们的兴趣，才会喜欢上评弹。

《新周刊》：怎么培养兴趣会比较奏效？

盛小云：我发现推广评弹的最好方式是边介绍边表演。评弹好的地方在哪里，为什么要说这句话，为什么要这么演。他们知其所以然了，就会慢慢开始感兴趣。此外，评弹的种类有很多，有开篇、短篇、中篇和长篇。开篇、短篇和中篇比较能吸引刚开始欣赏评弹的年轻观众，而长篇评弹则主要面向上了年纪的苏州人。而且篇幅有年龄层的细分，书目也一样，我们要为不同的观众量身打造不同的作品，大学生就对评弹《雷雨》特别喜欢。我觉得传统文化的继承和发展，一方面是潮流和时尚的问题。在国家大力扶持传统文化的同时，我们传统文化的从业者要找准社会时尚，把握年轻人的审美和流行。

《新周刊》：苏州评弹的传习面临什么问题？

盛小云：许多地方戏曲与曲艺，都是以方言为基础的，而且地方戏曲与地方曲艺的最大特色就在于它的方言美。自从推广普通话之后，普通话很大程度上取代了方言，这是一个全国性的问题。苏州在这个问题上更突出，因为苏州有大量的外来人口。推广和保护苏州方言，是我们现在必须重视的问题。每年评弹学校都要招生，我们看到很多孩子的父母是苏州人、自己也是出生在苏州，但就是不会说苏州话，一句也不会，这是地方曲种面临的最严重的问题。既没有人来学习表演了，也没有人能欣赏了。所以保护地方戏曲，必须从保护方言开始。

《新周刊》：如何让更多非吴语地区的人能更好地欣赏苏州评弹？

盛小云：传统文化是很精致、很内敛、很害羞的，往往缺少了大众比较能接受的包装和策划。在2018年央视元宵晚会节目《看今朝》里，陕北说书和苏州评弹融合在一起，产生了化学反应。我们的唱腔都是传统的，但形式做了创新，从后来观众的反馈来看，大家都接受这种改编。有人说这种改编破坏传统评弹了，但我认为在这样一个电视晚会上，以最传统的形式来表演评弹观众不会太喜欢，会转台不看这个节目，评弹就这样没有了一个进入大众视野的机会。

任何艺术都是对比才能产生美，观众欣赏的是苏州评弹的柔、陕北说书的刚，一南一北、刚柔相济，这种碰撞只要处理得当肯定能出彩。也许通过这个节目，很多观众第一次接触到陕北说书和苏州评弹，有兴趣进一步了解这些曲种。入门以后，静心听一些经典的曲目，就会深入感受到传统艺术的魅力。

对不熟悉中国传统文化的外国人群来说，文化"走出去"的难度更大。要使外国人对我们中国美、中国的传统文化艺术，能够有一种文化的认同感，那是绝对不容易的，所以在策划组织这方面，应该是有序地进行，而且应该把我们中国最好的艺术文化带出去。

《新周刊》：你生长在江南，又从事充满江南特色的艺术工作，你所理解的"江南意蕴"是什么？

盛小云：一方水土养一方人，我觉得江南的感觉是朦胧的美，典雅、柔和、精致，江南人的心境特别静、内敛、含蓄，所以江南有才情的文人特别多。苏州从古到今都是这种格调，在苏州园林里听一曲评弹、昆曲，整个氛围浑然一体。但如果在苏州园林里唱秦腔，就会觉得格格不入。江南所有艺术形式和生活方式的精神内核是一致的。

# 宋代江南的日常生活

口述 / 伊永文（中国古代戏曲与宋金文化研究专家）　采访 / 卢楠

古代的江南，泛指长江以南，但按照清朝的行政区划概念，应包括江苏省的江宁府、苏州府、常州府、太仓府、松江府，浙江省的杭州府、嘉兴府、湖州府。江南降雨量充沛，适合种植水稻，还可以轮作棉花，物产也很丰富，加上依托于运河的漕运系统，一直在源源不断地向中央政权输送粮食，也在养活周边地区的民众。

在北宋首都汴京（今河南开封），来自江南的运粮船只首尾相连，一直到数十千米之外，一次起风暴导致船只相撞，几千艘船因而损毁。江南所具有的这种稳固的经济地位，甚至不以朝代更替和外族入侵为转移。

提起江南市民生活，宋朝则是一个重要的分水岭。从数据上来看，城市化率仅在南宋时期就超过了20%，两宋首都汴京、临安（今浙江杭州）都是人口超过百万的大城市，由墟集、草市转化而来的工商业中心"市镇"数量则达到3600多个。《水浒传》中写宋江清风寨夜看小鳌山，一座小镇，鳌山上扎五六百碗花灯，已经充分说明问题。也是在宋朝，国家的商业税首次超过了农业税。

拜"崇文抑武"的社会风气所赐，城市的功能也不再局限于军事堡垒和政治中心，开始给予文化和生活一席之地。美国斯坦福大学教授刘子健说："此后中国近 800 年来的文化，是以南宋文化为模式，以江浙一带为重点，形成了更加富有中国气派、中国风格的文化。"

## 住宅区与商业区混合，催生了消费文化

宋朝后江南的城市生活，以精致高雅著称。但好"讲究"的，却并不局限于士大夫。因为经济贸易的繁荣，使得很多看似奢侈的东西，可以为一般市民消费。譬如，香料在宋朝后成为中国对外贸易的主体产品，进口香料种类的增加使得熏香习俗从隋唐时的深宫大院走向民间，"宝马雕车香满路"成为宋词中的情景，据《武林旧事》所载，临安酒楼中也有专门"以小炉香为供"的"香婆"。至于饮食看重茶壶食盒的尺寸、形状，观看相扑可以选择女相扑、小儿相扑、乔相扑（一演员俯身四肢着地，套上戏装道具扮成两人相扑状，通常是商业演出），更是稀松平常。

宋朝不再实行"里坊制"，以临安城为例，"其余坊巷桥道，院落纵横，城内外数十万户口，莫如其数，处处各有茶坊、酒肆、面店"。住宅区与商业区的混合，使得市民的消费活动更为频密，也催生了以品牌为重的消费文化。《警世通言》之《白娘子永镇雷峰塔》中，老陈借伞给许仙，就再三叮嘱："小乙官，这伞是清湖八字桥老实舒家做的，八十四骨，紫竹柄的好伞，不曾有一些儿破，将去休坏了！仔细，仔细！"

在商家那儿，功夫则要从前期宣传做到售后服务，譬如找人做鞋，完工之后鞋内会夹有类似合格证的纸片，至元朝，发展为小玩具等器物底部刻有的"某某制造"标签，方便出现质量问题后退换。而《梦粱录》中记载的一则清明前夕临安城内制酒行业的推广活动，则不仅设有上书"酿造一色上等浓辣无比高酒"的布牌，还包括舞乐活动和"风流少年沿途劝酒"，现代广告的基本元素，都已一应俱全。

## 在五光十色的公共生活中，市民既是参与者，也是贡献者

在宋朝的江南，作为一个城市居民可以享受到的社会福利与公共服务，有

时是出乎现代人意料的。

他不会生活在肮脏的环境中。因为临安城中设有专门负责清理粪便的行当"倒脚头"，每天向各户收集粪便，并用作花圃和郊区菜地的肥料；设有专门负责皇城内街道清洁的"司圊指挥"，清扫街衢、搬运垃圾至城外、载船沿运河运走，分工十分明确；官府每年亦会差遣"淘渠人"疏浚河道阴沟。

如果他尚在襁褓之中便被父母遗弃于街头，或幼年失去双亲，将被送往慈幼局，由官方出钱雇乳母喂养，每月供给钱、米、绢布，成人后可以自行决定去留；如果他风烛残年孤苦伶仃，或穷困潦倒乞讨为生，将被收纳进养济院，接受官方米钱援助；如果他实在不幸，暴尸野外而无人收殓，身后事还会由"漏泽园"打点，从体面下葬到祭奠，都妥妥帖帖。而确立这些制度的，正是常被后世批判为要对北宋灭亡负大部分责任的宋徽宗。

当然，城市生活的妙处，并不止于此。一个临安货郎外出寻生计，他货担上的布伞扇子、风车风筝、"迎春黄胖"（彩绘泥偶），会为西湖边常年不衰的游艺活动增添良多趣味；终日在湖山簇拥的热闹街面上行走，他也得进分茶酒店（类似于茶餐厅）叫上一套素净可口的酒饭饱腹，也得进勾栏瓦子（综合性娱乐表演场所）看看艺伎们的新花样，学个时新调子好卖货。在五光十色的公共生活中，市民既是参与者，也是贡献者；既在消费享受这份繁华，也在为其增添光彩。

更加频密的互动，也凝聚了具有相同兴趣的人：精于射箭的，组成射弓踏弩社，"武艺精熟，射放娴习"者方可加入；长于诗文的，组成西湖吟社，歌咏节序风物，《武林旧事》作者、词人周密，即是其中活跃者；除此之外，若着迷蹴鞠、打球、木偶戏、歌唱，乃至文身、赌钱、七宝玩具，都可以因此结社，一些富豪之家的女信众，甚至会特意戴私藏的上好珠宝首饰参加上天竺寺光明会，被称作"斗宝大会"。

不过说到底，这些有美景美食、好友知己相伴的乐事，还是飞速提高的劳动生产力和官方较为宽松的社会控制的产物。另一个明显特征，是茶楼里也开始出现坐而论道、讽议时政的人群。若在魏晋时代，这一切均是难以想象的。

## 勾画中国日常生活基本面貌的，是"市民"

被繁荣都市生活深深浸染的"市民"，气质是迥然不同的。他们崇拜文化，国子监、书院、私塾和蒙童学馆林立的临安城中，到处都可以听到琅琅的读书声，大师之作频出的宋词，则又伴随着他们的宴乐之乐，在酒肆歌馆、寻常巷陌广泛流传。

他们以更鲜活、自主的形象示人，《清平山堂话本》中出现的快嘴李翠莲，"女红针黹，书史百家，无所不通，只是口嘴快些"，即使因为性格叛逆不容于婆家、娘家而剃度出家，也能"头儿剃得光光地，哪个不叫一声小师姑"。

他们也利字当头，渴望发财暴富，渴望"逆袭"，甚至不择手段。《夷坚志》中临安赤山屠户李三，欲宰杀所饲一头肥猪，趁冬至节卖出好价钱，却梦见肥猪前来乞求延缓三日以便了此孽债，安心转世，李三老婆的评价是："春梦秋屁，何足为凭！不及做一场经济，更何所待！"亦有余干（今江西上饶余干县）屠户王生公然制作"注水肉"牟取暴利，"积赀不胜多，至于买作田室"。但很多一文不名的农民、贩夫走卒，正是靠着自身打拼，在城市中站稳脚跟，又回乡买地置业。

不过无论如何，鉴于中国古代的衣食住行皆为严格的等级规范束缚，当通过各种途径迅速积累财富的商贾甚至市井游民也开始逾制建造广院豪宅，开始锦衣玉帛珠围翠绕，"士农工商"的森严壁垒就出现了裂隙。

曾经身份低微的商人，在南宋都城临安扩大成为一个包括"四百四十行"的庞大体系，所谓"行"有严格的行规，如果一间茶馆的老板是茶行的一员，他手下因为私吞茶钱而遭到解雇的伙计，将不可能在任何一间类似的茶馆内找到工作。加上独特的交易语言"市语"和生活、互动方式，他们越发作为一个独立的群体甚至"阶层"而存在。

服务行业的从业者，分工也愈加具体，譬如果子行中剥果皮取果肉的，锔缸锔漏勺的，专卖针线缝纫小玩意儿的，磨镜的，使得城市生活的细微角落也精致顺畅起来；他们为维持生计而愈加花样迭出、登峰造极的专业技能，为城市的发达与繁荣锦上添花，也为自己赢得了名声和体面的生活，临安宋五嫂的鱼羹，即是因为被宋高宗赵构亲自尝过赞赏，而成为一道杭州名菜。那些当红的厨娘受雇出手，也总会穿着精美的服装，身后跟一群"助理"。他们都为市民服务，他们也都是市民。

在宋以后的漫长岁月中，比起士大夫，"市民"的面貌始终复杂而暧昧，也许有进城的农民，也许有战争与饥荒产生的难民，也许有破落地主，也许有达官显贵。但也正是这群人，勾画出中国日常生活的基本面貌。

# 在亚洲找江南

文 / 谭山山

　　台湾作家舒国治是京都控，在《门外汉的京都》一文中，他解释了自己为什么一次又一次去京都，"我去京都，为了'作湖山一日主人，历唐宋百年过客'（引济南北极阁对联）。是的，为了沾染一袭其他地方久已消失的唐宋氛韵。唐诗'清晨入古寺，初日照高林。曲径通幽处，禅房花木深'景象，中国也只少数古寺得有，京都却在所多见"；"我去京都，为了竹篱茅舍。自幼便读至烂熟的这四字，却又何处见得？台湾早没有，大陆即使乡下农村也不易见。但京都犹多"；"我去京都，为了村家稻田。全世界大都市中犹能保有稻田的，或许只有京都。一个游客，专心看着古寺或旧庵，乍然翻过一列村家，竟有稻田迎目，平畴远风，良苗怀新，怎不叫人兴奋"；"我去京都，为了小桥流水。巴黎的塞纳河很美，但那是西洋的石垣工整之美；东方的、比较娇羞的河，或许当是小河，如祇园北缘的白川，及川上伫立的鹤，与那最受人青睐的巽桥，及桥上偶经的艺伎，并同那沿着川边一家又一家觥筹交错、饮宴不休的明灭灯火名家"；"我去京都，也为了大桥流水。子在川上所叹的'逝者如斯夫，不舍昼夜'，我人在台湾不易找到这样的河与这样的桥。而京都却不乏，且它原就称川，川水淙淙，长流而不断，你能在大桥上伫足看它良久"。

　　"有时我站在华灯初上的某处京都屋檐下，看着檐外的小雨，突然间，这种向晚不晚、最难将息的青灰色调，闻得到一种既亲切却又遥远的愁伤。"舒国治这样写道。这种似曾相识的愁伤，叫作乡愁，就像周作人所说，"我们在日本的感觉，一半是异域，一半却是古昔"。而来自江南的游客，更能体会这种乡愁：他们在京都、在诗人北原白秋的故乡柳川、在电影《你的名字。》外景地飞驒古川，仿佛回到了故乡。

101

## 鉴真东渡，弘扬佛教也带去了文化

北京大学哲学系教授魏常海在论文《江南佛教对日本佛教的影响》中指出："日本佛教的形成和发展有三个重要的时期，一是奈良时代南都六宗时期，二是平安时代北岭佛教时期，三是镰仓时代新佛教时期。在这三个时期里，日本佛教宗派的形成、教理教义的变革、新宗派的兴起等都与江南佛教密切相关。"

其中不得不提的是扬州高僧鉴真。753 年，在历经 10 年艰险、5 次东渡失败之后，鉴真终于踏上了日本的土地，并在当时的平安京（今奈良）落脚。鉴真除了带去 7 尊佛像、1000 余卷佛经、5 名中国和尚、4 名番属和尚，还带去了一套汉医书籍、一套王羲之真迹书法，以及大批工匠。759 年，在鉴真的主持下，这些江南工匠完成了唐招提寺的建造。正如梁思成所说，"鉴真东渡的主要使命是弘传佛教，但是围绕着他的宗教活动，他和他的弟子们对日本天平文化在汉文学、医药、雕塑、绘画、建筑等方面都作出了杰出的贡献"。

江南历来是中国对日本、朝鲜经贸往来和文化交流的桥头堡，也因此，东亚社会对江南文化怀有认同感。明朝中后期之后，江南书籍出版业的兴盛，加速了江南文化对日本、朝鲜的输出。复旦大学古籍所教授陈正宏在一个学术论坛上表示，唐宋时书籍传播到日本，耗时长，最长的甚至要两百年。但到了明万历以后，书籍传播到日本的速度大大加快，"变成十几年、几年，最后变成一两年就过去了"。在此论坛上与陈正宏教授对谈的东京大学东洋文化研究所教授大木康提供了一个例子：当时在名古屋有个德川家的分家，其大名很爱买书，有"蓬左文库"留存。这个文库保留着大名何时买入何书的购书记录，可以看到，冯梦龙的"三言"是在出版三四年后被大名购入的，而有些书在出版的次年就被购入。陈正宏教授因此猜测，"明末书坊刻的大书，像汲古阁所刻，生意能做这么大，恐怕不只是卖给中国人，很多书就是外销了，所以才有这么大的销售量"。"只要是在中国江南流行的书，就会传到日本。"大木康教授这样表示。这里面就包括当时的禁书，如李贽的《焚书》。

"江南和江户，可谓东亚近世思想文化的策源地，代表了东亚新的社会经济状况的典型空间。两个空间又经民间海上贸易连缀，江南的书籍、书画不断流入东瀛，持续影响着江户日本的思想和审美。"这是芝加哥大学历史学博士宋念申的观点。

## 江南是东亚文人心目中超越世俗的理想空间

江南，对于东亚文化意象的塑造，有着重要的意义。

韩国学者郑珉在论文《16、17 世纪朝鲜文人知识分子层的江南热与西湖图》中，探讨西湖图的流行语及当时朝鲜兴起的"江南热"。16 世纪中期以后，明朝人田汝成的《西湖志》在朝鲜成为热门读物，朝鲜文人从中得到西湖的相关知识。还有一个关于西湖图的逸事：朝鲜明宗拿出一幅画给群臣鉴赏，只有郑士龙认出那幅画是西湖图，并以手指点出画中所描述的灵隐寺、涌金门、苏堤等景观（尽管他从未去过杭州）。此外，当时流行的以西湖为故事背景的中国传奇小说《剪灯余话》《剪灯新话》等，也扩大了朝鲜人对江南的想象。由此，江南成为朝鲜文人心目中超越世俗的理想空间，一个观念上的乌托邦。

江户时代的日本人，同样喜欢江南文化，尤其喜爱杭州和西湖。日本神奈川大学教授铃木阳一举了两个例子：一是江户时代初期，当时最有名的俳句作者松尾芭蕉去日本东北旅游，在有内海且风景绝佳的地方，他认为此地不亚于杭州西湖，并写下"像泻蒙蒙雨，淋打合欢树上花，楚楚赛西施。（象潟や雨に西施がねぶの花？）"这样的名句。松尾芭蕉自然没来过中国，他对西湖的喜爱出自江南文化的影响。二是江户时代末期，有东京知识分子在一个小湖里筑堤，进口了杭州的柳树种在堤上，称之为小西湖。除了东京，名古屋、广岛、和歌山县等地也都有类似的景观。

到了大正时代，日本文人仍然更认同江南文化。日本汉学家小川环树曾写道："体验过江南的春天，最深刻的感受是，北京到底为北方。可中国几千年的文化，却完全渗透在江南这块土地上，它不只与日本的风土相近。"

谷崎润一郎也是不折不扣的江南控。1918 年结束第一次中国之旅后，谷崎润一郎创作了以江南为背景的一系列作品，包括小说《美食俱乐部》《秦淮之夜》《西湖之月》，游记《苏州纪行》《庐山日记》，随笔《南京夫子庙》《中国料理》等。

《美食俱乐部》中，有着"惊人的味觉艺术"的人物是"居住在日本的浙江省的中国人"，他们聚会的场所叫作"浙江会馆"。谷崎润一郎借小说人物之口，表达自己对"浙江"的沉迷——"每次听到这个名字就不由得想起那里是以白乐天和苏东坡而闻名的西子湖畔的仙境，并且是松江鲈鱼及东坡肉的故乡"。

《苏州纪行》中，谷崎润一郎这样描述江南水乡："房屋都背水而建，但多数人家都有面向河水的阳台，显现出水和人家的亲密关系。水仿佛要浸入人家，人家仿佛在跟水嬉戏。有时看上去，那四壁围起来的房子倒好像是浮在水面的一样。"

## 江南，在不同时空有了呼应

江南园林爱好者如作家、良友生活记忆馆馆长黄玉洁，则在京都找到了明人沈周《东庄图册》中绘制的那座让人向往却早已湮灭无存的明代苏州庭园。

韩国哲学家赵要翰在著作《韩国的美》中指出，实现了"照原样保留自然美的东方造园师的理想"的东亚园林，一是作为整体的西湖山水，二是日本的修学院离宫，三是韩国全罗南道的潇洒园。为此，黄玉洁专程去京都参访修学院离宫。几乎是踏入园林的第一步，那种似曾相识感就促使她用手机搜索沈周的《东庄图册》。古典园林专家陈方山教授说过："目前所见江南古典园林的遗构基本上是清代作品，明以前古典园林的面貌只能到绘画与文字里去探寻。"而就在京都，这座修学院离宫竟然与沈周笔下的东庄——由沈周的师友、明代苏州第二位状元、曾官至礼部尚书的吴宽在苏州郊区兴建的庭园——有了交错时空的呼应。

修学院离宫是由后水尾上皇主持建造的，属于皇家宫苑；此外，学者王铁军认为，京都寺院中的园林同江南园林在造园理念和山水排列、布局上，几乎没有太大的差别。"相比较而言，京都寺院中的园林同中国江南园林一样，大多借景以背后的丘陵远山，掘土为池，施石为基，并以花草树木和石桥为衬，春吟梅花夏观荷，秋赏枫红冬悟雪，借花草树木以反映春夏秋冬四季变化。同时，京都这些寺院园林同中国江南园林一样，更多利用对石头的堆砌来体现对自然美的追求。"王铁军在论文《京都寺院园林与江南文化》中写道。

在这样的环境滋养下成长的日本建筑师如隈研吾，则在设计中国美术学院民艺博物馆时，表达了自己对江南的理解。隈研吾这座民艺博物馆以"瓦"为主题，供职于《世界建筑》杂志的作家独眼认为，和善于用瓦的中国建筑师王澍相比，隈研吾用的瓦轻巧、优雅许多，"这些干净的瓦沿着交错、层叠的屋面铺设，建筑贴着山，依山形上升，瓦面也就慢慢高起来，不同高度的瓦屋顶看上去像吴冠中笔下简练的江南村落局部"。

始于江南，又回馈江南，这是另一种交错时空的呼应。

新周刊
NEW WEEKLY
2018 年度佳作

# 大唐攻略：一个王朝的气度、气象和气场

（元）任仁发《五王醉归图卷》（局部），私人收藏。此图描绘李隆基大醉不醒，坐骑
"照夜白"需要官奴双拥策骑的场面。图中还有宋王李宪，坐骑"乌骓马"；岐王李范，
坐骑"玉花骢"；申王李撝，坐骑"九花虬"；薛王李业，坐骑"黄骢骠"

有唐一代已经整整 1400 年了，为何人人都爱梦回大唐？

因为它绚烂至极，是当仁不让的世界中心，是中国人最充满自信的朝代。

因为它是中国的，也是世界的，站在长安街头就相当于站在纽约街头，一句"东土大唐"就是全球通行证，"唐土""唐国""唐山""唐人""唐人街"影响至今。

因为它朝气蓬勃、自由开放。因为它是一个模糊的国，甚至无须筑墙以防外患。

因为它真正实现了国富民强，人人有梦做、有话说、有事干。因为它律法严明，人人都有安全感。

因为它有新锐人物武则天、最风骚文豪李白、最头铁猛人魏徵、最走心思想家玄奘、最先锋艺术家吴道子、最有品生活家陆羽、最倾城佳人杨玉环、最时尚偶像虢国夫人、最强悍文化交流佛教、最带感娱乐长安夜宴、最赞美食荔枝、最具流量 IP《大唐西域记》。

因为唐朝男人生猛、女人感性，活得讲究，爱海淘，爱快递，爱食养，爱点心，爱生鱼片，而且不歧视女性，也不歧视胖子。

因为它有着黄金王朝的气度、气象和气场，直到今天，仍在为我们时代的文化和生活赋能。

# 大唐新锐榜（618—907）

评语执笔/谭山山、詹腾宇、冯嘉安

## 新锐人物：武则天

她是中国古代唯一的女皇帝，从宫斗到权斗，参与和掌握国家权力长达 50 年，达到了女性在男权社会所能触及的巅峰；她毁誉参半，一方面因收人心、擢才俊被誉为"有容人之量、识人之智、用人之术"；另一方面则因用酷吏、好男宠而被斥为"鬼神之所不容，臣民之所共怨"。她身后留下一座无字碑，直至今天，对她的功过是非仍未有定论。

提名：李白 / 李隆基 / 李世民 / 魏徵 / 武则天 / 玄奘

## 最走心思想家：玄奘

他是旅行家，也是最早的国际记者，为求真经，历遍 100 多个国家，带回佛舍利 150 粒、佛像 7 尊、经论 657 部，并写下《大唐西域记》。他是伟大的翻译家，与弟子共译出佛典 75 部 1335 卷。他还是人们耳熟能详的"唐僧"的原型——虽然其人设和他本人反差甚大。他被梁启超誉为"千古之一人"，是鲁迅笔下那种"舍身求法的人"，是中国人的脊梁。

提名：李翱 / 慧能 / 刘禹锡 / 柳宗元 / 玄奘 / 吴筠

## 最风骚文豪：李白

他是大唐气象的代表，是青春浪漫的代言，是仗剑月下的酒客，是无法复制的诗仙。他破了齐梁以来的颓靡诗风，张狂热烈地表达了大唐盛世的浪漫情绪，让唐诗充满无可比拟的才情与魅力。他以诗才影响后世万代，以傲骨抵抗世间不公，以浪漫乐观对抗困境愁情，以情义担当寻得知音，大醉时绣口一张，便是一个盛唐。

提名：白居易 / 杜甫 / 李白 / 李商隐 / 韩愈 / 张若虚

## 最头铁猛人：魏徵

他身兼"伴君如伴虎"和"为家国谏言"两重压力，仍能犯颜苦谏而神色不移，使唐太宗"亦为之霁威"，纠正可能的重大错误，防止君王人设崩塌，终成历代谏官典范。头铁如他，明知可能代价惨重甚至面对死亡，仍言辞恳切，不辱使命。若没有他人猛胆大、舍身进言的坚持，当无一面唐太宗半生自省之"镜子"，也不会有贞观盛世与济世明君。

提名：房玄龄 / 李靖 / 魏徵 / 薛仁贵 / 张九龄 / 长孙无忌

## 最倾城佳人：杨玉环

在那个以丰腴为美、以艳丽为尊，肉感击败骨感、开放压过保守的大时代，她凭标志性的时代之美走向舞台中央，让李隆基为她"春宵苦短日高起"，身系"三千宠爱在一身"。她体态丰满但不失灵活姿韵，微胖身材也能展现精湛骑术，更以"风吹仙袂飘飘举"的胡旋舞惊艳了大唐。她的美在唐玄宗旁、华清池畔，也在后人无限的幻想里。

提名：高阳公主 / 公孙大娘 / 文成公主 / 薛涛 / 杨玉环 / 鱼玄机

## 最有品生活家：陆羽

他是中国茶界第一人，以三卷本《茶经》为饮茶奠定理论体系：从茶叶产地、制茶法、煎茶法、饮茶法到煮茶、饮茶器具，无所不包。他也是将"荼"写作"茶"的第一人，他称"茶者，南方之嘉木也"，茶学、茶艺乃至茶道皆由此而来。他是被皇帝尊称的茶博士，却"不羡朝入省，不羡暮入台"，只羡故里西江水。

提名：杜牧 / 怀素 / 李隆基 / 陆羽 / 孙思邈 / 王维

## 最先锋艺术家：吴道子

他是盛唐的"画圣"，以神人之手，穷造化之功。他是艺术"鬼才"，俄顷而就，有若神助。他的画冲击眼球、直达内心，画神仙则衣带飘举如乘风来，画鬼怪则毛骨悚然若坠轮回。传为吴道子所绘的《送子天王图》能让人体会到线条流畅的"吴带当风"是一种怎样的艺术魅力。

提名：李龟年 / 柳公权 / 阎立本 / 颜真卿 / 吴道子 / 周昉

## 最吸粉知道分子：段成式（《酉阳杂俎》）

他是个被官场耽误的作家，离开官场后才开始编撰志怪笔记，来源或为亲历，或为道听途说，取梁元帝"访酉阳之逸典"之意，命名为"酉阳杂俎"。他兴趣广博，书中内容涵盖天文、地理、珍宝、民俗、宫廷秘闻及八卦谈资，共30 卷，有趣之余，也是正史的有益补充。他被后人称为唐代最出色的杂家。

提名：崔令钦（《教坊记》） / 段成式（《酉阳杂俎》） / 封演（《封氏闻见记》） / 刘肃（《大唐新语》） / 王定保（《唐摭言》） / 郑处诲（《明皇杂录》）

## 最时尚偶像：虢国夫人

她是杨玉环的族姐，唐朝的"裸妆"风尚由她开创——虽然每年有 1000 贯脂粉钱，她"却嫌脂粉污颜色，淡扫蛾眉朝至尊"；她也是天宝年间的异装丽人，据称《虢国夫人游春图》中领头穿男装的那一位就是她——始自宫廷的女性穿男装、骑"沛艾大马"风尚，就此在这幅流传至今的画作中定格。

提名：安乐公主 / 公孙大娘 / 虢国夫人 / 上官婉儿 / 太平公主 / 薛涛

## 最强悍文化交流：佛教

它是唐朝对外文化交流的重要部分，沿两大路径进行：玄奘法师从长安出发，一路向西，历时 17 年，从天竺带回佛教经典；鉴真法师则从扬州出发，花费 12 年时间经 6 次东渡后抵达日本，在奈良兴建唐招提寺，不仅带去佛法——

被日本人称为"天平之甍"——也带去了先进文化。经此输入与输出，它也获得了长足的传播与发展。

提名：佛教 / 汉字 / 丝绸 / 胡服 / 胡食 / 胡乐

## 最具含金量品牌：禅宗

它倡导自由、自觉、自然的境界，继周易、先秦诸子说之后成为一代思想经典。它强调"我"之存在，以"即心即佛、非心非佛""只要一心向佛，人人皆可成佛"的平等思想，成功地在中国世俗文化中找到佛教在地化的路径。它以内心清净取代佛的拯救，抛弃读经打坐等繁复形式，强调修为与彻悟。它承受了灭法运动的打击，并在日本诸国开枝散叶。

提名：边塞诗 / 禅宗 / 唐三彩 / 田园山水诗 / 吴带当风 / 颜筋柳骨

## 最热文化地标：大雁塔

它是玄奘法师供奉从天竺带回的佛像、舍利和梵文经典的地方，是现存最早、规模最大的唐代四方楼阁式砖塔，距今已有 1300 多年的历史。它是文人墨客登高赋诗的热门景点，千百年来"雁塔诗会"闻名遐迩。它是新科进士"打卡"题名的地方，雁塔题名象征着步步高升、平步青云。它是"长安"的标志，如今也成为西安的地标。

提名：白帝城 / 大雁塔 / 曲江 / 阳关 / 扬州 / 终南山

## 最带感娱乐：长安夜宴

它是唐朝人娱乐的最高境界——同时期的欧洲处于一片黑暗之时，长安城里，一场场或奢靡或香艳的夜宴在宫廷、达官贵族的官邸、平康里的风月之地举行。经过大量诗文的渲染，它也成为后人最向往的唐朝场景之一。最完美的夜宴正如日本作家梦枕貘所设想的，应有杨贵妃起舞、李龟年奏乐，以及吟诗的李白。

提名：拔河 / 长安夜宴 / 蹴鞠 / 打马球 / 登乐游原 / 曲江之宴

### 最脑洞创意：火药

它是连接旧时代与新世界的桥梁，它的瞬间爆发，成为一道时代强光。它从炼丹炉"长生不老"的荒诞动机而来，却为另一个领域开了个巨大脑洞：它续于普通羽毛箭或炮筒之上，成为节庆之日燃放的鞭炮；它顺势传到欧洲，"把中世纪的秩序炸垮"，成为冲击封建制度和阶级垄断的爆炸性力量。

提名：颠饮（天体派对）/ 雕版印刷 / 火药 / 看花马与裙幄宴 / 曲辕犁 / 筒车

### 最奇巧营造：五台山佛光寺

它是梁思成发现的至今仅存的四座唐代木构建筑之一，其建筑、雕塑、壁画和题记被称为"四绝"，具有极高的历史价值和艺术价值。它在唐武宗大举灭佛之时被毁，又于唐宣宗佛教再兴之时得以重建，并保存至今。它打破了日本学者"在中国大地上没有唐朝及其以前的木结构建筑"的断言，被梁思成称为"中国第一国宝"。

提名：杭州白堤 / 龙门石窟奉先寺 / 平顺天台庵 / 芮城广仁王庙 / 五台山佛光寺 / 五台山南禅寺

### 最赞美食：荔枝

它是唐人重口味美馔里的清流，是为博贵妃一笑而飞骑接力速递的珍馐。它促进了唐代保鲜技术与快递速度的双重跃升——从产地涪州开辟三日可达的"荔枝走道"，带叶装入竹筒的保鲜封装，成就了"一骑红尘妃子笑"的经典画面。它已经不仅仅是一种食物，更标志着最高的宠爱与礼遇；对它的鲜度的渴求，同时意味着"八百里加急"的驿隶快马的重大牺牲。

提名：毕罗 / 茶汤 / 浑羊殁忽 / 荔枝 / 葡萄酒 / 鱼鲙

**最精美器物：夜光杯**

它是传说中的酒具，因王翰诗句"葡萄美酒夜光杯，欲饮琵琶马上催"名声大噪，并成为葡萄酒的绝配，让人们对它遐想千年。它用祁连山墨玉、碧玉、黄玉精雕细琢而成，墨黑者如漆，碧绿者似翠，白者如羊脂。因为晶莹剔透、杯薄如纸、光亮似镜，它在月色下熠熠生辉，也因此得名"夜光杯"。

提名：金樽玉盘 / 螺钿紫檀五弦琵琶 / 落霞式"彩凤鸣岐"七弦琴 / 玛瑙杯 / 青白瓷器 / 夜光杯

**最具流量IP：《大唐西域记》**

它是后世"西天取经"故事的源头，玄奘取经路上的艰辛被演绎为九九八十一难，再加上几个徒弟角色，由此成就了后世耳熟能详的西游师徒男子组合。它也是一个超级IP，影响力延续至今。后人对它或正说（电视剧《西游记》），或戏说（电影《大话西游》），对它的每一次重新演绎，都在深化人们对它的认知。

提名：《长恨歌》/《大唐西域记》/《狄公案》/《兰亭序》/《霓裳羽衣曲》/ 唐人

618—2018

# 从唐音到抖音，去西安找长安

618年正月初一，唐王李渊得长安。隋恭帝杨侑下诏，允许唐王李渊佩宝剑穿鞋上殿朝见，行礼时不必通报姓名。（《资治通鉴》第一百八十五卷）这座建成 36 年的城，取代了过去数百年被反复摧毁至不宜人居的旧长安，成为大唐的首都。

2018 年 2 月，西安成为第 9 个国家中心城市。与此相关的搜索是：西安成立直辖市、西安复名长安……可见西安人的心气与愿景。

1400 年过去了，今日之西安与长安有何关联？今日之西安人，面貌和精神与唐又是何关系？

## 西安，唐的风范犹存

唐之长安，是丝绸之路的起点。

2018 年的西安，是"一带一路"的枢纽。

唐之长安，面积 87 平方千米，是今天西安城墙内面积的 9.7 倍。所谓"东长安，西罗马"，长安是罗马的 7 倍大。城内 11 条南北向大街和 14 条东西向大街，把居民住宅区划分成了整整齐齐的 110 坊。白居易在《登观音台望城》中如此描述这座当时比今日之纽约更繁荣的城市：

> 百千家似围棋局，十二街如种菜畦。
>
> 遥认微微入朝火，一条星宿五门西。

美国汉学家陆威仪在《世界性的帝国：唐朝》中概括长安的特征：政治、居住和商业不同部位的分区，区别帝国都城和其他城市的祭祀用建筑，寺庙和花园提供的半公共空间。但唐朝城市也经历了重大变化，最主要是商业和贸易改变了城市结构，并把它们连接为更大的网络。

大唐东市，"四方珍奇，皆所积集"（《长安志·东市》）。2015 年，社科院考古研究所对这里进行考古发掘，500 平方米的探方中累计出土唐代遗物 450 件，几乎每平方米都有发现；而李白笔下五陵少年笑入胡姬酒肆的大唐西市，如今已建成 3.5 万平方米的民办博物馆，经由地产开发成为西安的商业新地标。

2018 年的西安，处处透出长安的味道。城市格局仍与盛唐相仿，不是结体紧密的大都市，而是《考工记》里横平竖直的理想城。粉巷、东县门、桥梓口、红埠街……很多地名仍与唐有关。

中国的政治、经济、文化中心虽已不在这里，但唐的风范犹存——楼有庑殿顶，宴有霓裳羽衣，食有辋川小样。唐太宗的大明宫、唐玄宗的兴庆宫、玄奘的大雁塔至今仍是城标，曲江、碑林、唐城墙，处处都有历史的痕迹。

在西安，坐上任何一辆出租车，司机都会流畅又自豪地向你介绍起沿途景点和历史，好像受过训练一般。当你表示惊奇和感谢，他们会说："我是西安人，西安人都知道。"

贾平凹在《西安这座城》里写道："现代的西安当然不仅仅是个保留着过去的城，它有着其他城市所具有的最现代的东西。但是，它区别于别的城市，是无言的上帝把中国文化的大印放置在西安，西安永远是中国文化魂魄所在地。"

## 大雁塔与西北第一高楼

1400 年前的长安，如今只剩两座塔：大慈恩寺的大雁塔与荐福寺的小雁塔。

唐永徽三年（652）大雁塔落成时，即是时人登临的最佳去处，从皇帝到进士再到寻常百姓，争相登高远眺长安。

2018 年 1 月 8 日，法国总统马克龙到达访华第一站西安，第一件事就是登大雁塔。据说这是他在访华前夕接受汉学家意见做出的决定。

大雁塔历经四次改建，看起来很朴素，甚至还有点歪。但据说塔下藏有玄奘从印度带回的大量佛舍利、上百部贝叶梵文真经，以及八尊金银佛像。底层嵌置的"二圣三绝碑"，也是唐永徽四年（653）玄奘亲手

大雁塔，位于唐长安城晋昌坊大慈恩寺内，是现存最早、规模最大的唐代四方楼阁式砖塔。唐永徽三年（652），玄奘为保存由天竺经丝绸之路带回长安的经卷、佛像而主持修建此塔。（图－恩斯特·伯施曼）

竖立的。

今天，等待登上大雁塔的人仍排着长队。在一个流行的搞笑视频中，西安大哥用西安话说"这烂怂大雁塔有啥好看的"，这话是吐槽也是傲娇，只能西安人自己说。有人在虎扑论坛说大雁塔"没多老、没多好看"，立刻被呛回去："1300 多年的建筑不老，那你能举例说一下现今我国比这个还老的建筑物吗？"

大雁塔有啥好看的？

天宝十一年（752）秋，杜甫、岑参、高适、薛据、储光羲相约登临大雁塔，凭栏赋诗，就是在这一天，岑参写出了流传至今歌颂大雁塔最好的诗句：

> 塔势如涌出，孤高耸天宫。
> 登临出世界，磴道盘虚空。

唐代有了科举，有了赶考，有了人的走动，在这种走动中，大雁塔是高处。始自中宗神龙年间的雁塔题名，是唐代新科进士的荣耀。在长安，戴花骑马、曲江流饮、杏园探花、登临题名，是读书人的终极理想，"慈恩塔下题名处，十七人中最少年"，27 岁的白居易，就是这样在"米贵，居大不易"的长安留下人生第一笔。

2014 年 8 月，86 岁的诗人余光中到西安，他说自己上次曾一口气爬上小雁塔，这次一定"要爬大雁塔"。

带着岑参的诗意，站在大雁塔塔顶，尤其面向西边，即使盛夏，依然有大风清凉浩荡。从圆形的玻璃瞭望孔望出去，是曲江新区影视外景地一样的仿唐景区。这些建筑由创造了"新唐风"建筑的中国工程院院士张锦秋担纲总体规划，"三出阙"的大唐芙蓉园正门，宣示的是这座城市最为得意的唐的荣光。

塔下有玄奘塑像，大慈恩寺进进出出的和尚也是一样复古的衣着。塑像正对着一条现代唐人街，入夜，这里就成了大唐不夜城。有游客，也有相当多本地人散步消夏，共享着对唐的想象。

但就在人们排队登上历史之塔的同时，西安也在努力长高，规划新建 10 座摩天楼。其中高 701 米的世茂 2018 年 3 月已在曲江新区动工，誓做西北第一高楼。在拔节生长中，西安期待天下人再次为之瞩目。

## 西安缺人，不缺人气

西北望长安、长安不见使人愁、未解忆长安、何时携手入长安……长安是人心所向，西安则要抢人。

唐长安是世界上第一个人口过百万的大都市，鼎盛时期常住人口185万，流动人口51万，外国人超过3万。

2018年的西安，常住人口961.6万，并加入新一线城市抢人大战，目标是2020年主城区人口突破千万。

2018年前三个月，西安抢到21万人。一个流行的段子——去西安走亲戚，警察问："是西安人吗？"答："不是，是来走亲戚的。"警察："带回派出所，按投亲靠友条件落户。"

西安缺人，不缺人气。仅2018年上半年，西安就接待游客超过1亿人次。回民街夜夜摩肩接踵，比上元节还热闹。叫卖声中千百度也寻不着那人，因为游人多到站都站不稳。

张锦秋设计的陕西历史博物馆，是建筑学家吴良镛提出的"新唐风"建筑的经典之作，也是全国人气最旺的博物馆之一，每天都大排长龙。中国建筑西北设计研究院总建筑师赵元超这样描述张锦秋设计之妙："尽管博物馆序厅采用了重檐庑殿顶的最高形式，但如果直接面向广场和街道，既不雄伟，也没有群体的感觉。张总设置了一个前庭，先进院子再进主楼，让参观者更能体会到空间的序列。"

由永宁门登上西安最大的历史遗存明城墙，墙上人比地上人还多。尽管如此，规划过唐大明宫国家遗址公园，设计过碑林石刻艺术馆、大唐西市博物馆的西安建筑科技大学特聘教授刘克成说："不管地上多么嘈杂，上到城墙上面马上就安静了，就觉得到另一个世界了，一下子就跟这个城市有了距离。"

但西安还想人气更高。毛笔酥、摔碗酒，还有《西安人的歌》的走红，让西安火了，也开启了"抖音之城"的新世界。在西安旅游，导游言必称抖音、网红；在西安吃饭，食物上桌前服务员就会先提醒你准备好手机拍视频分享到抖音和朋友圈。

这种网红意识甚至已成为西安的城市宣传策略。2018年5月，西安市委书记王永康带着西安市商务局、投资委、发改委、高新区、曲江新区、西咸新区的相关领导拜访抖音总部。目前，西安已有 70 多个市政府机构开通了官方抖音号。陕西历史博物馆参与创作的"第一届文物戏精大会"抖音视频，四天播放量超过 1.18 亿次。

但一切热闹，都在去往昭陵的路上慢慢安静下来。道路逶迤，九嵕山越来越近。昭陵六骏的真迹早就移走了，但唐的气派还在。当地人在昭陵外的小广场上唱着秦腔，鼓乐一响，人就自动聚过来，演的和看的都自豪。

站在昭陵韦贵妃墓的山头上，守陵人自豪地指出西安的方向。"天晴的时候这里能看到钟楼。"他站在唐的位置说。

长安与西安就这样隔着时间和空间遥遥相望。贾平凹说："西安毕竟是西安，无论说老道新，若要写中国，西安是怎么也无法绕过去的。"

# 宏丽的建筑，有一种镇抚的力量

丁垚　天津大学建筑史学者　采访 / 孙琳琳

2018 年 8 月 18 日一大早，天津大学建筑学院教师丁垚，带着同学们坐上开往蓟州的绿皮火车，再访独乐寺。他记不清已是多少次来这里瞻仰，只记得每次都为如此充满生命力的建筑而心折。被问及如果对唐代建筑感兴趣，应该从何处看起，丁垚说："独乐寺观音阁。"

1932 年，梁思成第一次攀上观音阁的天花，就分辨出昏暗光线中旧木料是"赫然唐木"，虽然他判断观音阁是 10 世纪后期的辽代再建。至今，这里仍跟 1000 年前没什么差别，即使是一般参观者也能感受到它的强大气场，就像梁思成 80 多年前站在它面前感受到的一样，而这生机勃勃的基因显然来自唐代。

除了观音阁这样保有浓烈唐风的建筑，现存完整的唐代建筑，砖石建造的仍有百余座。至于木构建筑，最新的说法是还有三座半：佛光寺、南禅寺、广仁王庙，以及正定开元寺钟楼的下层。原本被认为是唐代建筑的天台庵，2014 年大修时在大殿的梁架上发现了有"天成"年号的修缮题记，也就是说其实建于五代后唐天成四年（929）。"从朝代上来说跟唐就差20多年。"丁垚说。在他看来，保存至今的古建筑，往往都是历代不断重新组合的结果，所以很多表面看来晚近的建筑，都可作为研究唐建筑的依据，更不要说很多建筑身上还确确实实有唐代的构件。

一个不常被提起的例子是陕西省长武县的昭仁寺大殿，原是唐太宗为浅水原战场建的忠烈祠。寺里有一通著名的螭首龟趺唐碑，书法为虞世南所题。昭仁寺大殿在相当程度上还有初唐的痕迹，它与广仁王庙、天台庵尺度相仿，但更高峻——这可是初唐上溯到隋以至北朝风行一时的建筑比例。

丁垚还提到一个最近才被竖立起来的唐建筑——开元寺三门。石柱和横梁被尝试拼起来，有点像雅典卫城的废墟。"这些大尺寸的东西不会差很多，看到那些柱子可以稍微想象一下7世纪末期、武则天时代的建筑体量，在这河北的重镇。"

## 什么是唐代最大最高级的建筑

初唐的建筑还是隋的底子，唐太宗觉得隋炀帝太奢侈了，毁掉了一些东西表明立场。唐代初年的建设相对比较少，偶尔有，也会有谏官来阻挡。真正在建筑上有大作为的是武则天，从隋文帝就开始筹划的明堂，在她的时代才变为现实。龙门奉先寺与卢舍那大佛的建成，也是唐代营造的高光时刻。

现存唐代建筑中的翘楚，非佛光寺大殿莫属。虽然一般认为大殿是武宗灭佛后再建，但和独乐寺类似，很可能最初的创建都是武则天时代皇权与宗教一同掀起巨浪的产物。位于华严圣地五台山的外围地带，佛光寺大殿背靠山崖，可不是常见的情形，而是占据了初唐圆寂的解脱禅师修定观想的吉祥地。七开间的大殿，从斗拱上看已经是常规情况下的最高级，晚到宋徽宗时代修成的建筑官书《营造法式》也能印证这一点。它存在感是那么强，看到佛光寺大殿，我们就能想象和理解，为什么远到日本的求法僧，巡礼到五台山的寺院时，会表现得那么欢喜和虔诚。这样的宗教圣地，差不多在整个唐代，镇抚东西南北，特别是北和西。

佛光寺大殿原本跟奈良的唐招提寺金堂一样，是有柱廊的，整个是非常宏丽高级的唐代建筑，跟敦煌净土变壁画里的建筑很像。《营造法式》彩画部分提到的七朱八白，研究者一直没有见到在木建筑身上完全相符的实例。2011 年夏，丁垚带"溯本逐源——2011 天津大学—香港大学暑期建筑研习班"到佛光寺考察，当他在大殿后檐观察椽头时，偶然注意到了阑额上的"七朱八白"。随后几年，他的团队与山西古建所合作，开始深入研究佛光寺大殿彩画。

丁垚说："七朱八白风格相当古老，放在当时也是传统而高级的象征，是朝廷宫殿才用的形式，而佛光寺身上的用得这么标准，跟《营造法式》这样的官书描述的细节完全一致。所以佛光寺虽然在五台山，离都城似乎很远了，但是很能代表长安和洛阳的建筑。唐的建筑彩画除了这样的朱白色调，还有繁丽华美的如织物的形象，有深受西域和天竺影响的图案，佛教图案等。从佛光寺大殿有些非常角落而没有被后世重妆的地方可以看出，它最初是大的木构件，都是朱白色调，而有些位置的画面以及佛像的装饰非常华美，视觉冲击力很强。"

虽然佛光寺级别如此之高，但丁垚指出，最能直观表现唐代艺术水平的并非狭义的建筑殿宇，而是龙门石窟奉先寺。"卢舍那大佛和群像也是建筑艺术，因为它们已经是宏伟建筑的尺度，不是雕塑的尺度，只是建筑做成了造像的样子。远望、登临直到站在奉先寺的台子上，我们的目光穿梭注视的，随着身体的移动，与偶像的距离和角度在不停地变化，整个的空间感和对世界的想象都在剧烈地变化，或者凝固。似乎我们关注的视觉焦点都是塑像，但实际上，随着时间的流动，建筑、雕塑、绘画是融为一体的，这就是唐代的建筑艺术。"

## 日本与唐，隔着一次模仿的距离

从规模、大小、时代、空间来看，唐招提寺金堂都跟佛光寺特别像。谈到两者的区别，丁垚表示，佛光寺大殿做的时候，是基于朝廷里最高级的设计的结果，像宇文恺和阎立本兄弟这样的大师，在结构性和装饰性处理上都把握得很好。而金堂是鉴真大和尚圆寂后建的，模仿了两京建筑的原型，但离最高级的建筑已经有了一次模仿的距离。"拿放大镜稍微一看，就会看到很多已经交代不清的地方，它已经理解不了原本的设计意图，与佛光寺对比高下立辨。不过看出区别需要专业知识，同济大学温静老师最近有篇专文。"

有一种说法是，唐在日本，在京都、奈良。丁垚有不同看法。"中国太大了，留下的东西太多了，比如去太宗的昭陵、博物馆、陪葬墓、北司马门，扑面而来都是贞观的东西，让人喘不过气来。能不能感受到唐，不是去日本还是五台山的问题，而是自我准备的问题，只有了解了才能感受到。穿梭在唐招提寺金堂的前廊圆柱的落影之间，确实能唤起一种唐的感觉，但不一定在日本，在昭陵可以，在家里读王维的诗也可以。"

2015年，丁垚看了电影《聂隐娘》，发觉其中对唐代建筑的表达和自己的想象出入很大，特别是日本外景。魏博节度使在今华北南部，那些出现的建筑不应该是那样的。"日本环境清幽干净，放在那个时代和地区背景下是不对的。当然这不能苛求导演，是相关研究还不够。清代以前的历史情境，我们的影视剧还还原不到足够的细节和完整。但艺术创作还是要回到整体的把握和平衡，比如86版《西游记》，唐太宗送玄奘西行那段，就是在清西陵大门外的石桥上拍的，整体效果还挺好的。"

## 长安是超现实的城，现实的生活

唐代长安，今天地面上醒目的标记留下的只有大雁塔、小雁塔这样的几处，但完整的平面是想象中的城，有整齐的格网控制、理性的规划，是一种超现实的存在。不过，它的100多个坊，如果回到唐代，外面看起来也就是长长的土墙，可能会觉得像城中村。

丁垚说："大兴和长安，还有后来的元大都的兴建，都是在做理想城，不是自下而上、人群的聚居逐渐形成，而是天上掉下来的。"长安的形态是理想几何的超现实，然而生活是真实的。它有很本土的建筑，空间模式、器物、服装也不断吸纳外来的文化，尤其是从南方传来的新风。长安是一个复杂的城市，几个层面的文化落到了一群人身上，就形成了这样一座城，它不仅面向本地，也面向长安以北的文明，巨大建筑的气场，起到了震慑作用。帝国的精英聚集在这里，"长安不见使人愁"，最好的文学家、艺术家如果没有在长安，人生是不完整的，离开长安是悲痛的。

在李清照之父李格非写的《洛阳名园记》中，记录了洛阳人自唐流传下来的六种园林趣味，最后一种就是"眺望"。人们会登山、登塔、登城墙，这种体验当然是自古有之，但如此借由人造的物质和精神世界流布海内外，却是到了唐代才以长安的模式为中心辐射出去，在一代诗人的写作与实践中风行天下的。《登幽州台歌》《黄鹤楼》《登鹳雀楼》《登金陵凤凰台》，一批最富生命力的唐诗都来自登临与眺望的激发。

曲江是长安最重要的公共园林，唐代最著名的登临处大雁塔就俯视着这里。丁垚说："站在大雁塔顶上，可以看到巨大的都市和南山就在眼前，如同看见了平面图和画，走下去就流连忘返于坊市之间，这种冲击是特别唐的一种东西。"

一位七品官的长安日常

# 像唐人那样过日子

文 / 邝新华　学术指导 / 于赓哲

"一更鼓闭城门，二更鼓上床眠，三更鼓到子时，四更鼓睡正沉，五更鼓城门启。"这是唐代长安城人民的生活节奏。

长安城的早晨是这样开始的：夏夜五更二点（凌晨 3 点 30 分左右），太极宫承天门城楼，第一声报晓鼓敲响，各大街鼓楼依次跟进，鼓声自内而外传开，皇宫各大门、皇城（朝廷办公区）各大门、各坊（居住小区）大门，依次开启。城内百多所寺庙同时撞响晨钟，激昂跳动的鼓声与深沉悠远的钟声交织在一起，唤醒整座长安城。

## 晨鼓：早朝京官盼雨天

作为门下省录事，从七品官，某内每旬逢一、五日都要上朝。在晨鼓声响起、坊门开启之前，某内就要吃好早餐、穿好朝服、备好马匹——没有马的话就要跑了——赶在卯时（早 5—7 点）到皇城报到。现在民间有"上班点个卯"的说法，如果迟到，是要罚工资的。古代也一样，唐肃宗时，"朝参官无故不到，夺一月俸"。

长安城是当时世界上最大的城市，人口近百万，总面积 84.1 平方千米，周长 36 千米，是明代西安城的 7 倍大。长安城被横竖 38 条街道分割成 100 多个坊，每个坊都由坊墙和坊门围起来。由于城东地势高，大部分居民住在长安城东。

居帝都大不易。多有北漂吐槽北京路宽难走，长安街最宽处十车道100米。殊不知，当年长安城的主干道朱雀大街宽150米，用陕西师范大学于赓哲教授的话讲，"足以起降一架波音747"。

朝服是上朝正服。以官服的颜色来分官阶，始于唐代。贞观四年（630），太宗皇帝定百官朝服颜色：三品以上服紫，四品五品服绯（红），六品七品服绿，八品九品服青。从唐时起，黄色成为皇族垄断的"时尚色"。

《太平广记》记载，颜真卿年轻时，请一位会算命的范姓尼姑吃饭，顺便套她话。颜真卿说："官阶尽，得五品，身着绯衣、带银鱼……某之望满也。"范尼指着铺在地上吃饭用的紫色丝布单说："颜郎衫色如此。"后来颜真卿果然位进三品。

唐代三省六部制，中书省是决策机构、核心部门；尚书省相当于国务院，下辖六部——吏、户、礼、兵、刑、工；门下省负责审核中书省起草的诏旨，相当于书记处。门下省"录事"，就是在书记处负责抄写工作的低级职员。官阶虽低，某丙至少也是三省中人，每旬有两天可以穿上绿色朝服，进宫参见皇帝。并不是每个官员每天都有上朝见皇帝的机会，只有"文官五品以上，及两省供奉官、监察御史、员外郎、太常博士"，是"常参官"。

由于长安城的城墙和道路都是夯土筑成，一下大雨就步履维艰。每逢雨天，皇帝会下旨，放假一天。

皇城里是有食堂的，早朝之后，每位九品以上的官员都可以得一顿"朝参日廊下食"。按规定，官府食堂长年要预备着汤饼或冷淘，汤饼就是面条，冷淘就是冷面。唐人无论贵贱都喜欢吃汤饼。

也有人喜欢吃饺子或者蒸饼，唐代的蒸饼就是蒸制面点，类似今天的馒头。《朝野佥载》记载，武则天时期好不容易熬到三品官的张衡，爱吃蒸饼，某天退朝回家路上，在路边小店买了一个蒸饼，骑在马上就吃起来，不巧被御史看见了，举报到皇帝那里。唐代的御史监察百官，连私生活也在监察范围。张衡被御史一弹劾，武则天批示："流外出身，不许入三品。"紫袍没了。

## 午鼓：东西两市买东西

虽然职位低微，但绿袍加身的某丙还是不敢在退朝的路上去"无证小店"买蒸饼，更不敢公然在马背上吃。

坊中私开无证小店是唐中后期的常见现象，朝廷屡禁不止。唐律规定，长安城内所有商品交易都要在东、西两市进行。两市有多大？日本和尚圆仁《入唐求法巡礼行记》记载："东市失火，烧东市曹门以西十二行，四千余家。"

西市比东市还大。长安居民的分布是北多南少、东多西少，位于东北的东市周围房源紧张，商贩难以存货，于是纷纷到西市开店。《长安志》记载："公卿以下居止，多在朱雀街东，第宅所占甚多，由是商贾所凑，多归西市。"西市也是丝绸之路的起点和终点，国际贸易发达，多有奇珍异宝。

某丙退朝后，吃完"廊下食"，骑着马，往南出皇城朱雀门，便即往西。摸黑进皇城，天亮出来。这时某丙看到的不是月亮与星星，而是宽阔笔直的朱雀大街，以及道路两旁高大的槐树。人们或骑马，或驱牛车，某丙策马进入马与车扬起的黄沙队伍中，经过三个坊，来到西市北大门。

在唐代的北方，人们的主要交通工具是马。无论男或女、文官或武官，都喜欢骑马。于赓哲说："稍为有点钱的人，都想给自己弄一匹马。'贵贱所通，鞍马而已。'"

牛车是当时重要的运输工具。史料记载，京城的司农寺有牛车 1021 辆，场面震撼。老百姓用的交通工具是驴或骡子。在东、西两市就有很多"赁驴"店，相当于今天的租车。史料记载，唐代的山东地区，赁驴的价格是每 20 里 50 文钱。唐代神话人物张果老就是骑驴的。

唐代还有一种大型交通工具——西域胡商乘坐的骆驼，但当时的南方人还不认识骆驼。《白孔六帖》记载，刘秉仁到江州（今江西九江）任刺史，把长安的骆驼带去，"放之山下"，结果被村民当成"庐山精"打死了。

于赓哲这样形容西市大门前的景象："熙熙攘攘的人群聚集在市场的门口，马车、牛车举目皆是，时而还有高大的骆驼穿梭其中，人群肤色不一，有波斯人、突厥人、大食人、日本人、吐蕃人。还有不少黑皮肤的人，唐时称为昆仑奴。"

某丙也骑马来到人群的外围，等待正午击鼓两百下，西市才开门。买的与卖的，都等着市门打开。所以白居易在《卖炭翁》里写道："牛困人饥日已高，市南门外泥中歇。"某丙敢于穿朝服入西市，是因为官位低微。《唐会要》记载，贞观元年（627）十月敕：五品以上官员不能入市。

随着车队入市后，某丙来到"坟典行"，翻阅新进的书籍，他发现大部分抄书人都没有他抄写得工整。坟典行不是棺材铺，坟典是三坟、五典的并称，指圣人之书。唐代的棺材铺称为凶肆。从书店出来，某丙直奔果子行，买小儿最爱的葡萄干。

按唐律规定，所有店铺都要在大门挂着商品的上、中、下三等价格，称为"三贾均市"。《唐天宝二年（743）交河郡（新疆吐鲁番）市估案》记录了当时的葡萄干价格："果子行干葡萄一升，上直钱拾七文，次拾六文，下拾五文；大枣一升，上直钱六文，次五文，下四文。"

给小孩买了葡萄干，某丙又给妻子买了些大枣。唐时所用货币为铜钱和绢帛，除了华南地区，白银还不是货币。所以"半匹红绡一丈绫，系向牛头充炭直"，其实是有付钱的，只是付得太少。

西市有很多"著名景点"。西市局，相当于西市的工商管理所；放生池，是唐初一位僧人挖的人工湖；平准局，负责考察粮食物价的高低；独柳树，"独柳，刑人之所"，相当于明清时期北京的菜市口，砍头的地方。在古代，市场不仅仅是商品交易地，也是古人最重要的信息集散地，杀人必须在人多的地方，才能杀一儆百。

这天的西市与往常一样热闹，不知不觉太阳已经西斜。日落前七刻，西市击钲300下，市散。某丙驱马往东，穿过朱雀大街，奔往东城的家。这时，长安居民也赶着牛车各回各家，夕阳下的长安城已经炊烟袅袅。

## 暮鼓：秉烛夜游良有以

唐人的晚宴是很讲究的。故宫博物院曾把南唐画家顾闳中的《韩熙载夜宴图》制作成动画，在互联网上甚是流行。韩熙载出身北方望族，是唐朝末年进士。在图中，床上的红袍青年正是新科状元郎粲。唐代官场有个规矩，新科进士或者新升官者，要大宴亲朋好友，称为"烧尾宴"。"烧尾"，说的是新羊入群，群羊欺生，要将新羊尾巴烧掉，才能融入群羊。从唐代《韦巨源食谱》里一份不全的"烧尾宴"食单记录的58种非常讲究的菜点来看，这不仅是在烧尾，还是在烧钱。

唐代长安城的饮料主要是奶制品和果饮，流行的有乌梅浆、葡萄浆、桃浆以及甘蔗浆等。还有一种用罕见的南洋水果制成的三勒浆，风靡一时。

葡萄酒在北朝时开始从西域涌入中国，到了唐代，已经有八种唐人自制的葡萄酒流行于市。葡萄酒是酒仙李白的最爱。李白在《少年行》里写道："五陵年少金市东，银鞍白马度春风。落花踏尽游何处，笑入胡姬酒肆中。"金市就是西市，李白也是骑马的上流阶层，"胡姬"的"酒肆"，卖的就是葡萄酒，胡姬也是李白之所爱。在唐代，"葡萄美酒""夜光杯""琵琶"以及"胡姬"都是进口的。

在唐朝早期的长安是喝不到茶的。据《封氏闻见记》记载，饮茶有可能是开元时期从泰山灵岩寺传出来的风气。但唐代的茶不是泡的，而是煮的。煮茶者先把茶叶碾碎，放到锅里煮，还要放葱、姜、大枣、桂皮、薄荷等调味料，最后还要放盐！

东、西市的热闹伴随着击钲 300 下而止。"一更鼓闭城门，二更鼓上床眠。"一更是 19 点到 21 点，城门和坊门都会关闭。宵禁正是从二更（21 点到 23 点）开始，金吾卫上街巡逻，"六街鼓歇行人绝，九衢茫茫空有月"，"犯夜"一律按盗贼抓捕。唯有元宵节例外，皇帝特许开三天夜市。

到了唐中后期，居民侵街建房，坊内开店，开设夜市。以崇仁坊为最，"一街辐辏，遂倾两市，昼夜喧呼，灯火不绝，京中诸坊，莫之与比"。

我们从《韩熙载夜宴图》可以看到唐人对夜生活的热爱。韩府这场夜宴有五大流程：第一段琵琶独奏，第二段六幺独舞，第三段宴间小憩，第四段管乐合奏，第五段宾客酬应。

李白也有一篇《春夜宴从弟桃花园序》，文中写到"浮生若梦，为欢几何？古人秉烛夜游，良有以也"。没有电灯的古代，秉烛更有意味。

唐人在精神上的开放，尤其体现在女性的社会地位上。名画《虢国夫人游春图》里，杨贵妃的三姐虢国夫人及其侍女都骑马春游，民间传闻，虢国夫人的马队路过大街时，头上掉下来的钗子都能铺一路。盛唐以后，女性穿男装的情况非常普遍，很多时候，就是为了方便骑马。

唐代女子服饰可能是历朝最开放的。电视剧《武媚娘传奇》里曾引发全民八卦的"袒领"，在盛唐尤其流行。《全唐诗·赠美人四首》写道："粉胸半掩疑晴雪，醉眼斜回小样刀。"

唐代周昉的名画《簪花仕女图》，仕女穿的是纱罗，不着内衣，仅以轻纱蔽体，"薄露透"的纱罗是唐代发明，所谓"绮罗纤缕见肌肤"。

于赓哲说，五代以后，女子开始裹小脚，这使汉族成为世界上唯一没有民族舞蹈的民族。宋代以后，礼教更严厉，女孩子上大街都受到限制。于赓哲总结：唐代文化的繁荣，与占人口一半的女性社会地位的提高不无关系。

（史料参考：陕西师范大学于赓哲教授公开课"隋唐人的日常生活——由小见大的历史"）

# 唐人豪迈，宋人内敛

于赓哲　陕西师范大学历史学教授、唐史专家　整理 / 邝新华

近年来关于唐朝的影视作品很多，都极尽奢华，要重现大唐盛世。但很多都犯了一个原则性错误：把日本的建筑风格搬过来就说是唐代风格。日本不是唐代文化的电冰箱，日本有自己的文化风格，它确实受到了唐朝文化的影响，但你不能简单地说日本的风格就是唐朝的风格。

在影视剧中也会经常出现一些史学错误：第一，只要有中国人的地方，他们就在喝茶——事实上唐代前期，长安人是不喝茶的，酒和奶制品才是长安人最常见的饮料；第二，只要有中国人的地方，他们就用银子买东西——这也是错的，银成为货币是宋代以后的事，成为法定货币更要到明朝了，唐代的长安人，主要以铜钱和绢帛为货币；第三，只要有中国人的地方，富家小姐出门就要坐轿子——其实，唐朝的长安城并不流行轿子，而且，长安有不少富家小姐喜欢骑马。

我们经常在电影中看到盛大的晚宴，宫女们载歌载舞，官员们觥筹交错，以为那是一片盛世的丰富夜生活。其实，唐代的长安，回家晚点都会被官府逮捕，并没有夜生活可言。

唐代长安、洛阳两都，都实行严格的宵禁制度。到了晚上，城门和坊门都会关闭。为什么这样做？这是从城市治安的角度来考虑的，唐朝人的一个基本理念是：夜里出来的人非奸即盗。

唐朝政府是不会考虑城市活力问题的。唐代长安城热闹的夜生活，都是在坊内进行的。我们看到很多史料记载，唐人喜欢在家里举行盛大的夜宴，但有一条，你要为请过来的朋友解决住宿问题，因为到了夜里，他们是回不去的。

不过，唐代是不是所有的城市都严格实行宵禁，这在学术上还有争议。尤其是唐代南方的城市，如扬州，就不见得很严格执行。因为宵禁的基础是城市

的坊式结构，如果没有坊式管理，人们夜里出来，那也是管不住的。

以上说的是城市。而对于广大农民来说，日出而作、日入而息，这跟其他的时代没有什么区别。唐代夜生活的史料多，是因为能留下史料的都是有史料话语权的上流社会，他们反映的是上层社会的生活。少数士大夫的夜生活，并不能代表整个国家。

## 回不去的唐朝

我们看到史料中记载，唐代的生活很美好。有很多人说，他们要梦回唐朝，见证帝国的强大。这样的理想很丰满，但现实很骨感。有研究表明，唐代的农村社会，有四分之一的人还没有解决温饱问题。如果一个社会占人口总数 25% 的人，每天连基本的热量都无法保证，那这个时代能好到哪里去？

在工业革命以前，我们人类都不得不面临温饱问题，这是生产力的局限。所以，从历史而言，唐朝跟其他朝代没有本质区别，都是小部分人的美好、大部分人的苟且。

我们看到来自边疆的诗人李白，到了长安城就接触到皇帝，以为唐代的社会阶层流动性很好，其实不然。李白接触到皇帝也是不容易的，哪个朝代的平民想接触皇帝都不容易。李白第一次来长安时，别说皇帝，连个稍微高级点儿的官员都接触不到，他后来是通过朋友元丹丘结识了皇帝的妹妹玉真公主，玉真公主才把他推荐给了唐玄宗。然后呢？唐玄宗让他当了翰林学士。翰林院就是个陪皇帝游玩、吟诗作赋的机构。李白不甘心，想当皇帝的秘书。秘书这个职位很关键，玄宗怎么会让李白当？皇帝解释说，李白爱喝酒，当秘书是需要保密的，喝酒之后难免失言。所以文豪也不一定能胜任秘书工作。

从唐代开始兴起的科举制度，看起来是促进了社会阶层的流动，其实，与其说科举制度促进了社会阶层流动，不如说是帮助统治阶层促进统治结构从贵族政治向官僚政治的转变。唐代士农工商四个阶层是比较固定的，农民或者商人想改变身份是很难的。从小能读书去参加科举的，一般都是中上层社会的人。不过，这当然要比"上品无寒门，下品无势族"的南北朝要进步。

继承了南北朝的唐代仍然是一个门阀观念很强的时代。山东的一些名门望族，甚至不愿意与皇室通婚。这个，连皇帝也拿他们没办法。

唐代科举制加试杂文，造就了唐代璀璨的文学成就，但唐代没有出现过伟大的思想家，这种思想平庸跟唐代前期的和平与繁荣也有关。在一个动荡时期，如战国，反而会有思想大碰撞。唐代的言论环境比较自由，没有出现过文字狱，活在宽松环境里的知识分子们于是热衷于诗词歌赋。

当我们看到唐代的知识分子给我们留下的史料时，还以为那就是一个天天吃喝玩乐的社会，以至于现代人要梦回唐朝。其实，古代社会跟现代社会完全不具备可比性，近100年来中国社会的变化，可以说是翻天覆地、前所未有。如果说20世纪之前的中国在王朝更替的轨道上轮转，那20世纪以后的中国已经被拉到另一个完全不同的轨道上，唐朝是回不去了。

如果非要回去，我们也只能在精神上回到唐朝，把唐朝一些优秀的精神发扬光大，如唐人的开放精神、自信和豪爽的性格。

## 以唐为鉴可以知豪迈

在西方人眼中，中国人的性格是内敛的，其实在唐代，中国人是很豪放的，这是我们要以唐为鉴的第一点。

我们从唐人的传奇小说中可以看到他们的快意恩仇、敢爱敢恨，用现在的词来讲，就是外向型性格。与之形成鲜明对比的是宋代以后中国人的内敛型性格，宋代以后的文学作品都讲究说教。本来只是讲故事，但最后都要回归到儒家的教条上去。小说写的即使是声色犬马，也会在最后加一段：写这些都是为了让你不要误入歧途。宋以后的知识分子有一种好为人师的习惯。但唐代的知识分子不一样，他们还没有好为人师的毛病，他们是随性的、直接的、直白的。

以唐为鉴的第二点，是唐人的"拿来主义"。

唐代是一个开放的社会，兼容并包。最主要体现在唐人对外国人的态度上。在长安街头，你可以见到各色人等，唐政府与外国人的交流也很深入了，很多外国人在唐朝当大官。长安的西市也有很多外国人在经商，长安城还能经常看见成群的骆驼队。另外就是宗教自由，不但佛教和道教在唐代有了很大的发展，很多连名字都没听过的西方宗教——景教、摩尼教、祆教——都可以在长安传播。

其实，唐代的开放也不是唐代独有的，在中国的文明史上，只有明清两代出现了闭关锁国的政策。唐代这种开放的精神，正是建立在文化自信上的。文化自信，这是以唐为鉴的第三点，也是最重要的一点。

文化自信的基础是经济实力和军事实力。唐政府当年维持丝绸之路，是尽了很多国际义务的。如果丝绸之路断了，唐政府就要把它恢复起来，如唐政府对高昌国的打击，以及安西都护府的建立与维持。

军事和经济的辐射力是基础，但文化的同化力才是唐代实力的核心，现在叫软实力。当时的中华文明，是世界上最有吸引力的文明。

我们看到中华文明多次被北方少数民族政权征服，但过不了多久，这个少数民族就会反过来被中华文明征服。这就是文化同化力，也是中华民族真正的文化自信力。

正是在这样的文化自信之上，唐人可以开放宗教信仰，开放外国人来当高官，开放商品市场，开放女性的服饰，开放自己的心胸。鲁迅在《拿来主义》里写道："没有拿来的，人不能自成为新人；没有拿来的，文艺不能自成为新文艺。"

# 唐朝审美：气势宏大的美学气象

文 / 冯嘉安

陈寅恪言："华夏民族之文化，历数千年之演变，造极于赵宋之世。"于是有人说，若言宋文化达登峰造极，唐更像处于努力往上登攀、豪迈而无所顾忌的青春年少期，才过弱冠、未达而立。

不过这种"李泽厚式"比喻是危险的，正如美术史家范景中认为的，美学家李泽厚的《美的历程》尝试从整体上去把握中华文化史和心灵史，但他的方法仍然是以黑格尔主义为基础，此书是以直觉为基础的"浪漫"之作。然而，这种直觉可能是错的，新发现的一个微不足道的细节有可能推翻我们所有的假设，正如阿比·瓦尔堡所说："上帝存在于细节。"

一个反例就可以轻松击破"唐朝文化青春论"——李白的豪迈像一位无所顾忌的少年，而杜甫的沉郁却像一位年迈老到的长者。李杜双子都是盛唐文化的代言人，唐代审美之复杂，难以用一个整体感觉一以概之。

豪放与婉约、尚法与尚意、空灵与充实、错彩镂金与芙蓉出水……种种审美倾向在唐代交织。

## 初唐文艺：一出生便风华正茂

智永是王羲之第七世孙，传说他的传家宝是《禊帖》，也就是今天耳熟能详的法帖《兰亭序》。智永生活在南陈到隋朝之间，没有看到后世唐君李世民如何把这件传家宝巧取豪夺据为己有、如何把先祖王羲之推上"书圣"的神坛，又如何把《禊帖》真迹带入昭陵殉葬，给后世留下千古之谜。

在唐太宗的大力倡导之下，王羲之婉媚秀丽的书风在初唐极为流行。王羲之的书法与其说代表了魏晋风度，不如说反映了初唐的审美趣味。初唐书家有融北碑清劲与二王柔媚于一体的虞世南，有学王羲之而"险劲过之"的欧阳询，有"书如美女婵娟，不胜罗绮"的褚遂良，有"瘦劲妍丽，别为一家"的薛稷。"虞欧褚薛"并称书法"初唐四家"，他们无不深受王羲之书风的影响。

在欧阳询 69 岁、虞世南 68 岁、褚遂良 30 岁那年，长安发生了一件大事。唐高祖李渊的次子秦王李世民，在太极宫玄武门附近杀死太子李建成、齐王李元吉，史称"玄武门之变"。其后李世民被立为太子，同年李渊禅让，李世民登基成为唐朝第二位皇帝唐太宗。

（唐）佚名《唐人宫乐图》，台北"故宫博物院"藏。这幅绘画描绘晚唐盛行的饮茶之风，是典型的"煎茶法"场景的部分重现

登基后的李世民先后重用欧阳询、虞世南和褚遂良（薛稷年纪最小，"玄武门之变"时还没出生，他活动在武后时期），他们在唐太宗的内府里有机会一窥《禊帖》真容，并反复临摹学习。清朝皇帝乾隆也酷爱王羲之书法，除了在紫禁城三希堂收藏了王羲之的《快雪时晴帖》、王献之的《中秋帖》和王珣的《伯远帖》以外，还在圆明园刻"兰亭八柱"，其中头两柱刻的便是虞世南和褚遂良的摹本。而欧阳询的摹本则是更有名的《定武兰亭》。欧阳询将《禊帖》手摹刻石，几经辗转，原石已经不知所踪，如今只有珍贵的宋拓本。学界认为宋拓《定武兰亭》，比唐人冯承素双钩填墨的《神龙本》更能反映王羲之真迹。

宋人严羽在《沧浪诗话》中称"本朝人尚理，唐人尚意兴"，这是就诗歌而言，在书法上却正好相反——唐人尚法，一笔一画都讲求法度严谨；宋人尚意，自我表达，无所顾忌。"初唐四家"开启书法审美上"唐人尚法"的先声，直至中晚唐的"颜筋柳骨"也是法度的代表，以至如今仍是小儿学书入门的效法楷模。

初唐书有"虞欧褚薛"四家，文有"王杨卢骆"四杰。杜甫有名句言，"王杨卢骆当时体，轻薄为文哂未休。尔曹身与名俱灭，不废江河万古流"，盛赞"初唐四杰"的文学成就。

李泽厚在《美的历程》里援引闻一多的《唐诗杂论》称："'宫体诗在卢、骆手里是由宫廷走向市井，五律到王、杨的时代是从台阁移至江山与塞漠'，诗歌随时代的变迁，由宫廷走向生活，六朝宫女的靡靡之音变而为青春少年的清新歌唱。"李泽厚认为，"四杰"之后唐代迎来了五彩缤纷的现实生活，盛唐之音如鲜花般怒放。

唐朝的文化是"一出生便风华正茂"，初唐的盛放不是昙花一现，接下来的盛唐才是灿若星河。

## 多元和开放：造就自由奔放、气势宏大的审美气象

盛唐是一个文艺灿烂辉煌的时代，盛唐的文学、艺术群星，几乎可以代表全唐的文化。唐朝审美的精彩就在于多元、复杂和开放。豪放与婉约、尚法与尚意、空灵与充实、错彩镂金与芙蓉出水等种种审美倾向在唐代交织。

不必说文学上风格各异的李杜诗篇都在盛唐出现，只要再看看唐代书法史，崇尚法度的唐朝书法，却在盛唐、中唐之际涌现"颠张醉素"，就能体会到唐人审美取向是有多丰富。张旭和怀素不拘一格的狂放草书，让杜甫都不禁赞叹"挥

毫落纸如云烟"。

同样是画人物，唐代的画家能画出千差万别的风格来：阎立本擅长画帝王君主，见之莫不顶礼膜拜；吴道子擅长画神仙鬼怪，见之莫不心存敬畏；张萱、周昉擅长画贵妇仕女，见之莫不心生倾慕。

与此同时，国门大开的唐帝国与全世界 300 多个国家有往来，与 70 多个国家有外交关系。于是"胡风"对唐人在服饰、音乐和舞蹈等方面的审美倾向，有着很深的影响。《旧唐书》记载"唱突厥歌，作胡旋舞"的情景在宫廷和民间均不鲜见，《新唐书》载："天宝初，贵族及士民好为胡服、胡帽。"李白有诗曰："落花踏尽游何处，笑入胡姬酒肆中。"安史之乱后，人们对胡人颇有微词，"胡风"对唐人的影响才渐渐减弱。

我们难以以唐"青春而感性"、宋"成熟而理智"来笼统概括两季审美的区别，但这两座文化高峰体现了明显不同的美学质感。唐代的多元、复杂和开放，造就了一种自由奔放、气势宏大的审美气象，宋代苦心孤诣追求的则是一种精致典雅、细腻婉约的审美趣味。

## 诗与画：外师造化，中得心源

唐代自由奔放、气势宏大的审美质感，最突出的代表便是唐代的边塞诗。据统计，唐以前的边塞诗，现存不到两百首，而《全唐诗》中所收的边塞诗就达两千余首，边塞诗在唐朝达到了顶峰。

边塞诗写尽唐朝人的复杂情绪，有人写边塞荒凉之景，如王之涣的"黄河远上白云间，一片孤城万仞山"；有人表沙场报国之志，如李白的"愿将腰下剑，直为斩楼兰"；有人抒闺房相思之怨，如王昌龄的"忽见陌头杨柳色，悔教夫婿觅封侯"……入幕、游边、使边等"文人出塞"风气使得唐代边塞诗大量涌现，没有边塞诗的豪迈，唐代大气蓬勃的气象将大打折扣。

书写边塞与书写中原是两种不同的美感，正如并不是唐代才有的边塞诗，在唐代达到了顶峰一样；早已有之的山水田园诗，在唐代天才诗人的手里也达到了顶峰。"仁者乐山，智者乐水"，自谢灵运创山水诗派、陶渊明创田园诗派以来，山水田园日渐成为文人的精神归宿。唐人推崇《兰亭序》，除了对王羲之笔法的推崇备至以外，还为文中"仰观宇宙之大，俯察品类之盛，所以游目骋怀，足以极视听之娱，信可乐也"的山水精神所折服。

山水之乐不仅在诗文里，更在直接反映视觉系统的山水画里。唐代是山水画发展的重要阶段。晚唐美术史家张彦远曾在《历代名画记》里表达这样的观点："其画山水则群峰之势，若钿饰犀栉。或水不容泛，或人大于山……"（魏晋以来到唐以前的山水画，有的山峰画得像花朵形状的珠宝首饰一样，有的画得像犀牛角做成的梳子，有时水面小得容不下一叶扁舟，有时人画得比山还要大。）总而言之，张彦远的意思是唐以前的山水画画得很不真实、比例失调，并没有什么美感，但唐代的画家改变了这一切。

晚明的王世贞在《艺苑卮言》提出了中国山水画的"五变论"："山水至大小李一变也；荆、关、董、巨又一变也；李成、范宽又一变也；刘、李、马、夏又一变也；大痴、黄鹤又一变也。""大小李一变"即李思训、李昭道父子对山水画的变革，他们克服了"人大于山，水不容泛"的错误，把山水画得更贴近真实，并且用青绿画法增加了山水画的装饰性。相传李思训曾为唐玄宗画一屏风，这画作让皇帝竟能"夜闻水声"，可见其逼真的程度。

王世贞只说了唐朝的"大小李一变"，实际上唐朝的山水画在吴道子、王维和张璪等画家笔下，沿着一条区别于李氏父子的道路发展着。他们不以"大小李"的青绿画法作画，而是用水墨淡彩来渲染山水。虽然今天没有这些画家的山水墨迹留下，但他们却开了文人画之宗，对后世影响深远。

于是才有晚明的董其昌提出"南北宗论"：北推李思训父子为宗，南推王维为宗，并且流露出一种强烈的重南抑北的倾向。虽然后人诟病这种画分南北的方法有失偏颇，但"南北宗论"恰好反映了唐朝是山水画变革的一个非常重要的开端，后世宋元的山水画的一座座高峰，都是由唐人奠基的。

唐代山水画家张璪提出的"外师造化、中得心源"八个字，为后来的山水画家点起了一盏指路明灯。山水画不是再现山水的景色，而是通过山水表达画家的内心境界。

这种境界跟柳宗元在《始得西山宴游记》里体会到的"悠悠乎与灏气俱，而莫得其涯；洋洋乎与造物者游，而不知其所穷"殊途同归。

唐朝的山水画与山水诗，"诗中有画，画中有诗"，两者相映成趣。

# 唐朝戏并非就是袒胸露乳

张晓龙　演员，中央戏剧学院副教授、硕士生导师

"大家习惯认为唐朝戏就是'袒胸露乳'，实际上并非如此。至少初唐时完全不是这样。"张晓龙拿他担任艺术总监的古装剧《唐砖》举例，拍摄时有人到剧组看了一眼就开始摇头说："你们这戏不对啊，怎么没有《武媚娘传奇》《杨贵妃》那样的服装？"

张晓龙解释，古装剧《唐砖》讲的是唐初贞观年间的故事。"跟盛唐时期比，唐初期的审美偏简约，那时候人们刚从隋朝进入唐朝，还没到'万国来朝'的空前繁华与开放，自然没有大家想象中的那种无尽华丽。"他笑说，如果只想看到想象中的盛唐，可以去看唐朝的《簪花仕女图》《马球图》《狩猎出行图》，或者去看陕西历史博物馆里那些唐代陶俑，"它们里面的人物服装，包括脸上的妆容、眉毛的那个感觉、发型等都反映了盛唐时期的风格，但初唐时期的戏不能这样演"。

因饰演《甄嬛传》中博学儒雅重感情的"温太医"一角而被大众关注后，张晓龙在演戏之外的专业特长与相关身份也逐渐被人了解。他是中央戏剧学院表演系副教授、硕士生导师，在学校教授包括中国代表性舞蹈与古代礼仪在内的相关内容，当年出演《甄嬛传》的重要契机就是担任该剧的礼仪指导。张晓龙曾先后参与《孔子》《满城尽带黄金甲》《赤壁》《花木兰》《狄仁杰之通天帝国》《画皮2》等影片的幕后制作，负责设计和指导影视剧中的礼俗仪式。

## 唐朝人行叉手礼时跷起手指，非常秀美优雅

"每一个朝代的礼仪会根据统治者的审美、地域、民族以及当时的经济文化

环境的不同发生一些变化，但整体来说都是有传承的，正所谓'周文王制礼作乐'，历朝都有沿袭周礼。"

在纵向上对比各朝代的生活场景，可以帮助我们更好地观察"唐礼"的细节与特质。比如古装剧《唐砖》里，根据张晓龙的设计，大臣们上朝时都站着，而且按照"文东武西"的方位分列。

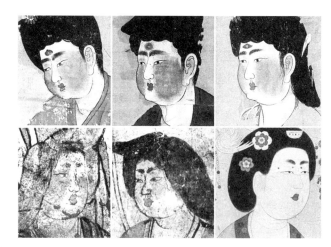

张晓龙认为，博物馆里唐俑的人物服装、妆容、发型等都反映了盛唐时期的风格，但初唐时期的戏不能这样演

"如果你看春秋战国时期的戏，会发现里面的人在登堂入室之后，房间里全是席，然后席地正襟危坐。"张晓龙记得，电影《孔子》拍摄期间，周润发专门训练自己"跽坐"，也就是两膝与小腿贴地，臀部坐在小腿及脚跟上，并将上半身挺直的坐姿。

"唐朝席地而坐的情况稍微少了一点，因为桌椅板凳逐渐普及，桌椅的腿越来越高。唐朝戏里面，君王可以坐着，而大臣们都站着。"张晓龙说，室内的起居姿态是唐朝戏中明显不同于其他朝代戏的礼仪细节之一，设计这类场景他参考了历史，"唐朝非常好玩，人们在家时还是会跽坐，也就是跪坐在席上、榻上"。他觉得唐朝时，很可能一个场景里同时存在着站立、席地而坐和坐在高脚凳上的姿态。

唐朝人在见面打招呼上也有了不同于过去的特点。张晓龙指出，此前热映的电影《妖猫传》里，一些角色之间拱手作揖、稽首、顿首，是对周礼的传承，再现了古代礼节，但在展示唐朝社会的礼俗仪式上是比较有限的。他分析说："很多观众认为礼仪就是礼节，实际上，仪态和礼节动作只是一种外在表现形式，礼仪的内涵非常广，它包括祭祀以及婚丧嫁娶的内容与形式。中国古代，在不同的节日或时令，上自天子、下至群臣百姓都会有祭祀。"

"影视剧本质上是一种艺术作品，不同的作品有不同的诉求，不可能说拍一部唐朝戏，就在其中完全还原当时的礼俗。"他希望观众能理解影视作品与历史现实的差距，不要以此代彼。

举例来说，他认为唐朝最与众不同的礼节之一是叉手礼。生活在唐朝中后期的柳宗元曾在诗里写道："入郡腰恒折，逢人手尽叉。"另外，在河南安阳出土的唐代赵逸公墓中，有壁画记录了唐朝人的叉手礼：人们见面时，两手交于胸前，左手握住右手，右手拇指上跷。根据张晓龙的描绘，唐朝人行叉手礼时跷起手指，有点像我们现在说小女孩拿什么东西跷起兰花指的感觉，非常秀美优雅。

## 唐朝女子爱戴花，其实历史上关于唐朝男性簪花的记载也不少

同样雅致的唐朝礼俗与审美还包括男子簪花。"《水浒传》里面有好几个人都是戴着一朵花的。唐朝也是，男子喜欢簪花，就往头上插一朵花，而且是鲜花。"张晓龙说，人们熟悉唐代周昉绘制的《簪花仕女图》，知道唐朝女子爱戴花，其实历史上关于唐朝男性簪花的记载也不少，但现代影视剧的创作者很少表现这些，除了作品内容的整体考虑，还有时下的审美，"如果我们让历史戏的男主角头戴一束鲜花（并非搞笑等特殊情境），很多观众可能欣赏不来或者接受不了"。

"从这一点也可以说明，我们的艺术创作还真是在尊重历史的情况下去创作，绝对不是完全还原。比如服装，料子、手工、印染的技术都不一样了，每个细节都做不到完全还原，创作者只能从一种美学风格上进行加工创作，带给大家某种视觉冲击力。"张晓龙反复强调，中国历史上的各个朝代对于礼仪都非常讲究，戏剧创作时参考古代礼仪，或者说大部分古装戏对礼仪的讲究，其首要目的是让观众相信被塑造出来的场景，更好地沉浸其中，享受故事，"和服装、化妆、道具是一个作用"。

所以他提醒，千万别靠历史剧学历史。他更希望观众以历史剧作为接入点，去了解某个朝代的历史文化。他觉得《唐砖》中涉及的傩舞、祭祀、婚礼、葬礼等场景可以让人感受到部分唐风，"春秋战国以来，人们对于结婚仪式是非常严谨的，'同牢合卺'对于每对新婚夫妇都是行婚礼时必不可少的环节，在唐朝里渐渐有了一些变化"。此外，根据史料，唐朝以前婚礼迎亲时间一般在黄昏，到了中唐以后，逐渐有人提出把时间改为清晨。

聊到观众眼中的唐朝戏与唐朝礼仪，张晓龙有几个理想画面：一方面，人们可以区分历史与艺术，不把唐朝戏当成唐朝史误读；另一方面，如果有观众因为某些唐朝剧而好奇唐史或唐朝礼仪，他会格外开心。当然，他的建议是，好奇一个朝代不一定光看它的礼仪，最好系统地去读与之有关的一切史学书籍，可以看《中华文化大观》中的唐代文化，也可以看《中国风俗通史》《中国古代服饰史》中的唐朝部分。

# 一边征战，一边归隐

文 / 宋爽

## 唐朝从未在任何一个时期有过真正意义上的和平

北京大学历史学系教授陆扬认为，唐朝在太宗、高宗及武后、玄宗这三个不同时期，所面临的敌人和对手区别很大。彼时，游牧民族尤其是突厥的兴起，使得突厥帝国成为不可小觑的草原帝国，而突厥帝国和拜占庭王朝之间关系密切，和其他欧亚帝国也是关联重重，这给唐造成了巨大的压力，迫使它必须采取行动。

"需要注意的是，我们不能轻易对谁是战争发动者、谁是防守者下结论，战争决策根据情势不同瞬息万变，双方同时扮演多重角色，被动、主动轮番登场，然而目的只有一个，那就是争夺欧亚霸主地位。"陆扬说。

此外，唐朝的好战特性也缘于其统治集团内部由于婚姻和血缘关系的捆绑固若金汤，这在很大程度上阻断了阶层流动性，所以唐朝自下而上，普遍燃起了一种骁勇好战的激昂情绪。

唐朝杰出的军事家苏定方出身平民，然而他无往不胜，征西突厥、平葱岭、夷百济、伐高句丽，"前后灭三国，皆生擒其主"，成为一代名将，荣升权贵；薛仁贵大败九姓铁勒，功勋卓著，官职右领军卫将军、检校代州都督，封平阳郡公。所以，军事征战逐渐成为唐前期社会流动的重要渠道。

陆扬表示，唐朝从未在任何一个时期有过真正意义上的和平，而是持续处于战争状态。而之所以如此，原因在于唐前期军事行动的成功概率较大，后期则基本属于防守态势，但仍属于战争状态。

某种程度上，唐朝前期之所以屡战屡胜，其关键点在于唐朝前期的军事力量是多样化的，和想象中具有规律性、组织性、系统严密的军事结构完全不同。

陆扬介绍，唐朝前期的统治集团和游牧民族关系紧密，这些游牧民族常年以部落形式在唐朝的军事组织中作战，包括突厥的重要领袖都会带着自己的部落站在唐朝的立场上对外发起军事行动，这也是唐太宗能取得巨大胜利的原因，直到唐高宗时期，这种情况仍在延续。但另一方面，这些部落的态度也不完全坚定，他们究竟靠向哪一边处于不断变动之中。

## 开不开放，这不是一个问题

唐朝被普遍认为是一个兼容并蓄的王朝，但对于当时的唐朝统治者来说，这不是一个开放不开放的问题。

"这甚至算不上是一个问题，"陆扬表示，"高度混合的文化造成了这样的结果，所以唐朝并非刻意去包容那些部落或者少数民族，这种所谓的'接纳'过程是潜移默化、自然而然的。"

此外，唐朝的开放性体现在其开阔的全球视野，对情报的掌握逐渐变成统治集团的外交利器，并大幅度提高了军事行动的成功率。反观清朝，虽然同样是多元化的帝国，涉及的外交领域从俄罗斯、蒙古，再到中亚西域，但陆扬认为清朝官员对域外知识的掌握远不如唐朝。

直到19世纪初鸦片战争之前，清朝才慢慢建立起一套情报系统，知道英国在印度、尼泊尔这些地方是有行动的，但唐朝所掌握的情报从周边诸国到拜占庭帝国，直到后来的阿拉伯帝国，不一而足。

另一方面，在举国尚武的唐朝，隐逸之风却甚盛。曾写下"莫愁前路无知己，天下谁人不识君"的高适在科举失败后隐居十二载，直至天宝十一年（752），时任陇右节度使的唐朝名将哥舒翰邀请他加入自己的幕府。自此，高适投身军旅，一路高歌猛进。

# 不必羡慕唐

文 / 罗屿

壮丽辉煌的唐朝堪称中国的"黄金时代",以至于人人都说梦回大唐。然而倘若有一天,你从梦中醒来发现自己穿越回唐朝,是否真的会乐不思蜀?

如果你碰巧深夜"降落",按照《唐朝穿越指南》作者森林鹿的说法,千万别忙着抬头观星赏月,麻溜儿地,赶紧找个犄角旮旯躲起来吧。因为在唐代,随着长安和洛阳城市建设的完成,要求人们必须住进被称为"坊"(或者"里")的区划中,而一到傍晚,坊门就要关闭,人们在夜里不许擅自出坊,违者被视为"犯夜",会受到严厉处罚。

多严厉?据说,如果你不幸落到在巡视的武侯手里,说不定会先给你一顿耳光,"打落几颗牙齿,那算赶上人家心情好、下手轻。要遇上个刚跟娘子吵完架,跪完骰子盆的,一时发狠把你乱棍打死,甚至乱刀砍死,都算正常执行公务,没准儿还能立个小功,得点儿赏钱"。

倘若你遵纪守法,绝不"犯夜",也不见得能把日子过得优哉游哉。比如,首先你得适应一件事——安史之乱前的唐朝没椅子,只有榻,有些家道清寒的人家,甚至连榻都没有,地上只有几方坐席。如果你去这样的人家做客,要忍受在很长一段时间内,让自己的屁股压住小腿和脚踝,在坐席上正襟危坐。森林鹿猜测,对习惯了座椅沙发的现代人而言,估计没多久就头昏目眩,"过一会儿栽倒一次,过一会儿又栽倒一次,直到晕过去完事儿"。

另外,穿越到唐朝,千万别生病。在《唐代疾病、医疗史初探》一书作者、唐史专家于赓哲看来,唐朝老百姓看病可没有我们现在这么方便。太医署中除了医师外,还有医学生和行政人员,总共加起来 300 多人,远远赶不上现在一家三甲医院的规模,而长安城有 100 万居民,如此严重的"医患比"让普通百姓根本别指望找正经大夫看病。他们生病，大多只能找民间游医、寺庙僧人、道教徒、佛教徒等，或依靠那些刻在路边石头上治疗常见病的药方。杜甫当年就曾被疟疾困扰，写下"三年犹疟疾，一鬼不消亡。隔日搜脂髓，增寒抱雪霜"的诗句。

据说754年冬，困居长安、生计艰难且患疟疾的杜甫心情很不美好。一日，他去老友王倚家做客，受到热情款待，此后写下一首《病后遇王倚饮·赠歌》以示感激。依诗中所写，王倚用赊来的香粳米做了大米饭，配以洁白如练的金城土酥饼，还有酸且绿的长安泡菜和新鲜猪肉做下酒菜。虽言"盛宴"，但在今人看来犹嫌简陋，可见唐代普通百姓的生活水平普遍不高。也许正如赓哲所说，"从历史而言，唐朝跟其他朝代没有本质区别，都是小部分人的美好、大部分人的苟且"。

后人常说，唐代女性性格奔放且有主见，不仅出了女皇武则天，还出过女将军、女商人，她们在婚恋方面也拥有很强的自主性。假如有了新的男人，已婚妇女说不准就给丈夫来一封和平分手信。《新唐书》中就提到，唐朝前半期的公主约有100名，其中再婚的达到30多名。至于太平公主、安乐公主则数度再嫁。不过，在于赓哲看来，随着近年来不断深入的研究，尤其是出土的大量墓志，向我们展示了另一幅画卷：隋唐妇女三从四德的思想仍然很浓厚，与中国古代其他时代的妇女没有本质区别。因此"我们今天说隋唐妇女地位高，这只是相对宋代以后而言"。

因而，大唐虽是让人向往的"黄金时代"，但它有鼎盛，同样也有衰败；有和平，同样也有动荡。陈寅恪就曾明确提出安史之乱是中国古代历史的分水岭。诗人西川则说，安史之乱之前是"青春、慧敏、统一、安定、富足、高歌的唐土，安史之乱以后，唐朝元气大伤，艰辛、危机、动荡接踵而至，党争、宦官政治、藩镇割据的局面形成；不过与此同时，唐朝却并没有像汉朝分成西汉、东汉，像晋朝分成西晋、东晋，像宋朝分成北宋、南宋，于此也见出了唐王朝生命力的顽强"。

在《唐诗的读法》一文中，西川也提到，"古人并非高不可攀；我们从当下出发，只要能够进入前人的生死场，就会发现前人的政治生活、历史生活、道德麻烦、文化难题、创造的可能性，与今人的状况其实差不了多少；古人也是生活在他们的当代社会、历史逻辑之中；而从古人那里再返回当下，我们在讨论当下问题时便会有豁然开朗的感觉"。

梦回大唐，更多的或许是从精神上回到大唐，发扬唐人的开放与自信，就像在唐朝达到鼎盛的丝绸之路，曾让中国文明风靡全球。

《绚烂的世界帝国：隋唐时代》一书作者气贺泽保规曾说："隋唐王朝以柔软富有弹性、具有包容力的姿态与国外接触，并没有单方面的耀武扬威。"

大唐的确无比辉煌、无比炫目，但今人也不必羡慕唐。一代人有一代人的光荣与梦想。就像学者蒙曼曾在接受采访时表示，为何人们常讲梦回大唐？或许正是因为，如今的中国正在走向强盛，"正是这种相互间共同的感觉让我们觉得唐朝尤其值得追忆。我们愿意借鉴当时盛世得来的一些精神，让它继续指引我们，鼓舞我们，这才是今天谈论盛世的真正意义所在"。

新周刊
NEW WEEKLY
2018 年度佳作

# 火锅中国

世界上只有两种人：一种是吃火锅的人，一种是不吃火锅的人。

数据显示，火锅已然成为第一国民美食。

在火锅的江湖里，有传承、秩序、包容、圆融，正如学者易中天所说，"火锅简直浑身上下都是中国文化"：烹饪手法上，它"以柔克刚"；食材选择上，它"兼济天下"；味道上，它体现了一种"中和之美"。

火锅不仅是种烹饪方式，也是一种用餐方式；不仅是一种饮食方式，也是一种文化模式。

吃火锅，吃的不仅仅是食物，也不仅仅是团圆的氛围，更是吃人情、吃血缘。有了人情和血缘，一个又一个群体才得以建立和巩固，个体也才得以生存。

"火锅，火锅，我要火锅 / 火锅，火锅，我爱火锅 / 火锅，火锅，你知道，火锅 / 火锅很好吃……"

火锅重度爱好者、美国人雷蒙这样唱道。火锅不仅征服了我们，也征服了外国人的胃。对这些外国人来说，火锅就是中国文化大熔炉的代表。

可以这么说：在火锅里，我们可以读懂中国。

此外，我们分析了火锅的六大流派——东北酸菜白肉锅、老北京铜锅涮肉、重庆麻辣火锅、广式打边炉、潮汕牛肉锅、台湾一人锅；我们还请了五位火锅达人——张新民、庄臣、小宽、杨庆、杨畅，让他们畅谈各自钟爱的火锅。

来吧，一起吃火锅！

# 火锅里的中国人

文 / 谭山山

除了中国人，世界上很少有人喜欢火锅。

这个说法来自作家符中石。确实，中国人恐怕是世界上最爱火锅的人群：一群人吃饭，众口难调，此时火锅是最不容易出错的选择；一家人聚会，图个热闹，还得是火锅；一对情侣约会，西餐厅心形牛排之类的只宜偶尔为之，还是火锅比较日常；一个人，当然也可以吃火锅——不要在意网上流行的那份孤独等级表（按其划分，孤独的第五级是"一个人吃火锅"），也忘了某捞为单身顾客提供的毛毛熊伙伴吧，你应该像 8 岁的重庆男孩唐钱钱那样，在众人的围观中，一个人淡定地烫老火锅。

数据也支持了这一说法。辰智科技与口碑联合发布的《2017 年度餐饮大数据白皮书》显示，在整个餐饮行业中，火锅的销售额占比名列第一，达到22%——毫无疑问，火锅已经成为第一国民美食。

"围在一起吃火锅的人，不是家人，便是伙伴；不是兄弟，便是朋友。不是极富人情味吗？"

中国人为什么如此热爱火锅？

学者易中天的解释是：火锅能最为形象直观地体现"在同一口锅里吃饭"这样一层深刻的意义，可以说是不折不扣的"共食"。"更何况，这种'共食'又绝不带任何强制性，每个人都可以任意选择自己喜爱的主料烫而食之，正可谓'既有统一意志，又有个人心情舒畅'的那样一种生动活泼的局面。所以，北至东北，南到广州，西入川滇，东达江浙，几乎无人不爱吃火锅。"

共食制源于原始社会。一个原始部族的日常是这样的：年轻力壮者外出采集和狩猎，年长体弱者留守看火。日暮时分，倦鸟知还，外出的人也回到驻地，大家围着火堆享用熟食，也就是所谓"共火而食"。所以，易中天说，共火而食的人就

热闹非凡是一些人爱火锅的原因，但是对于喜欢清静的人来说，喧闹的场景实在累心。（宫崎骏漫画）

是"火伴"，见《木兰诗》："出门看火伴，火伴皆惊惶。"后来，"火伴"变为"伙伴"，不同的人因同一目的而结合成群体称为"结伙"，并由此产生合伙、入伙、打伙、搭伙、散伙、团伙、平伙等概念，"火食"也就变成了"伙食"。

"火锅，大概就是对原始时代和古代战争中'共火而食'的远古回忆吧！中国菜肴，无论煎、炸、蒸、炒，一般都是在厨房里加工完成后才端上桌来，只有火锅把烹调过程和食用过程融为一体，不但把锅端上桌来，而且让火贯穿始终。这不正是一种最古老也最亲切的方式吗？围在一起吃火锅的人，不是家人，便是伙伴；不是兄弟，便是朋友，不是极富人情味吗？"易中天这样写道。

在易中天看来，火锅热，表示"亲热"；火锅圆，表示"团圆"；火锅用汤水处理原料，表示"以柔克刚"；火锅不拒荤腥，不嫌寒素，用料不分南北，调味不拒东西，山珍、海味、河鲜、时菜、豆腐、粉条，来者不拒，一律均可入锅，表示"兼济天下"；火锅五味俱全，主料配料，味相渗透，又体现了一种"中和之美"。

"火锅不仅是种烹饪方式，也是一种用餐方式；不仅是一种饮食方式，也是一种文化模式。独食难肥，共食才能吸取营养；独食无味，共食才会其乐无穷。这就是请客吃饭的意义了。它不仅是吃喝，而且是共食；共食也不仅是聚餐，而且是同吃；同吃也不仅是同在一起吃或吃同样的食物，更是吃人情、吃血缘。有了人情和血缘，一个又一个群体才得以建立和巩固，个体也才得以生存。显然，中国人喜欢请客吃饭，并不是中国人好吃，而是中国文化的思想内核——群体

意识所使然。"易中天总结道。

"'大同'不远，就在火炉旁边。"

"再一日来，天下起了小雨，寒气逼人的，都添了衣服。午饭时，临时又添了一个暖锅，炭火烧旺了，汤始终滚着，菠菜碧绿，粉丝雪白。偶尔的，飞出几点火星，噼噼啪啪地响几声。半遮了窗户，开一盏罩子灯，真有说不出的暖和亲近。这是将里里外外的温馨都收拾在这一处、这一刻；是从长逝不回头中揽住的这一情、这一景；你安慰我，我安慰你。窗户上的雨点声，是在说着天气的心里话，暖锅里的滚汤说的是炭火的心里话，墨绿的窗幔里，粉红的灯下，不出声都是知心话。"

这段关于暖锅的文字，来自作家王安忆的《长恨歌》。作家马家辉因此感慨道："严寒里，还有什么食事能比吃火锅更为应景？我不相信有。"马家辉写有一篇《打边炉美学》，他笔下的港式"打边炉"和王安忆笔下的上海暖锅不是一回事，但在给予人们温暖这一点上，并无差别。"温暖之感不必然来自食物和炉火，而大可源起于身边的人，此时此刻此模样，你跟他们挤坐到一起，每人用一双手去做相同的烹调，大家一样，你我他原来没有差距。'大同'不远，就在火炉旁边。"马家辉写道。

马家辉在文章中表示，火锅的热气蒸腾弥漫，是最好的面具，"让人仍然看见你，但看不见真的你"。吃火锅的美学在于"留白"，"你不必急于用声音填满饭桌，在手忙脚乱里，没有人会迫你表露自己"。当然，如果你的心情够好，吃火锅的美学则从白变红，"那是红尘的红，红得热闹"。

也有人不喜欢这种热闹，比如袁枚。袁枚是著名的火锅一生黑，他在《随园食单·戒单》中有"戒火锅"一说："冬日宴客，惯用火锅，对客喧腾，已属可厌；且各菜之味，有一定火候，宜文宜武，宜撤宜添，瞬息难差。今一例以火逼之，其味尚可问哉？近人用烧酒代炭，以为得计，而不知物经多滚总能变味。"

袁枚厌恶火锅的理由，一个是心理上的——"对客喧腾，已属可厌"；另一个是生理上的——"物经多滚总能变味"。袁枚晚年的最大遗憾是没能参加乾隆五十年（1785）举办的千叟宴，在诗句中感叹"路遥无福醉蓬莱"。媒体人李舒在文章中表示，其实袁枚用不着这么惆怅，"因为赶到北京城里，他将见到的是自己笔下最令人厌恶的场景：5900 多个老头聚集一堂，吃 1500 多个火锅"。

点解港片、港剧中有这么多打边炉的场景？

电影《老炮儿》中，张涵予扮演的"闷三儿"从拘留所出来，几个老哥们儿用一顿老北京铜锅涮肉给他接风，一边吃肉喝酒，一边商量怎么解救冯小刚扮演的六哥的儿子。有影评人如此评价："看一场《老炮儿》，像涮了顿羊肉，或是吃了盘儿饺子，家常但有仪式感。"

电影《无间道2》中，也有一场描绘几个香港黑帮大佬打边炉的大戏。社团话事人倪坤刚刚被暗杀，其子仓促接班，几位大佬遂约起打边炉，密谋"政变"。晚到的大佬韩琛（曾志伟扮演），一坐下就抄起筷子大口吃肉。大佬们各怀鬼胎，眼神诡诈；各路人马在火锅店（据说这场戏是在位于土瓜湾的鸿福海鲜四季火锅店拍的）进进出出，感觉随时有事发生。场景、人设、道具、台词都对，这一幕也因此成为《无间道2》乃至香港影史中最令人难忘的场景之一。

问题来了：点解（粤语，意为"为什么"）港片、港剧中有这么多打边炉的场景？以 TVB 剧为例，《冲上云霄2》中，cool 魔和一群年轻同事打边炉，表示他还是食人间烟火的；《使徒行者》中，钉姐和"handler"（联系人）卓 sir 第一次接头，就是吃海鲜火锅，钉姐一个人吃得不亦乐乎还要打包，接地气得简直不像拿命去搏的卧底；《心理追凶》中，杨明扮演的自闭症天才每次打边炉，总是一股脑儿将整盘牛肉倒入锅中，让敖嘉年扮演的 Win Sir 直摇头。

港片、港剧中，打边炉总是与这几个关键词紧密相关：阿 Sir、古惑仔、江湖、侠义。针对打边炉成为古惑仔标配的疑问，作家马家辉曾专门打电话请教过道上的人，原因之一是"吃火锅不用等"——"随来随点随吃，什么时候都可以加入。加个人添双筷，多点一碟肥牛肉便可继续无限时地吃下去。"还有一个原因，应该就是火锅简单、直接到一目了然，又很市井，最适合表达兄弟情谊。

**"火锅的确能折射出中国文化的特性——强大的包容性。"**

韩国作家金宰贤写有一篇《火锅里的中国》，称自己 1998 年第一次短期访问中国时，就迷上了火锅。数年后，他来到北京大学读 MBA，对中国的了解更深入，他还是坚信，火锅对自己来说是最好吃的中国菜，没有之一。

"通过火锅，我发现中国擅长于接纳新的因素。别的国家类似火锅的料理，如韩国的神仙炉、日本的 Shabushabu（しゃぶしゃぶ，日式涮锅）及泰国的 Suki，放在汤里的食物数目远远不及火锅。在这一点上，火锅的确能折射出中国文化的特性——强大的包容性。火锅的包容性才使得它更加丰富多彩，同样的道理能活用于中国文化上。"金宰贤写道。

他还注意到火锅的发展变化，那就是"一人一锅"的小火锅越来越多。他认为"一人一锅"得以出现，最重要的原因是个人主义。"伴随着中国经济的快速发展，个人主义已经得到很多人的支持，能尊重对方的、成熟的个人主义当然没有任何问题。可是，我还是更愿意和朋友吃'大火锅'，因为我觉得大火锅能够让我们交流得更好。"

国人热爱火锅，也乐于看到火锅能够征服外国人。在豆瓣、知乎上，有不少老外如何折服于火锅的帖子，点击量都不差，网友们往往有"与有荣焉"的自豪感。在成都当英文教师的雷蒙是一个重度火锅爱好者（每周至少要吃两次火锅），他和几个老外合作，创作了一首名为"Hot Pot"的歌，表达自己对火锅的热爱："Hot pot，hot pot，wo yao hot pot /Hot pot，hot pot，wo ai hot pot/Hot pot，hot pot，you know，hot pot/Hot pot hen hao chi..."（火锅，火锅，我要火锅 / 火锅，火锅，我爱火锅 / 火锅，火锅，你知道，火锅 / 火锅很好吃……）网友们纷纷表示，听这首火锅之歌，会听饿的。

易中天说，白居易那首著名的"绿蚁新醅酒，红泥小火炉，晚来天欲雪，能饮一杯无"，"我怀疑那就是请朋友来吃火锅的邀请函"。

来吧，一起吃火锅！

# 就这样，在火锅里找到吃的自由

文 / 阿饼

"把牛肉片、鱼丸、香菇、方便面放进去，涮出的东西很快就一个味儿了，满嘴都是'不够优雅'的咸辣味……我最后嚼了点碎豆腐，剩下的一些尝起来就像鞋皮。"

英国食评家杰伊·雷纳在伦敦一家自助火锅店试吃之后如此抱怨道。而在抱怨味道之前，面对桌上的一堆餐具，雷纳早就看傻了眼。"这顿晚餐就像一场考试。菜单上有一页厨具说明，包括七种东西：温控器、取生食的夹子、捞熟食的东西……光看这些就吓到我了。"

然而，让西方食评家沮丧不解的火锅，恰恰是中国人的最爱。印度有咖喱火锅，韩国有年糕火锅，欧洲人弄出了奶酪火锅、巧克力火锅。但它们对于当地人的地位和意义远不及中国火锅。在学者易中天眼中，"火锅简直浑身上下都是中国文化"。

每一顿火锅都是一个完整的故事，有开头、过程和结尾。用什么样的锅子、哪种燃料，以及食材、调料，都有讲究。细品其自古以来的演变，可谓食趣盎然。

## 火锅让人类站在一个特殊的位置，一边是大自然，一边是文明社会

历史学家费尔南多·阿梅斯托写道："当火遇到食物，自然而然就成了社交生活不可回避的焦点。"事实上，focus 这个英文单词就起源于拉丁语 hearth，意为"壁炉"。而根据人类学家克劳德·列维－斯特劳斯在《生食与熟食》中的观点，"火"把食物从生食转化成熟食，反映了人类食物史上的重大演变与进化。这也是烧烤被视为人类烹饪开端的原因。

而火锅，在食材与火之间，又涉及一种诞生于文明社会的人工制品——陶土锅。这让人类站在一个特殊的位置：一边是大自然，一边是文明社会。火锅在食者和被食者之间插进了爱默生所说的"优雅的距离"，它是时间、炊烟、食材、砧板、酱汁以及各种烹饪形式的可能性。

学术界的主流观点认为，"火锅"的源头大概可以追溯到新石器时代。早期陶器中最有代表性的食器、炊器之一正是陶鼎，学术界更直接将之称为"鼎食传统"。1989 年，南京市高淳县固城镇的朝墩头遗址出土了一件距今 4000 多年的生活用品——四足双层方陶鼎。它的上下两层的结构显示，先人可能是在下层烧火，在上层烹煮食物。

相对于原始的烧烤，炊食合一的鼎既实用又科学。许多重要农作物都需要煮沸（至少需要浸泡）才能食用，尤其是豆类和谷物。锅就好比人类的第二个

胃，一种消化植物的体外器官。这种熬煮是一个解构、消融的过程。从某种程度上讲，每享用一次汤锅菜肴，就是对未知领域的一次探险。

在古希腊，"厨师""屠夫""祭司"都用 mageiros 表示，而 mageiros 和表示"魔法"的 magic 出自同一词源。厨师将食材烹制成美味的过程，不亚于"魔法"。而在中国，鼎的象征意义，也从最初的家族日常逐渐推广到社会与政治领域，如成语中常见的"问鼎中原""一言九鼎""三足鼎立"，成为中国古代帝王权力与尊严的原型意象。

## "小火锅""鸳鸯锅""九宫格"，那些吃货皇帝在 3000 年前就帮你想好了

新石器时代的"陶制火锅"还是很简陋的，到了西周时期，青铜器开始流行，中国的宴席等级也随着"礼制"建设而分化。等级不同，食材也有差别，于是出现了仅供奴隶主或贵族单人使用的方鼎。

1974 年前后，陕西省宝鸡市茹家庄出土了一件西周的"白乍井姬鼎"。此鼎通高 20.2 厘米，宽 16.4 厘米，重 2.26 千克，从其容量来看，盛满菜也仅够一人食用。在分餐制情况下所用，一人一鼎，算是最早的"小火锅"。

除了小火锅，当时的人们还吃起了"鸳鸯锅"。在江苏省盱眙县境内大云山西汉墓中曾出土一件分格鼎，证明了墓主——西汉江都王刘非是一枚火锅吃货。所谓"分格鼎"，就是将鼎分成数个烧煮空间，避免不同味道的料汤串味，算是重庆"九宫格"火锅的鼻祖。

当年与分格鼎一同出土的还有两套"染器"，即当时盛放调料的"料碗"。这说明彼时的人们已在食用火锅时蘸调味品，吃火锅蘸料的习俗逐渐形成。

东汉时期，随着食材口味的中和，分格鼎演变为三格锅，主要以麻、辣、酸、咸分为三种口味：重辣、中辣与不辣。正如"中华厨祖"伊尹在公元前 239 年所云："鼎中之变，精妙微纤，口弗能言。"秦汉时期流行一种烹饪法，就是把鸡肉、猪肉等放在沸水中稍煮一下，称为"濯"。马王堆汉墓遗策上就有"濯鸡""濯豚"等文字记载。

分格鼎被发现后，有学者认为，这种鼎就是史书记载的所谓"五熟釜"。据《三国志·魏书·钟繇传》记载，五熟釜由魏文帝曹丕亲自设计制作，用来宴请相国钟繇。五熟釜与分格鼎差不多，就是在锅里嵌入隔板，形成 5 个独立区域，每格加上不同的汤料。曹丕还写信给钟繇："昔有黄三鼎，周之九宝，咸以一体

使调一味，岂若斯釜五味时芳？"意思就是，黄帝有三鼎，周代有九鼎，但都是一锅一个味儿，哪比得上我这个五味俱全？

## 清代中产阶级："我吃火锅，你吃火锅底料。"

围炉而坐，才是吃火锅的精髓，几个小时的时间，仿佛置身于世外桃源。"绿蚁新醅酒，红泥小火炉。晚来天欲雪，能饮一杯无？"白居易笔下亲朋好友围着火炉吃肉、喝酒的场景，一直延续到宋代，成为时人的生活日常。在当年的黄河流域一带，每到农历十月初一，家家都举办"暖炉会"，围着火炉吃肉喝酒以庆祝入冬。此即宋代孟元老《东京梦华录》中所谓"十月朔，有司进暖炉炭，民间皆置酒作暖炉会"。至今，部分地区仍保留"暖锅"的叫法。

在北宋，火锅被称作"骨董羹"，得名于食物被投入汤锅中发出的"咕咚"声。"吃货"苏轼在《仇池笔记》里录下了此说法："罗浮颖老取凡饮食杂烹之，名'骨董羹'。"

火锅在古代文人圈中一直有着现代人难以想象的高度，甚至可与文房四宝、琴棋书画及茶酒媲美。沈括在《梦溪笔谈》中记录的文士游山玩水的"游山具"，就包括了以上装备。经过宋、明、清几个朝代的不断改良，这套行头在清朝一个叫江增的文士手中形成了最强3.0版本：扁担前头装着茶具酒器、笔墨纸砚、面盆手巾，后头装着餐具、火种、铜锅，扁担上还能挂蒲团坐垫——随时随地都能铜锅涮肉走起！

一直朝着平民化发展的火锅，在南宋泉州人林洪的《山家清供》一书中有了最为阳春白雪的传说。林洪写道，某日，他去武夷山九曲溪拜访隐士止师，途中遇大雪，猎到一只兔子却不知如何烹之。止师就传授他一个吃法：把兔子肉片得薄薄的，用酒、酱和椒料做好调味汁，燃着风炉放在桌上，用小锅装一半水，等水开后，把肉片放入反复涮动，熟了即可，蘸汁吃也是极好的。林洪照此法吃后，顿觉惊为天人，写下诗句："浪涌晴江雪，风翻照晚霞。"这道涮兔肉，也因此有了一个食景双关的名字——"拨霞供"。

吃火锅也不只是乐趣。清朝的顾禄在《清嘉录》中写道，当时江南地区的地主人家经常吃火锅，菜品都涮在锅里，让仆人们很难偷嘴。于是火锅被称为"仆僧"。这大概是属于清朝中产阶级的"我吃火锅，你吃火锅底料"。

在火锅里，帝王凝聚家国人心，平民找到吃的自由

1822 年，卡尔·弗里德里希·冯·鲁莫尔男爵出版了一本著作，名为《烹饪的本质》。他写这本书的目的，是倡导返璞归真。这位德国艺术史学家、美食家觉得，在自己生活的时代，烹饪已经落入"过度精致与浮夸"的怪圈，亟须回归本真；而再没有什么比汤锅更能贴切地演绎烹饪的本真境界了。

而同一时代的清王朝，几乎每位皇帝都嗜火锅成癖。根据乾隆四十四年（1779）8 月 16 日至 9 月 16 日的御膳记录，共上鸡鸭火锅、全羊火锅、黄羊片等各类火锅 23 种、66 次，食材包括鹿肉、狗肉、豆腐、各种菜蔬等，可见乾隆皇帝几乎天天吃火锅、顿顿吃火锅。嘉庆皇帝登基那年（1796）举办了一场"千叟宴"，动用银质、锡质和铜质火锅 1550 个，应邀品尝者达 5000 余人，可谓史上最大规模的火锅盛宴。

最小清新的要数慈禧太后的"菊花锅子"。每当菊花盛开时，她就让人采摘菊花瓣，用来涮火锅：锅内兑入鸡汤煮沸，再取白菊花瓣洗净，撕成丝撒入锅中，待菊花清香渗入汤内，将生肉片、生鸡片等入锅烫熟，蘸汁食用。除了"菊花锅子"，末代皇帝溥仪胞弟溥杰的夫人爱新觉罗·浩在《食在宫廷》一书中还介绍了与干贝、海米、河蟹、蛤蜊同煮的"酸菜锅子"，涮海参、鱼翅、鸽子蛋和火腿等珍贵食材的"八仙火锅"。

热气腾腾、香飘四溢的火锅，其本身就散发着一种向心力，就像一座迷你壁炉或篝火，将臣民百姓吸引过来，聚集在它的周围。这种家国凝聚力，也许是帝王将相如此钟爱火锅的原因。

而对于把吃饭看作一种社会活动的平民而言，似乎只有火锅才可以让食者随意选菜料，自己掌握火候并随意调配作料——在火锅里，中国人找到了吃的自由。

# 杨庆：那暴烈粗犷的风格里，有柔软的乡愁

杨庆　重庆市大竹县人，《火锅英雄》导演　　采访 / 宋爽

十几年间，中国人的饮食风潮扑朔迷离、变幻莫测，唯有火锅异军突起，并长久地抓住了国人的胃。其中重庆火锅态势尤为强劲，这种起源于明末清初、来自嘉陵江畔纤夫的粗放饮食，早已冲破了地域和社会阶层的限制，出现在中国各地的街头，成为最让人魂牵梦绕的吃食之一。《火锅英雄》导演杨庆是地道的重庆人，在他看来，重庆火锅气质繁复，跋扈和柔软，日常和江湖，都在这口锅中翻滚沉浮。

2001 年，杨庆到北京上大学，在品尝了大名鼎鼎的涮羊肉之后，他觉得不可思议。"清汤寡水，一点感觉都没有，基本上就是把食物扔进去煮熟了捞起来吃掉。"他心想，这能叫火锅吗？

不同于华北地区对咸鲜口的执着，这种倾向于还原食材本来味道、不加修饰的吃法，让从小吃惯了重辣、重油口味的西南人无福消受。"当时的我甚至不愿意把重庆火锅以外的火锅叫火锅。"

## 一旦被"文明"所驯服，就不是重庆火锅了

在北方待了很久之后，杨庆最终接受了"火锅不只有重庆火锅一种"这个事实。而直到今天，吃过全国各地的重庆火锅之后，他仍然没找到一家和老家味道一样的火锅店。杨庆的态度斩钉截铁："不可能，它不可能跟重庆是一样的。"

在他看来，饮食这种东西一旦走出去，就回不来了。"往浅了说，水土不一样；往深了说，一个在外地务工的人，他再也不是曾经在老家那种劳作者的心态了。一个人去外地，寻求的是生存或者炫耀自己的本领，而任何一种餐饮一

旦挪到外地，在市场和商业的开发过程中就会变质，成为某种'高端'的消费品。"

杨庆觉得火锅很原始，这种张扬的生命力只能存活在特定条件之下。"那些在重庆街头熬料的师傅，把一口大锅摆在店门口，横在人行道的中间，食客等位的时候，师傅们就在你旁边光着膀子、叼着烟，拿着大铲子不停地在锅里搅，看上去漫不经心，其实颇有功夫。这些东西你放到北方，放到大城市里，根本不可能——首先就不允许你在人行道上这么去熬料啊！"

对于一家火锅店的好坏，杨庆的标准简单粗暴——装修精致的火锅店一定不好吃。"只有那种味道特别厉害的店，才敢用最简陋的装修迎客，这种奇特的混合感，对我们本地的老百姓有致命的吸引力。"

《火锅英雄》里的"老同学洞子火锅"，来自重庆的特色——防空洞火锅。对于童年的杨庆来说，防空洞里的火锅店就像"日常的奇观"。

这些遍布重庆街头、司空见惯的小餐馆，在一个个充满禁忌感的防空洞里，冒出青烟和呛人的麻椒味，隐约传来忽大忽小的划拳声，地上满是胡乱丢弃的纸屑和永远清洗不掉的油污，汗流浃背的食客身旁穿梭着毫无耐心的伙计。这一切，构成了重庆市井生活的底色。

没有仪式感，是重庆火锅的重要特点。"你想火锅店都开到防空洞里了，对环境得有多不讲究？"杨庆笑着说。那些锅碗瓢盆、桌子凳子，一股脑儿被扔进山洞里。"西方人觉得这环境简直不是人待的嘛，你们怎么还能在里面吃饭？"

吃的过程就更不需要仪式感了。"从男性的角度讲，吃火锅一般都得喝酒抽烟，三五个人聚在一起，吆五喝六，在那样一个低廉粗犷的环境里，到处都散发着过剩的雄性荷尔蒙。"

看上去，重庆火锅就像饮食上的暴力美学，阳刚雄浑，嘈杂粗粝。事实上，没有比仪态万千地端坐在高档餐厅里，一边用公筷夹肉，不时揩拭着沾在嘴角上的红油，一边品着红酒更滑稽的吃火锅方式了。说到底，一旦被"文明"所驯服，就不是重庆火锅了。

"直到走进一家小小的火锅店，第一口东西吃下去那一刻，才觉得我回来了。"

"马丁·斯科塞斯的电影对我冲击很大，那些人一边若无其事地吃着意大利面，一边聊着黑帮的规矩。"

在纽约小意大利区色调欢快的比萨饼店里，胖墩墩的意大利裔女人正用夸张的语调说着邻居的坏话，店里的顾客稀稀拉拉，没人理会她的牢骚，自顾自地吸溜着沾满酱汁的细长面条。就在这样美好又平淡的午后，"最残暴的杀戮和最黑暗的交易便发生了"。

这种把暴烈和柔软结合在一起的风格，是杨庆在拍摄《火锅英雄》时的初衷。而这里面的柔软，就是乡愁。

"尽管我拍电影的时候很少讲乡愁，但对于搞创作的人来说，乡愁是一个大的背景，以至于无须额外表述。不论是斯科塞斯的纽约，还是杜琪峰的香港，他们对自己的故乡有非常深刻、复杂的情感。而我电影里的火锅、防空洞之于重庆，非要说出来的话，就是乡愁。"

每次从外地回到重庆，杨庆第一件事就是吃火锅。用嘴、舌头、食道和胃黏膜紧贴着鸭肠、毛肚、耗儿鱼，直到肠胃被填满、气息被充满，杨庆才感觉自己真的回家了。

"人还是蛮动物的，不论你的情感多复杂，最终还是要用身体去感知。那些吃下去的东西，被身体所占有，以至于一瞬间对故乡、对回忆的占有欲就出来了。你看，中国那么多城市现在都长得差不多，直到走进一家小小的火锅店，第一口东西吃下去那一刻，才觉得我回来了。"

## 重庆火锅的本性是"遮掩"

"火锅和家常菜不一样，它不是必需品。现在火锅蔓延全国，我觉得挺荒诞的。"现如今，没吃过重庆火锅的人寥寥无几。这种风靡背后，显然有某种时代印记。

"这个时代足够浮躁，人们追求更极致的口腹之欲，而刺激的食物比清淡的食物更适合这个时代，因为后者需要人们静下心来品尝，但人们已经很难静下来了。"

《火锅英雄》有一个场景就设在重庆的一家火锅店里："他们家的火锅特别好吃，除了拍戏我们也经常去那吃饭，就和老板混熟了。"后来，这个老板到了北京，给杨庆打电话，告诉他自己要来北京开分店。

"我一下子就觉得……我不知道该怎么跟他说，之前那个地方多好啊，他应该守在那里，把手艺发挥到极致。可是现在的人，一旦一个店生意好了，马上商业模式就铺过来，要开第二家、第三家，最后也许老板挣到钱了，但是很多讲究的东西就消失了。连锁这种商业模式跟火锅之间的关系是矛盾的。就好比一个寿司师傅端出来的寿司，必须是自己捏的，然后放在我面前的盘子里，我吃掉它，这是一种仪式。火锅也一样，熬料的师傅和你之间就应该是这样一种关系。"

另一方面，杨庆认为火锅的流行缘于食材的日渐衰弱，工业化进程加速，使得食物没有以前新鲜了，而火锅浓重的配料在一定程度上能掩饰这个问题。

"重庆火锅的本性里有'遮掩'的一面。"杨庆对此并不避讳。事实上，那些在嘉陵江沿岸码头做苦工的力夫用辛辣的调料来掩盖牛内脏的膻腥之气时，便早早注定了重庆火锅的内在秉性。

采访结束后，杨庆发来一条微信，写道："我拍摄电影时下意识地利用了这一面。冲突剧烈的戏剧化情节本身也是一种作者的'遮掩'，遮掩一个年轻电影人在美学和叙事上的幼稚与不足。电影拍完很久以后我才意识到这个问题，当然，这是自己的眼界与能力所限，也没有天分与勇气去展现更为现实主义、更为从容深入的主题，最终使电影停留在较为尴尬的一个层面。这是我的遗憾，但我也不后悔。至少，我用身份证以外的形式，证明了自己曾经是那里的人。"

# 庄臣：在清淡中吃出儒雅的味道

庄臣　美食作家，著有《庄臣食单》等　　采访/冯嘉安

火锅通常出现在家庭日常就餐或者朋友聚会等非正式场合，作为商务宴请的火锅在早年并不多见。现在市面上出现了一些经过整合的火锅形式，如新派麻辣火锅、涮羊肉锅等，它们对传统家庭式、排档式火锅进行了改造，把形象塑造得更高端，所以也适合商务宴请。

但广州的打边炉仍然保持着家常的形象，很少出现在商务应酬中。这跟粤菜的菜品特点有关。广州人打边炉相对比较低调：没有浓墨重彩的锅底，也没有带表演成分的服务内容，很少花哨的东西。很多人觉得这种吃法排场不够，所以一般不会在应酬场合打边炉。

不过低调不等于沉闷，即使用清水锅底打边炉，只要食材新鲜，无论高档如龙虾、象拔蚌，还是普通如鲩鱼、走地鸡，都可以吃得很精彩。

打边炉很少进入商务场合，还有一个更重要的原因：火锅在川菜中占据了很大的份额，而打边炉在粤菜里的比例远小于前者。除了打边炉，粤菜还有以煎、煮、焖、炖、炸等方式烹制的各种菜式，以及让人眼花缭乱、垂涎三尺的点心，出得了大场面的菜品有很多。在广州的商务宴请上，根本轮不到火锅，只要看看 2017 年广州《财富》全球论坛的菜单就知道了。

如今有些连锁火锅品牌席卷各地。那些锅底、锅料稳定性比较强的火锅，都比较容易连锁化。例如四川火锅的锅底是稳定的，食材多是冰鲜的，只要保证锅底的品控，就能连锁推广；又如潮汕的牛肉火锅，只要牛肉的品质得到保证，也能连锁推广。

广州的打边炉，从锅底来看，不存在品控问题。因为最受欢迎的锅底就是清汤锅底，任何浓郁的汤底都会影响鲜味。我一直强调，食材是粤菜的命根，原汁原味才是地道的粤菜。在清汤锅底里，食材新鲜与否，一只鸡、一条鱼是现宰的还是冰鲜的，一入"嘴刁"的广州人口中就能见分晓。在打边炉里，没有重口味的锅底为食材的不新鲜打掩护。

这种对新鲜的追求，限制了广式打边炉的连锁推广。稳定性强的锅底、食材都是可以标准化的，只要有中等水平的厨师即可。但要真正做好广式打边炉，还必须保证每间餐厅有大师傅坐镇，严控品质。二者的劳动成本不可同日而语。四川火锅、潮汕牛肉火锅的成本里有一定空间，可以把租金成本纳入价格，得以在更好的位置开店。但广式打边炉的食材成本已经很高，无法轻易在人流密集的动线上拿到好铺位。非标准化、难以连锁的餐饮形式，也很难得到资金的青睐。所以，可以看到，广式火锅店和其他火锅店的数量差距非常悬殊。但从另一方面来看，传统打边炉也没有必要做成连锁，个别经营的店对质量的保证更有利。

有些人觉得，全国各地的火锅涌进广州，抢占了广州打边炉的市场。我不认同这种看法。"食在广州"最精彩之处，不仅在于粤菜本身就非常精彩，还在于广州给全国乃至全世界的美食提供了一个百花齐放的舞台。那种对其他菜系在广州流行会挤占了粤菜份额的担心是多余的，也反映了对饮食文化、广州文化的不了解。

如果追根溯源，广州的菜品也不是纯广州的，它的演化，吸收了南番顺（南海、番禺、顺德）美食的精髓。我是生于西关的广州人，但我的祖上来自南海——黄飞鸿的故乡。100多年前的西关，相当于现在的珠江新城，是当时的CBD。来自南番顺乃至五邑、潮汕地区的粤商在此聚集，各地的饮食文化在此交融，慢慢形成了今天成为广州名片的广府菜。广州人说"出处不如聚处"，广州有独特的饮食情结，能海纳百川，精彩的饮食在这里都会受到欢迎。"食在广州"不是广州人自封的，最早的提法可以追溯到100多年前鸦片战争前后，有些在广州经商的外国人记录了当时"食在广州"的盛况。所以，以一种包容多元的心态来理解"食在广州"才是正解。

打边炉不强势，低调而务实，在粤菜里没占太大份额，却无处不在。一到冬天，很多粤菜餐厅都能做打边炉，只要支一个炉、一个锅就行了，汤底是清水，食材是现成的。但你很难在北京烤鸭店吃到涮羊肉，很难在四川水煮鱼店吃到麻辣火锅。这就是打边炉的个性之所在。

有很多人说，现在打边炉已经吃不回以前的味道。但我认为，以前的味道不一定是最好的味道。我是60后，经历过食物稀缺的日子。那时候吃的云吞，馅是肥猪肉混猪油渣，你会怀念这样的味道吗？地道的云吞馅料应该是鲜虾加一点点瘦肉，这才应该是要怀念的味道。在食品稀缺时，有东西吃就是美味，遑论品质、味道、出品这些我们看重的因素。

20世纪八九十年代，人们从没有东西吃的日子里解放，开始大吃大喝。在那种从无到有的状态里，人们的口腹之欲得到极大满足。但今天大吃大喝已经不是一种幸福，而要吃得好、吃得健康，不能满足于填饱肚子。所以每个时代都不一样，我们不应该简单地说要吃回以前的味道，而要追求有品质的味道。

现在我会追求一种饮食上的儒雅，这跟价格无关，而跟人生的状态有关。人有了一定人生阅历以后，不会再去追求口味的刺激和满足，不会吃太多美味但油腻的东西。而粤菜的清淡，就很能满足这种儒雅的追求。

打边炉吃不到以前的味道，还跟吃法有关。与其说吃不到以前的味道，不如说看不到以前打边炉的光景。

现在很多人打边炉只用漏勺而不用筷子，其实地道的吃法是用筷子的，而且是特制的长筷子。打边炉的餐桌上会有无形的层级，暗含着一种指挥和服从。一些需要掌握火候的食材，如鱼片、嫩牛肉等，煮多久、谁来煮，需要一个权威的人发号施令——可能来自一个美食家、一个大厨或者一个平时料理中馈的家庭主妇。在电影《无间道》里，大佬级的人物就是这个权威，他不动筷子，其他人是不敢动的。

所以，打边炉需要讲究彼此的默契，以及每个人同桌吃饭的修养。这是一种约定俗成的习惯，而不是明文规定的餐桌礼仪。

# 杨畅：人生最漫长的等待是"等锅来"和"等锅开"

杨畅　四川卫视主持人，美食达人　　采访/Junitaille

第一次见到传说中的"牛油金块"时，杨畅年纪还小。那一天，全家人在重庆的一个火锅店聚餐时，杨畅看到店里的服务员在一块巨大无比的金色块状物上划了一刀。

她下意识地以为那是巧克力，"当时开心得不行"。当服务员把这块金色块状物甩进锅底时，她才意识到，在火锅里迅速溶化的不是巧克力，而是一小块被重庆人垂涎的牛油。

这也让她见识了"厚重鲜香、辣而不燥，越吃越香、越吃越辣"的重庆火锅。"辣口，但不辣心。巧克力没盼着，盼来了一家人围坐等吃的牛油锅。"杨畅说。

在杨畅的印象里，重庆永远是一个烟雾缭绕、沸腾不止的城市。路边的一个个小面店喂饱了白天在这座城市忙碌的人，火锅则在夜间用飘散的仙气抚慰那些疲倦的灵魂。

后来她从重庆到成都读书，发现成都的大街小巷反而满是各色重庆火锅，这让她有了"他乡也是故乡，而故乡从未远去"的感觉。

"成都的火锅其实都是重庆味儿。"杨畅说。每次她经过那些写有"××重庆老火锅"牌匾的店面时,都有回到重庆老家的感觉。

闯进烟雾缭绕的火锅江湖,意味着步入一次"美食龙门阵"。毛肚、鹅肠、牛肠、午餐肉……这些火锅食材界的网红,总能被大锅里的各色汤底涮出千滋百味。在杨畅看来,重庆火锅和成都火锅的最大区别,就在于她从幼年起便一直看到如今的那些牛油金块。

如果把山城火锅比作一块蛋糕,那"牛油金砖"必然是蛋糕上那一颗最诱人的小樱桃。

杨畅以一个重庆妹儿的身份,分析了牛油锅为什么在重庆最先出现:山城山路崎岖,码头让各类牲畜、禽类的宰杀变得便利,也在无形中造就了"现杀现卖"的动物油交易。牛油作为动物油,油质重,易"锁味",所以它在重庆火锅里独领风骚,风头也盖过各路香料,成为山城火锅的一大特色。而成都地处平原,平原类的粮食作物比较普遍,所以汤底一般是菜籽油、色拉油。

杨畅觉得重庆火锅、成都火锅汤底各异,有时也能反映两座城市市民的性格特征。"重庆人生猛,直来直去,大热天总会光着膀子结伴去涮火锅、喝啤酒;成都人婉约,要面子,但也经常在深夜出动,伴着鸳鸯锅大摆龙门阵。"

在重庆和成都,"约吗?"的意思其实是"来一局火锅吗?"。这两字如"黑道切口",暗藏于火锅的汹涌江湖里。无论时间或地点,"火锅约起"就像随时可能吹响的集结号,让生活在成渝两地的人满怀期待,也让开遍成渝的火锅店人潮澎湃。

"人生最漫长的等待,就是等锅来。比等锅来更漫长的,是等锅开。"这是杨畅在某次等待火锅时得出的金句。如果为这句一本正经的"调侃词"填上一个词牌名,杨畅可能会选择"声声慢",题目自然是"等火锅"。

等火锅的过程虽然难熬且无奈,但也往往能制造故事。《舌尖上的中国 2》正式开播前,导演陈晓卿曾带着片子来成都找杨畅和朋友吃饭。陈晓卿在《至味在人间》一书里调侃杨畅,说"畅娃喜欢吃苍蝇馆子"。他那次去成都的主要目的,就是让杨畅推荐靠谱的火锅馆子,然后和朋友们一起撮一顿。

"下馆子前,总要假模假样地工作一下嘛。"杨畅说。于是她和陈晓卿、梁碧波他们来到一个朋友家,先看《舌尖上的中国 2》还未开播的片子。"从晚上 8 点看到 10 点多,看那片子真是越看越饿,到最后,每个吃完饭的人都期待一场夜宵。"

于是几个人深夜出动，由杨畅率队，一行人向成都犄角旮旯里的那些火锅店铺进发。"记得很清楚，到店是 11 点 45 分，拿了个号，35 号。"杨畅回忆道。于是几个人在火锅店外焦急等待，其间杨畅发现某个好友口袋里装着绣有"老婆给的零花钱"字样的新款荷包，还当众调笑了对方一番。排到后，几个人争先恐后进店。"然后又是等锅来，等锅开，最后都捏着牙签摊在凳子上。"杨畅说。

　　"甜辣香爆何时了，火锅知多少。"所谓甜辣香爆，指的是在品味香锅、味觉近乎辣爆炸的终极享受后，再来点清凉甜点，这是几乎所有火锅爱好者的涮锅诀窍。

　　由于工作原因，杨畅经常在外地体验美食。"在东北，在江南，在伦敦，在洛杉矶，川味火锅似乎已经覆盖了世界各地。"不过她还是最爱在重庆或成都街头吃火锅，因为那样更有生活味，也更有烟火气。

　　她认为吃火锅归根结底还是吃个气氛，那种围炉而坐的仪式感，那种"等锅来"和"等锅开"的幸福等待。"听说成都有的 KTV 里都能吃火锅了，火锅江湖也得转型啊。"杨畅说，"看来改天得去试试了。"


# 去九龙品香港滋味

文 / 阿饼


　　在香港，什么事都讲求效率。大多数人每次过来，都是忙着不断搭车，从一个地点去到另一个地点——第一天在星光大道和维多利亚港湾拍拍拍，第二天在铜锣湾排队买买买，第三天退房返程回家。你把这里当作免税购物天堂，当作短暂停留的过境中转站，你走马观花拍下这里密密麻麻的高楼大厦与匆匆行人……这样的香港，被降格成一个仅供游客发朋友圈以及买化妆品和电子产品的地方。

香港，却不只是你印象中的那个模样。历经一个多世纪江湖风雨的豆制品作坊，消失于现实却野蛮生长在幻想中的九龙寨城，中年白领和古惑仔少年都钟爱的港版深夜食堂"冬菇亭"，老街坊执着下的百分之百手作鱼蛋老铺，见证香港人生活史的大型公共屋邨……那些我们有时无意中走过的小

蛋挞、奶茶跟点心都是香港的特色美食

地方，都是这个城市的肌理和脉络，回头再看，常常无法在地图上再找着，就像厚地图集里不能完全摊开的书脊处或使用过度的磨损处，它们成为圆融我们际遇香港的香料，以一种似有若无的方式撒了一把进来，滋味是混杂、暧昧、拥挤、高度重叠，却有暗序。

香港文化学者陈冠中认为，要让游客愿意在香港待超过三天两夜，甚至一再回访，不能光靠地标。香港的魅力，要看复杂拥挤市区的复杂拥挤的"普通建筑"能创建、提供些什么。"只有那些不被城市的法则同化和吞噬的人，才能接近城市的秘密。"

## 漫步在九龙，你可以看到这个城市最本色的生活纹理

在长达 100 多年的殖民统治，九龙、香港岛和新界，以及离岛，是完全不同的发展步调。与仿若曼哈顿般寸土寸金的港岛不同，漫步在九龙，通常能看见"东方之珠"最深情的一面，极少伪装，有着让人亲近的朴实。例如在港岛就快消逝的大排档，九龙却遍地都是。

在九龙闹市，抬头经常看到旧楼外墙错落地挂着一些红字招牌：邓氏宗亲会、梁氏宗亲总会、司徒氏宗亲会。就像历史的记忆突然露了个脸，看到这些宗亲会招牌，仿佛看到一群人筚路蓝缕。在这样的楼里，钱穆办起了新亚书院，叶问创办了咏春会馆。这些被称作"唐楼"的骑楼建筑，就是香港的质地，虽然拥挤，没有光鲜的外表，却比任何历史展览更加真实可感。

而在九龙东，包括观塘和九龙湾区，也是香港人生活史活的博物馆，香港的公共房屋从战后的大型寮屋区，到20世纪60年代后期首批廉租公共屋邨，给了超过200万香港人养家糊口的机会，也给了"香港崛起"的机会。

公共屋邨并不是"贫民窟"，它具有相当好的居住品质。单从租金衡量，一套月租1500港元的公屋，同等条件下市场价为月租1万港元。因为公共屋邨制度，香港成为世界公认的有效解决社会居住保障问题的典范，总结其中"奥秘"，在一个"公"字——分配公平、申请公开、管理公正。

"这是不为人所熟悉的香港，我觉得这地方的居民与商户之间充满温情，很有人情味。"导演许鞍华说。直到现在，香港大约每三个人便有一个住在公共屋邨。这里拥有最"贴地"的生活环境，是了解香港民生的最佳地方，更伴随着香港本土意识觉醒的20世纪七八十年代一起演化，成了一代人放置集体回忆的空间，是那代移民培育香港身份认同的土壤。屋邨出身的名人也不少，美荷楼走出的吴宇森、苏屋邨长大的Beyond主唱黄家驹、恒安邨出身的王祖蓝，都在此列。

## 香港街市：介乎法国与旺角的诗意

早晨七八点钟，黄大仙区乐富市场的鱼档已经热闹起来。鱼贩子手臂上文着龙，却是一团和气，口甜舌滑地对老太太说："阿姨你咁靓（这么美），虾见到你都会跳啊！"老太太明知他是在夸虾靓，仍然笑得合不拢嘴，果断掏钱买了一条鱼。而在另一头的肉档，有个寡居的老人几乎每天都来这里买10港元猪肉，跟电影《天水围的日与夜》的剧情如出一辙，肉档老板则一直帮她留最好的前腿肉，有时甚至还将肉直接送上门。运气好的话，你还有可能与香港高官或者国际名人如周润发、杜琪峰、蔡澜等擦肩而过。他们都知道，买鸡肉要去周华记，买牛肉一定要去李辉记，而这些都是九龙街市最普通的摊档。

在香港，连锁超市超过650家，平均1.6平方千米就有一家超市，但同时，居民区通常会有至少一个被香港人称作"街市"的菜市场。超市那么多，却完全不影响街市在香港人心中的地位。被称作"东方布列松"的香港摄影大师何藩有很多作品都在香港的街市拍摄，如1959年的《午后闲聊》，就是典型的市井生活类摄影作品。在何藩的镜头里，街市上，雾气与熟食的蒸汽弥漫，卖土豆的小姑娘若有所思；阳台上，晾满了衣服，小孩和猫同时探出了头……曾有记者问为何将镜头对准普通的香港人，何藩说："我对他们充满关怀和同情，想通过镜头让更多人看到，这些人如何为生活打拼。"

有香港学者认为，每一个香港街市都有自己的生态脉络和人际关系圈，这里是邻里社会最有代表性的场所。以前香港人讲究"留餐不留宿"，浅表层面的熟络在"石屎森林"社会背景之后是人际关系的疏离。不过，在街市文化中，这样的关系得到"拨乱反正"，草根阶层的互助精神在这里得到保留和传承，你甚至可以在这里感受到人性的美好，传统社会中的浓郁人情味经常在这里得到淋漓尽致的展现，这大概就是香港人的浪漫了。

## "冬菇亭"：港版深夜食堂

说起香港滋味，无论是星级酒店、茶餐厅还是酒楼都无法与大排档相比，大排档吃的是"锅气"。那种经大火爆炒出来香喷喷又上色的味道，只能用心去体会，有时候怀念的不只是味道，还附有人情味。

所以经常有访港游客说："我要吃电影里的大排档，就是进去就觉得害怕，很多恶人那种。"但事实上，你在香港吃大排档却很难找到这样的地方。屋邨里的小店式大排档已经所余无几，大街上不能再把桌椅搬出来，搬出来一律罚款，剩下一些在老屋邨里被称为"冬菇亭"的老式熟食设施。冬菇亭对香港人来说一点也不陌生，它成长于 1974 年至 1990 年的公共屋邨之内，是一座伞形外观的大排档，不仅为屋邨居民提供廉价的美食，也见证着香港旧式屋邨的历史变迁。20 世纪八九十年代的冬菇亭，几乎每晚都高朋满座，十分热闹。

直至今时今日，冬菇亭虽然不如往时热闹，但仍是许多屋邨街坊的方便

红磡老坑火锅的夜晚，烟火味浓（图－黄静利）

之选。仍保持原有风貌的黄大仙下邨冬菇亭，由几间大排档相连而成，一把一把太阳伞并排而立，围绕着冬菇亭的四周。旁边有学校，学生午饭也就变成了重要的收入来源，菜式与价格也相对低廉一些。学生考试期间或节日前后几天，冬菇亭总会有一种很特别的情景——中学生穿着校服占据了冬菇亭不少位置，把整个冬菇亭的平均年龄大幅拉低。

青春的肉体与那些大吐苦水的上班族形成一个有趣的对比，同处一个地方，却有截然不同的感受。学生党玩乐时的哄笑声、食客高谈阔论的说话声、大妈们送餐的叫号声、侍应急速摆放碗碟的瓷器碰撞声、熟客的叫号入座声……噪声此起彼落，煞是热闹。香港街头的芸芸众生相，就此构成了生气勃勃的民间交响乐。

## "滋味香港游"：潮食老店的时代

还有一年，公和豆品厂就在香港扎根110年了。一个多世纪，世界有多少变迁。所谓百年味道，藏在熟客"一碗一杯一碟"的每日习惯里，一碗豆花、一杯豆浆及一碟煎酿豆腐或豆卜，可做早餐、下午茶甚至小食。公和日卖1000碗豆腐花创下业界神话，至今未被打破。这间老店的门面更弥漫着一股怀旧气氛：旧式方桌与小折凳、古旧的吊扇、转轮拨号电话和白瓷方砖铺墙等，还有红色隶书大字招牌"公和"。当然，传统老店的精神不只是老情怀，与现代新式店铺相比，老店不太想过什么宏大的长远发展，想的就是保留旧有的、做好现存的。

位于福佬街、有35年历史的德兴鱼蛋铺，门面不大，主要靠出售手工鱼丸为主，很多人一来都是半斤一斤地买回家自己煮。也有加工好的熟食，供老饕打包带走即刻食用。老板本身做经营批发为主，因看不惯坊间的鱼蛋腥、质素参差，便在店门外兼卖咖喱鱼蛋，强调鱼蛋自己打，坚持百分之百鱼制，不勾面粉，有鱼蛋味，不要用咖喱汁来浸，只可用来蘸以提鲜。

当然，香港滋味远不止这些。肠粉、叉烧包、流沙包、烧鹅、烧鸭、避风塘炒蟹、豉汁凤爪、豉油排骨、杨枝甘露、云吞面、鸡蛋仔、奶茶、鸳鸯、柠檬茶……密密麻麻的香港美食，让每一个人都只嫌自己胃不够大，能吃出多少香港滋味，就看本事了。

德国哲人瓦尔特·本雅明为我们提供了一种方法。他在诗人波德莱尔的启发下，发展出"城市漫游者"的概念，透过在城市里散步、观看、思考，甚至将城市当成居家来生活，使自己即使"身处都市文明与拥挤人群，却又能以抽离者的姿态旁观世事"。

漫游，事实上也是一个进入城市内部结构、窥探和发现城市秘密的过程。正如万豪国际香港区的五家酒店近期推出的"滋味香港游"住宿计划体验活动，用历时约四小时的美食导赏团，鼓励和帮助客人四处走访，借着一个意想不到和极具吸引力的机会认识当地文化。

2018 年度佳作

# 假装在读书：
# 知识传销时代的二手阅读批判

图 - 李雄飞

2018 年，知识经济挤走共享经济，站上互联网的新风口。

在急之国，太多人想更快地汲取更多"干货"，快点升职，快点发财，快点成功，快点减肥，快点幸福，快点自由。于是，一群群"知识二道贩子"带着付费课程来了，"给十条腊肉，我都教"，如果转发朋友圈拉来新学员，免学费！发奖金！一场知识经济，最后演变成一场知识传销。

没有知识，只有生意，卖的就是焦虑感、上升感、成就感、安全感、幸福感，让你沉浸在"我在学习"的幻象以及"渴望别人认同"的虚荣里。你付了费、囤了课，然后躺在床上开始期望明天能"在转角遇到更好的自己"。

未经思考的知识并不属于你，一口气吞下知识胶囊这颗速效救心丸，不过是受了场知识外衣包裹下的成功学洗礼。阅读和人生一样，深入的自我体验远比你接收一百条二手资讯重要。

快，扔掉那些信息消食片，忘掉那些所谓的干货，去建立属于你的一手知识体系，掌控好属于你的独一无二的人生吧。

# 没有知识，只有生意

文 / 罗屿

"原价 199 元营销课程 1 元起售，推荐给朋友购买可直接获得 40% 的现金奖励，每多 1 万人购买课程涨价 5 元。" 2018 年 3 月 19 日，"新世相营销课"销售链接在朋友圈热传。然而，当天中午，该活动的二维码便被微信官方封闭。微信官方团队表示，将严厉整顿新型多级分销欺诈行为。

此事一经曝光，立即引发热议，人们不仅讨论新世相究竟是营销还是传销，知识付费这一商业模式也被推上风口浪尖。

**各路人马杀入知识付费战场，用专栏订阅、付费课程、内容赞赏、有偿问答、社群等形式实现内容变现**

所谓知识付费，就是把知识变成产品或服务，以实现商业价值。2016 年被称为知识付费元年，几乎月月都有爆款出现。

分答创始人姬十三于 2015 年已推出付费知识分享服务"在行"。第一个引爆知识付费的产品则是 2016 年 5 月上线的"分答"。在分答上向王思聪提一个问题，最初要花费 3000 元。而分答仅上线 24 天就成功融资数千万美元，并被估值 1 亿美元。

图 – 李雄飞

2016 年 6 月 5 日，"李翔商业内参"付费订阅专栏在罗辑思维旗下的"得到" APP 推出，年订阅费用 199 元。据说该专栏推出第一天，就收获了 1 万名订户。

6 月 6 日，马东携《奇葩说》辩手马薇薇、邱晨等人打造的《好好说话》在喜马拉雅 FM 上线，年订阅费用 198 元。上线第一天，该产品就获得 500 万元订阅收入，上线 10 天销售收入即突破 1000 万元。

7 月 5 日，财经作家吴晓波的付费知识型音频节目《每天听见吴晓波》在喜马拉雅 FM 正式上线，雷军、冯仑、梁文道、徐小平等人第一时间成为吴晓波的付费听众。该节目上线仅两个月，就有超过 5 万人成为付费用户。

自此，包括内容网站、社交平台、自媒体、老牌出版机构在内的各路人马纷纷杀入知识付费战场，用专栏订阅、付费课程、内容赞赏、有偿问答、社群等形式实现内容变现。知识付费从 2016 年火到了现在。

能够将知识变现的土壤在于，随着 80 后、90 后高学历人群的成长，愿意为高价值付费的人群也在高速增长。腾讯研究院有报告称，年轻人、白领和中产（俗称"小白中"）是在线付费内容的主要消费人群。报告进一步推测，付费内容面向的"小白中"市场规模至少为 5000 万人。

## "一个卖胶囊的，把知识装在一个胶囊里，像速效救心丸一样，让你吃下去。"

"小白中"为何愿意为知识付费埋单？

腾讯科技旗下的"企鹅智酷"的一份调查显示，绝大多数用户获取知识内容的动机仍以功利性为主。知识付费则瞄准了年轻人在"没时间"与"自我提升"之间的摇摆与焦虑感——在这个急于求成的时代，他们渴望快速汲取知识。"知识焦虑"很大程度源于"成功焦虑"，知识付费产品则安抚了他们的双重焦虑，同时让他们收获了上升感、成就感、安全感、幸福感。或许就像罗永浩所说："为什么很多人试图为学习付费？因为他们期望'在转角遇到更好的自己'。"

提供知识服务的大咖们显然摸准了人们的命门，他们把艰涩、深奥、系统的知识掰开揉碎，变成一个个故事、谈资、段子、秘籍，喂给那些需要用知识武装自己的人。《好好说话》教你"如何优雅地催人还钱""怎么哄大姨妈期间的女友欢心""怎样与老板恋恋不舍地分道扬镳"，咪蒙则教你"如何月薪五万"，并公开承诺"3 年后你的薪水涨幅没有超过 50%，课程费用将全额退还"。

这让人想到许知远在《十三邀》节目中形容被采访对象罗振宇的那句话："一个卖胶囊的，把知识装在一个胶囊里，像速效救心丸一样，让你吃下去。"罗振宇则在那次采访中表示，他的知识产品有能力让人们的知识视野极速扩张，且极大地节省人们求知的时间与精力。

或许正如罗振宇提到的，在一个信息爆炸、内容不再稀缺，而用户时间可贵的时代，由行业牛人帮助人们筛选、提炼、整合信息，让人们每天得以用最少的时间获得知识服务，也是知识付费产品受到追捧的原因。

吴晓波就说过："我们每天都被潮水般的新闻所包围，被很多似是而非的观点所困扰。什么是真的？什么是理性的？什么是富有建设性的？互联网让信息传播的速度大大加快，但同时也造成了思想的噪声和资讯的泛滥化。"在他看来，在《每天听见吴晓波》节目里，资讯将被理性解读，知识将成体系地呈现。"每天，我将从一个现象或新闻出发，抽丝剥茧，告诉大家我的立场和观点，同时我会尽可能地在节目中回答大家提出的各种问题。"比如，他会和你聊房价持续走高时该不该买房；和你聊物价越来越高时，靠工资吃饭的人如何进行资产分配。每期音频节目时间大约 5 分钟，你可以选择在等车、健身、做饭、睡前等碎片时间收听学习。

## 人们沉浸在"我在学习"的幻象以及"渴望别人认同"的虚荣中无法自拔

然而，当我们用各种各样的知识付费产品从头到脚自我武装，是否真的可以化解内心不安，如罗永浩所说，遇到那个更好的自己？

很多人给出了否定答案。

在一篇名为《为什么每天都在学习，生活还是没有任何改善？》的文章中，作者、营销策划师"刘教练"写道，自己有一个大学同学，"在他的朋友圈，你会看到今天他在参加吴晓波读书会，明天也许在看罗辑思维的演讲；今天研究互联网风口转向了何方，明天又对网红时代的来临言之凿凿；今天听说新媒体火了，明天就开始问别人'你知道六神磊磊吗？'；今天向往着诗和远方，明天又在李银河阿姨爱与性的教导中思考人生的乐园……几年下来，他换了几份工作，涉及了不同的行业和工作内容，但始终没有找到一个属于自己的专业方向并进行深入研究"。在"刘教练"看来，这个时代有很多和自己那位同学一样浮躁的人，他们沉浸在"我在学习"的幻象以及"渴望别人认同"的虚荣中无法自拔。

其实，行业内外对于知识付费的质疑之声一直存在。新东方在线 COO 潘欣就曾撰文《你们这一代的忽悠》，文中写道："上一代的忽悠们，占领了机场和火车站，让数以万计的人用候机的碎片化时间接受了成功学的洗礼。这一代的忽悠们，利用了移动互联网，让更多的人用各种碎片化时间接受着知识外衣包裹下的成功学的洗礼。"在潘欣看来，听吴晓波或罗振宇讲了什么并不重要，"他们的好坏对错都对你没任何用处，从他们身上主要学他们是如何制造、包装、变现自己的影响力才是有用的。而这恰恰是罗振宇们没有真正教给他们的粉丝或读者们的知识"。

## 很多真正意义上的知识提供者，反而拼不过一些更懂营销、懂市场、懂包装的"知识网红"

潘欣的观点刚好说出一个事实：知识付费的本质是生意，而商人的本质是逐利。曾有网友表示："本以为罗胖是这个时代已不多见的读书人，真心实意地想做些开启民智、传播知识的好事，所以，我们心甘情愿地掏钱供养他，但谁知，越到后来越发现，他是个彻头彻尾的商人，利用我们发财致富……"罗振宇推出《罗辑思维：我懂你的知识焦虑》一书后，有网友评价道："罗胖确实十分懂你的焦虑，但他永远无法治好你的焦虑，他只会不断挑逗你，给你制造焦虑。"

罗振宇从没否认自己的生意人身份。在 2015 年的一次脱口秀演说中，他说道："2014 年 6 月我们做了一件特别没有节操的事情，就是开始卖月饼。月饼卖了 4 万盒，据说秒杀了当年星巴克月饼网上的销售。我们通过卖月饼向市场传达一句话：从此节操是路人，我们不是什么媒体，我就是一个买卖人。"

在内容付费这场生意中，很多真正意义上的知识提供者，反而拼不过一些更懂营销、懂市场、懂包装的"知识网红"。按照知乎用户"青橘滋味"的说法，知识付费市场中，80% 的注意力资源集中在马东、罗胖、李开复、樊登、咪蒙等超级 IP 身上，他们作为自媒体商人，是原创知识的二道贩子，把知识加工成小剂量的营养配方，用高明的故事化表达送到人们嘴边，让你不经思考就能顺滑服用。剩下的大饼，被营销能力过硬的小 IP 分食。知乎 Live、微信公号上有一大批人，敢表达能忽悠，拢住几万粉丝，就趁着知识经济的东风，扒几本书、网上搜点资料，攒出一套课程，开专栏、Live 卖钱。而真正专注于知识提供的专家，可能忙于本职，或不善传播，被撒着金粉的劣币驱逐，无人搭理。

如今，有越来越多的人对标榜速成的知识付费保持警惕。"好奇心日报"某期投票显示，有 20.4% 的人认为，那些急功近利到夸张，动不动就"一分钟了解 ×××""七天改变 ×××"的课程已不受欢迎；有 18.2% 的人认为，把刷知乎当作学习、把那些有着多年经验的行业大神的回答当作神谕，其实压根没有抓住学习的根本。

也许，在知识可以被"贩卖"、被"压缩"的时代，我们被灌输的"知识"，其实不过是空中楼阁，最终仍要依靠自己阅读、理解、消化。学者徐贲就曾说，对于知识学习者来说，没有必要的阅读，肯定不行。"口语滔滔不绝的雄辩、言简意赅的叙事、意义隽永的谚语，这些都使人印象深刻。但是，口头表达的显著特点并不是精确分析和深度思考。眼睛代替耳朵成为现代人知识语言的加工器官，这是知识发展的必然结果。"

而在阅读过程中，离不开自己的消化与思考。胡适曾说："吸收进来的知识思想，无论是看书来的，或是听讲来的，都只是模糊零碎，都算不得我们自己的东西。自己必须做一番手脚，或作提要，或作说明，或作讨论，自己重新组织过、申述过，用自己的语言记述过，那种知识思想方才可算是你自己的。"胡适以"进化论"举例："假使你真动手写了一篇'我为什么相信进化论？'的读书笔记，列举生物学上的证据，比较解剖学上的证据，比较胚胎学上的证据、地质学和古生物学上的证据、考古学上的证据、社会学和人类学上的证据，你所有关于'进化论'的知识方才可算是你自己的。"

知识付费课程，也许可以激发你对某一学科、某一领域的兴趣，引你快速入门，掌握一些皮毛。但你应该清醒地知道，那些标价 198 元、199 元的课程，并不能给你的成功增加多少概率，助你越过时间的台阶，一跃登顶。学习注定是漫长且艰苦的过程，从无捷径。而知识也不该沦为装饰与炫耀，因为它们永远不会促进个体真正的自我成长。

（参考文献：韩朝宾《知识变现》、方军《付费知识产品指南》等）

# 知识传销时代的十堂课

文 / 詹腾宇、冯嘉安

## 营销课

　　他们卖课程，而且觉得"卖课程"这个行为本身就是一个课程。他们亲身示范什么叫"只要能卖，不管好坏"。销售量就是王道，哪怕这个销售行为充满争议。确实，这些营销课程的售卖者深谙策划之道，做到了策划一次火一次。但不管是"丢书大作战"还是"逃离北上广"，抑或是有传销嫌疑的刷屏式卖课程，火爆背后，人们在窃窃私语：这些做营销的人，他们对销量的理解是无上限的，而对底线的理解也是无下限的。营销课程的消费者之一，是那些耕耘在朋友圈的微商，他们对销量的追逐和对金钱的渴求，发展出夸张的"微商喜提体"——保时捷、玛莎拉蒂、法拉利，甚至和谐号，都是他们"喜提"的对象。营销课程提供商和微商，一供一求、一唱一和，展示着在这个"买买买"时代，如何通过各种"卖卖卖"手段来发家致富。

## 成功学课

　　成功学推销者标榜：成功是可以复制的，"只要你相信，你就能成功"。他们说到自己都相信了。他们总要强调李嘉诚、马云、比尔·盖茨、扎克伯格和乔布斯等榜样的力量，标榜只要激发出大脑深处的神秘潜能，30天就能成功、闪电式成为百万富翁。他们都是"投顾"——不是"投资顾问"，而是"投机顾问"。成功学是现代社会的三颗毒药之一，服用下去会有一种能一夜暴富的幻觉，相信的人不能自拔，不信的人敬而远之。上完"30天就能成功""一年成为行业精英"之类的课程之后，一觉醒来如梦幻泡影，成功学膜拜者才发现，除了没了课程费，什么都没有改变。

### 经济学课

这些经济学导师，致力于经济学知识的大众化，让没有数学基础的人也有学习经济学的权利。他们也很贴地气，宣称要做"陪你买早餐的经济学家"。他们让支持者有了一种打怪练级的快感：利用碎片时间，锻炼系统的经济学思维。可是他们浅白的话语中，夹杂着各种常识性错误，就像学者汪丁丁所言，"讲出来的东西像出自没有毕业的经济系学生之口"。他们拿着万能的供求曲线，解析世间万事万物的资源分配问题，他们奉行"经济学帝国主义"——所有问题最终都是经济学问题。他们总爱把复杂的人类简单化，一个函数、一条曲线，就能解析人间的一切供给需求、委托代理投资消费，甚至悲欢离合、爱恨情仇。

### 职场课

一个人生巅峰的愿景，一盆冷水般的现状，让许多初入社会的年轻人躁动不安。从"咪蒙教你月薪五万"开始，他们似乎看到了摆脱困境的曙光。在咪蒙与新世相们的号召下，实现"职场宫斗日常化、大型逆袭可能化、小卒一步登天化"成为年轻人追逐的目标。双商和经验都不够的社会新鲜人，任由职场课将"冷血竞争"与"升职暴富"的关系线性化，炮制出"同事都怕你上的职场课""听了这堂课，中国的工作任你挑"等耸动标题。只是，在强化自身能力前学薪酬谈判技巧，在资深职场人士面前玩信息不对称，在本可以自然相处的同事面前强行秀职业感，有不分主次、因小失大、情商崩坏之嫌，可能让年轻人从一个坑掉进另外一个坑。导师们只负责挠痒痒，年轻人美美做个梦，醒来后，前路依然严苛。

### 国学课

"国学热"高烧不退，各种"国学班""国学讲座""国学培训"也一直有着旺盛的需求。在知识付费的大潮中，将国学课搬到网络上就是顺理成章的事。新中产希望学点国学提升自身（哪怕是提升气质呢），家长们希望孩子得到国学的熏陶（学一学《弟子规》，背一背《论语》，偶尔穿穿汉服出去表演更妙了），国学课永远不乏支持者。但这个领域最大的困境是，需求太多，导师太少，数据显示，全国的国学教师有多达百万的缺口。国学大 V 难得，于是，二三线、四五线乃至不知道多少线的导师们纷纷涌现。他们打着将国学通俗化的旗号，殊不知，通俗化的另一端是庸俗化，比如把国学讲成了成功学——外可以管理公司、内可以修心养性，能助人腾飞、能医治百病。这是把国学整成十全大补丸啊。

## 艺术课

"如何读懂一幅画"的路数已经够浅白了，然而有人甚至没有耐心做这种普及性工作，转而发掘艺术史上的八卦和花边，关注艺术家的婚外情、私生子问题甚于关注他们的思想与作品风格。原因无他，前者更抓眼球嘛。或许这些艺术课导师会自辩称，先用八卦吸引学员的注意力，再引导他们从了解艺术家发展到了解这个艺术家的作品，但这种美好的愿望往往会落空：要求对艺术一知半解的普通人脱离自己的舒适区（听听各种精致的八卦以供谈资就好了），去挑战从未经历的艺术领域，显然有点强人所难。而且，如果导师本身就错漏百出，以浓重的幻想来理解作品，讲授的内容硬伤多得让听者内伤，这就不是提高学员的审美意识了，而是放毒。

## 人文课

大部头的严肃历史读来总是艰深，但掐头去尾变成"用耳朵听"的小故事，接受起来就简单多了。知识付费课程中，有相当一部分把大部头消化成几分钟"干货"，售卖一种"我已经读懂王阳明，参悟心学啦"的虚幻感觉；或者将名人野史打包成深夜故事集，售卖"商纣与妲己行房考"这种私密而无趣的上古荤段子。文言文变成白话文，史书解析成段子，以史鉴今变成"欸，你看，过去有个事儿真好玩"，人文领域是目前知识付费速食状态的集大成者。但当读书的趣味变成了凑热闹的劲儿，人文之美不见得有，整体吃相却不太雅观。如果严肃历史最终变成机器猫为了速记而掏出来的记忆面包，充满人文精神的故事变成印在脑子里的被抽干的"干货"和湿答答的野史，那该有多无聊。

## 社交课

好好说话是一个美好的愿景，最后很多人学到的是好好表演；好好沟通是一项社交必备技能，但上了课的人最后练成了好好说假话。如果纯粹依靠某些话术的突击训练、纸上谈兵的社交策略，脸上戴着裂开的面具费力尬聊，对方当然要皱眉头，效果也大打折扣。社交是很多人的命门，自己可以随便糊弄过去，但别人不一定那么好对付。如果"5 分钟学会 10 招 26 条处世之道"的课程就能让你成为社交达人，要么你天赋异禀，要么你根本不是在社交而是在自我陶醉，甚至可能因为社交技能过于发达而沦为不受待见的"人精"。知识付费课程也成了社交的一部分，你在看什么、学什么成为人格标签之一。买"好好说话"的人可以鄙视 10 招 26 条，那毕竟是严肃的关系攻略，但站在买课鄙视链顶端，也不意味着你会成为一个受欢迎的人。

## 情感课

有这样一批人，他们的情感永远无处安放，男女关系永远扑朔迷离，双商都不足以应对人心变化。于是情感课长盛不衰，成为人们（尤其是女人们）趋之若鹜的救命稻草。情感大咖如咪蒙、ayawawa 的观念深植粉丝心中。心理学家卢悦表示，这种短期冲刺以求巩固关系的所谓"情感课"，恰好是"父母不懂，心理咨询师不屑"的区域，人们正需要这种"马上改变现状"的灵丹妙药。咪蒙说我要作、要强，听众仿佛打了一针鸡血；ayawawa 说我要忍、要改，听众迅速低下头掏出镜子检视自己的妆容，检讨自己的言行有无不妥。男追不上女，女守不住男，女拼不过女，用金钱充值的速食情感，无论用男权、女权、平权还是嘻哈的视角看，都逃不开庸俗的套路和无用的鸡汤。流泪的女人和心不在焉的男人依然如故，而发放爱情方便面的老师们盆满钵满。

## 亲子课

小孩子太难懂了——思维永远天马行空，没有任何规律可言，痛苦的妈妈们（是的，多数情况下只有妈妈倍感焦虑）只能求助于亲子课程，以期度过漫长、无趣、重复、纠结的带娃时光，找到教育的良策，找到一个面对熊孩子的自我拯救方法。按专家提示带娃不是不行，就怕执拗的妈妈尽信教程，缺乏实际运用的能力。妈妈们试图用新的焦虑解决焦虑，用讲课者想出来的办法代替日常相处时的空白，用别人带娃的经验套用在自己独一无二的孩子身上。亲子课的背后，是新一代父母育儿迷思的开端：越来越繁复的世界，还没有活明白的自己，纷繁多元的课程，以及一个一张白纸的娃娃。

# 混什么圈，读什么书

文 / 谭山山

忽然之间，中国人变得好学了。

这种现象在 2017 年尤其明显：艾媒咨询发布的《2017 年中国知识付费市场研究报告》显示，2017 年知识付费用户规模达 1.88 亿，2018 年知识付费用户规模则将达 2.92 亿。这些用户中，有的人是撒网型的——今天跟风买了《好好说话》以锻炼人际口才，明天又纠结于"《红楼梦》该听蒋勋的还是白先勇的"；有的人则是专注型的——比如只订阅《每天听本书》这样的读书栏目，开车时听。正常倍速是一期 20 多分钟，每期讲一本书；如果时间不够，就用上 2 倍速、3 倍速，这样每次能听两三本书。

人们发现，有了这些讲书、听书以及众多解读经典作品（最美唐诗、最美宋词之类）的栏目之后，阅读再也不是一件需要投入大量时间成本的事。正如电视读书节目一位前主持人所说，中国人不是不喜欢读书，只是希望有人帮自己读书，让自己得以用更少的时间把书读完。并没有具体数据显示那 1.88 亿知识付费用户中有多少人订购了读书相关栏目，但可以肯定的是，它们对推动阅读是起到一定作用的：最起码，通过这些栏目的筛选，让用户知道了哪些书没必要看，而哪些书不能不看。

至于阅读变得碎片化、浅层化，那又是另一个层面的问题了。这就是今天的阅读图景：我们做一切跟读书有关的事情，比如去网红书店、图书馆打卡；比如去豆瓣、公众号浏览一本书的评论，然后假装"读过"；比如用各种大部头装点自己的书房；比如说起某位作家的八卦段子，如数家珍；比如订购了很多读书相关付费栏目……然而，我们就是没有认认真真地翻开一本书（好吧，电子书也算，现如今太执着于纸质书就没必要了），从第一页开始阅读。

## 2017 年，销量排名前 1% 的畅销书贡献了 51.70% 的市场码洋

从开卷发布的《2017 年中国图书零售市场报告》来看，2017 年的中国图书零售市场延续了近年来的增长势头：总规模达到 803.2 亿元，相较于 2016 年同比增长 14.55%。市场的增长，一方面是因为人们的阅读意愿增强了，亚马逊中国的《2017 全民阅读报告》显示，年阅读量在 10 本以上的受访者从 2016 年的 48% 增长到 56%；另一方面，书价上涨也推高了总体销量。开卷的报告显示，2017 年，图书平均定价为 54.35 元，新书平均定价为 75.62 元，"买书会倾家荡产"这句玩笑话将来可能成真。

而在漂亮的增长数字背后，也有值得担忧的地方：开卷的报告显示，2017 年，销量排名前 1% 的畅销书贡献了 51.70% 的市场码洋。也就是说，虽然图书销售总体呈增长趋势，但大部分人看的是同样的书——人们可能出于跟风、从众等心态选择自己要看的书。亚马逊的报告中有一项关于购书影响因素的调查，除"工作 / 生活需求"外，"朋友推荐""图书销售排行榜"对 90 后和 00 后受访者的影响较大。

对比开卷、亚马逊中国两份报告所附的畅销书 Top 10 等各类榜单，会发现很多熟面孔：东野圭吾的《解忧杂货店》，开卷虚构类畅销书第一名，亚马逊中国电子书排行榜第一名；尤瓦尔·赫拉利的《未来简史》在开卷非虚构类畅销书榜排第七位，而在亚马逊的畅销书榜上，《未来简史》《人类简史》同时入选。

为什么《解忧杂货店》如此畅销？这是很多出版界人士的共同疑问。在中国，东野圭吾的影响力比在日本还大，《解忧杂货店》的火爆，让东野圭吾本人也十分好奇。要知道，在东野圭吾的资深粉丝们看来，《解忧杂货店》并非东野圭吾最好的作品（《白夜行》《恶意》《嫌疑人 X 的献身》这些才是），书中所用的时间穿越梗也并不新鲜，但它在中国的销量已经超过 700 万册，冲击 1000 万册看来也指日可待。治愈系、幸福感、安全感、笃定感，有人如此总结《解忧杂货店》畅销的关键因素；也有人认为，《解忧杂货店》面向全年龄段，针对的是都市人的感情诉求，因此东野圭吾也可称为"言情小说天王"——并不是爱情才是言情，此书的内在跟《阿弥陀佛么么哒》之流有着异曲同工之妙。

答案到底是什么莫衷一是，但出版商肯定想复制东野圭吾的成功。近年来，出版界大力提倡原创作品，但就目前来看，原创还不够强大，要产出像东野圭

吾这样的超级 IP 尚需时日。

## 阅读新趋势：电子化、社交化、付费化、碎片化

美国阅读研究专家吉姆·崔利斯的著作《朗读手册》中有这样一段话："学校的教育目标应该是培养终身阅读者——在毕业后的人生中仍坚持阅读和学习。但事实真相是，我们只培养出学生阅读者——只为了应付毕业而阅读。如此一来，大多数人几乎很早就不再读书了。"

这段话说的是 20 世纪八九十年代以来的美国，但一样适用于今天的中国。因此，"为什么中国人阅读率很低？"成为知乎的热门议题，知乎用户"山羊月"为此提供了一个思路：能否提高国人的阅读社交压力／激励？所谓阅读社交压力／激励，就是指人们在日常社交中遭遇"别人看了这本书你却没看"的场景，从而激发"我一定要看看这本书"的压力或曰激励。"山羊月"指出，这种社交压力／激励取决于你从别人口中听到这本书的次数，听得多了一定会受影响；或者不一定是听别人提起，但这本书就在你的朋友圈、浏览的公众号文章等反复出现，这也形成了一种社交压力／激励。

东野圭吾的畅销，可能就是出于这种社交压力／激励：你关注的那些大咖中，东野圭吾的粉丝还真不少，如止庵、史航；而《嫌疑人 X 的献身》和《解忧杂货店》相继推出电影版，后者还是王俊凯主演的，于是，你在哪哪儿都能看到"东野圭吾""解忧杂货店"这些关键字（甚至有文艺青年给自己的小店命名为"解忧杂货店"），在社交压力／激励的裹挟下，你这样一个以前从未听说过东野圭吾这号人物的青年，终于入坑。在这个语境中，书好不好看倒在其次，重要的是你通过阅读它，在自己的社交圈找到了存在感。

社交化正是亚马逊中国的《2017 全民阅读报告》所总结的阅读新趋势的其中一项，其他几项分别是电子化、付费化、碎片化。报告指出："在社交网络时代，阅读也逐渐从一个非常独立、个体的行动变得更加社交化，越来越多的读者倾向于向别人分享自己的阅读体验。"有多达 78% 的受访者表示，会通过微博、微信、豆瓣、知乎等社交平台分享与阅读相关的内容，17% 的受访者会在购书的电商平台留下读者评论。

界面记者张之琪曾撰文梳理"社交如何影响我们的阅读"，在文章中，她比较了传统在线阅读软件与微信阅读的菜单栏的不同。前者如豆瓣，其菜单栏是

按照"书架、找书、书评、个人中心"的顺序排列的，这意味着用户需求的优先级是："我在读什么书""我要找什么书""其他人觉得这本书怎么样"。微信阅读的菜单栏则是"发现、书架、想法、我"，优先级变成了："我的朋友在读什么书""我在读什么书""其他人觉得这本书怎么样"。如果说前者提供的是一个线上图书馆，后者营造的则是一个熟人读书会的场景。

## 传统出版社和知识付费平台所做的，其实都是内容生产。图书也是一种知识付费产品

据说，罗振宇还只是"卖书"的时候，曾跟一位老出版人这样表示："你们不要把我当对手，你们都是大厨师，我只是在门口吧唧嘴和送外卖的人，说这个好吃，那个应该买，然后您需要我就给您送到家里去。"

如今，这位"送外卖的"卷起了袖子，搭起了灶台，自己开店，给用户提供知识服务，逆袭成功。最新的八卦则变成这个：罗胖受邀到某出版社作演讲，其中三位编辑当即决定追随罗胖，完成了"从传统出版编辑到知识付费"的转型。虎嗅网记者向这几位编辑的前东家求证时，出版社方面表示："可以理解啊。你在一房间里勤恳做事时，突然来一人说带你游山玩水，很炫，说明这人有本事，这孩子又向往新生活……"

从本质上说，传统出版社和知识付费平台所做的，其实都是内容生产：把粗放的知识 / 信息通过整理、筛选，以适于用户的形式呈现。用户支付一定的费用，就可以拥有这些内容。所以，图书其实也是一种知识付费产品。只是，这类产品生产周期长（通常需要 4 ~ 6 个月，甚至更长时间），而且，由于长期以来"读书"被赋予的神圣光环，人们面对它们时不免有战战兢兢之感。今天，人们已经不耐烦等上那么长时间，知识付费平台的崛起，让人们意识到，图书已经不再是获取知识的唯一方式。

对于上游内容生产者来说，并不难做出选择：把内容交给出版社出版，从选题策划到最后拿到版税，可能历时一年多；而交给知识付费平台，流程短，反馈明确，回款迅速（双方甚至不需要见面，这些流程在线上即可完成），短时间内即可名利双收。

知识付费来势汹汹，出版社的应对之道，可以效仿埃隆·马斯克面对人工智能威胁的态度："如果不能打败它们，那就加入它们。"一则，出版社也可以提

供知识服务，比如老牌出版社商务印书馆 2017 年 6 月上线的《新华字典》APP，除了查阅生字功能，还植入"课程"和"游戏"。二则，出版社可以干脆充当知识付费平台的下游，将这些线上内容产品做成纸质书。

所以，重点还在于内容，对不对？出版社如此，纸媒也如此，大家共勉之。

# 囤课族：疯狂买课是一种病

2017 年 7 月 6 日，欧阳璐揣着"怕别人觉得我智商低"的隐隐担忧，在"简书"写了篇文章。她摘了几个关键数据放进标题里，一篇名为《知识付费这两年，我花 5000 元买的 4 个教训》的爆款由此诞生。

欧阳璐意外地火了一把：18 万阅读量、1 万赞、2500 条评论，让她一时间成为知识付费的话题中心。她在回复网友时讲述自己两年来买下的教训：买了就要听，听了就要思考，决定用就要坚持，才可能离目标近一些，不至于"花钱做傻事"。

"未经你思考的知识是不属于你的。"

2016 年，知识付费元年；2017 年，知识付费"付费潮"年。艾瑞咨询的《2018 年中国在线知识付费市场研究报告》显示，2017 年知识付费产业市场规模为 49.1 亿元，而 2020 年这一数字预计将达 235 亿元；2017 年 12 月知识付费月活达 1.43 亿，月度使用时长全年增幅超过 100%；同时，知识付费中上游复购率达到 30%。

这两年，得到、喜马拉雅、知乎、豆瓣、分答等平台相继携大 IP 和爆款崛起。这股浪潮持续冲击着那些焦虑的年轻人：正因你懂得少，所以担忧才多；你在我这儿学得越多，离成功就越近。

两年间，欧阳璐与中国超过 5000 万知识付费用户一同摸索：个体追求自我实现的意识，中产有身份焦虑，不同职业各有上升瓶颈。"快准狠"地找到应对良方，是当代人的共同诉求。而付费课程的低门槛和高价值感，是吸引消费者的核心：大 V 专为你准备课程，行业的隐藏干货已经上架。知识轻松可触，让你永远领先一步。

知乎用户"青橘滋味"如此描述一个城市白领的一天：早上边洗漱边听罗胖掰扯，地铁上抽空打卡背单词；上班一通忙，歇下来刷刷知乎，订阅的专栏有更新，又发现几场感兴趣的 Live 顺手标记下来，有空再看；午饭时，边吃边玩手机，几十个订阅号的推送消息看也看不完，先收藏有空细读；下班后等外卖，有点无聊，花几块钱偷听分答上的名人 60 秒回答，大 V 们很有趣、很鸡血，就是声音有点难听；晚 8 点，99 元的"60 天引爆学习力"付费社群马上要开课，赶紧进群充电学习，买的 PPT 高阶课程因时间冲突，只能放弃了；觉得自己度过了自律而充实向上的一天，刷个朋友圈，沉沉睡去。

时代变化快，知识不够用；别人懂的自己却不懂，怕落后；未来不确定，怕被淘汰；稍有懈怠，看到有公号推送了篇《这个世界正在惩罚不学习的人》，顿时惊醒了。知识付费恰好回应了这些焦虑——起码在形式上：帮你选，帮你读，帮你砸烂嚼碎，喂你。

在这股浪潮中，欧阳璐在知乎买了 46 次讲座，约 1500 元；在微信买了 21 个讲座，约 500 元；在得到买了一批课程，约 300 元；参加了两次"早睡早起"打卡群，100 元；余下一些记不清来源的课程，约 2000 元。课程大都是时间管理、阅读写作类。她形容自己面对知识课程时，是一种看到打折促销的心态：收了再说，生怕错过。

两年过去，欧阳璐"拖延症依然，写作能力仍待提升"。她坦言："当你打着鸡血听完之后，生活其实并不会快速改变。作为一个普通人，依然无法崛起，一个小时仍然不能建立阅读操作系统，短时间内仍然没法掌握一项技能。"

现在欧阳璐身边依然有被"囤课症"所困、陷入恶性循环的朋友。因为焦虑而买课，理由是"万一就用上了呢、万一因为看了这个成功了呢"；同时又因为买课而焦虑，"拥有即得到"的消费心理和低行动力，花了钱但一无所获，挫败感更重。"囤课症"看似自律向上，实际上是接受了一种心理按摩和成长幻觉。

网友"夜二郎"在欧阳璐的文章下写了让人哭笑不得的留言："知识是个名

字，属于老师；付费是个动词，属于我。""囤课症"患者的另一端，是善抓人性弱点的超级 IP 和知识二道贩子；"囤课症"患者拿到的，都是经过充分简化的"知识快餐"，要得急、学得急、内容简略、疏于实践，这种为买而买的结果几乎可以预见。

网友"蓝胖子"在《知识付费得了什么病》一文中，把讲课者和付费者形容为"医生与病人"。医生的单一处方，难以应付不同程度的患者；而患者囫囵吞枣没有长进，正应了爱因斯坦的话——"未经思考的知识不是知识"。

"一开始觉得很有启发很有用，看完一瞬间觉得自己受益匪浅。可时间长了我才发现，我的认知并没有由此而提高，我的思维并没有由此而升级，我的知识和技能依然在原地踏步。""蓝胖子"写道。这也是许多"囤课症"患者的困境。花了钱，得了便宜，但努力、见识与成长无法被代替。

豆瓣用户"小许"甚至认为，很多知识付费应该叫"经验付费"或"创作付费"，消费者付给创作者的只是一份赞赏，不能算学费。他曾经付费参与豆瓣时间关于焦虑的心理学讲座，但他认为自己得到的是"抚慰"而非"知识"。即便如此，他还是觉得这种付费可行，"具备了商品应有的价值，满足了消费者的某种需求，那它就成立"。


## 内容的获取、实践的效率，决定消费者最后买到了什么

两年的买课时光，欧阳璐曾深受其扰。现在，她从信息焦虑、成长焦虑中抽身，换了一种活法，恰如张国荣的歌词所描述的："受了教训 / 得了书经的指引 / 现已看得透 / 不再自困。"

她在《知识付费这两年，我花 5000 元买的 4 个教训》一文里提到的四个教训，分别是：勤奋是唯一的捷径、多读经典原著构建知识体系、不要被新名词所蒙蔽、不要囤积知识而要使用知识。

简言之，内容的获取、实践的效率，是买到知识还是买到教训的重要分野。

付费课程的一大诱惑就是短时见效。欧阳璐买过李笑来的《1 小时建立终身受用阅读操作系统》、剽悍一只猫的《普通人快速崛起的十大狠招》、Scott Young 的《如何在短时间内掌握一项技能》，标题虽诱人，但要收到所宣称的效果显然有前提——主讲者都经历了长时间的阅读、实践、试错、成长，才总结出足以授课的资本，如果消费者只是随意听听，点到为止，何来进步？一直在弱势的

位置寻求施舍，会永远被人牵着鼻子走；找一条和成功者接近的路，结合理论反复实践，才有随着时间沉淀而成功的可能。

一部《穷查理宝典》让欧阳璐明白了绕开五花八门的课程、直接读经典的重要性。她发现成甲、张辉、李笑来的很多课程，核心内容都来源于纸质书；诸如"临界知识、小众成长、成长型心智"这些听来新鲜的词语，都能从经典著作中找到原型。重新包装、二次销售的东西，剥离唬人的新名头，还能剩下什么呢？

找对经典、潜心阅读、构建知识体系，远胜于在零碎的课程中盲人摸象。经历了无用的付费课程后，欧阳璐认为形成系统思维非常重要：明确新吸收的知识在体系中的位置、与其他知识有什么关联、能对原有知识结构有什么优化。同时，可以对某方面知识保持持续的输入与输出，"比如李笑来就持续地研究'好运'这个方面，看到这方面内容就放到资料库里。这样会带动其他相关知识的吸收"。

订阅《GQ 中国》总主笔何瑫在知乎开设的写作课，是欧阳璐回忆起过去两年买付费课程时最清晰的一段，因为"那时候我有大量采访，要写人物稿，听这个课程真的是边听边实践"。买课，研读，实践，核对，直至成为肌肉记忆般的自然意识，融进人生，课程才有了价值。

除了这门学以致用的写作课，其余以"如何迅速××""一小时建立""21天改变"为题的速食课程，欧阳璐大都忘得一干二净。这种习惯延伸到她的工作日常中。比如提升美食摄影技术，她不再求助于课程，而是从本质问题出发，倒推要学的东西：技术性学习的关键是大量练习，影响照片好坏的关键是背景、构图与光线，比同行拍得更好要靠创意。于是她找来一些好图不断模仿练习，形成灵感创意，最后也能创作出客户满意的作品。

欧阳璐最近发现自己"判断力和洞察力都不如一个读书很少的工科生"，原因是思维与逻辑较弱，想借此了解哲学。两年前的她会买课，现在则是拿着参考书单啃原著。"帕斯卡尔的《思想录》我读了整整一个月，读完这本书就会发现，其他书都太容易了。知识这种东西去源头探索虽然很艰辛，但是获得之后也就觉得特别宝贵。"

另一位付费学习者"Sevenaid"则表达了积极的观点：付费课程包括授课老师的经验、观点和思维角度，是通往新观念和新方法的一扇门。从这个角度看，教训同时也是收获，即便是智商税，如果反省充分、避开心灵按摩的舒适区，也是成长。

"青橘滋味"认为摆脱"浅层学习"（surface learning）是实现真正提升的关键，"学点真知识，涨点真本事，心里不慌"。"深度学习"（deep learning）由瑞典学者马飞龙（Ference Marton）、罗杰·塞尔欧（Roger Saljo）提出，要求学习者在充分理解的前提下，批判地学习新思想和事实，将它们融入自己原有的认知结构，在众多思想间进行联系，并能把已有的知识迁移到新的情境中，做出决策、解决问题。

你有一颗向学的赤诚之心，但贩卖课程的人不一定渴望你的进步——要是消费者真的全方位进步了，有了更强的甄别和学习能力，忽悠起来没那么容易，便断了末流课程和投机倒把者的财路。

直到绝大多数消费者知道自己要什么、怎么学、如何用，才是知识付费时代真正繁盛的开始。

# 假装阅读的艺术

文 / 阿饼

如果说知识焦虑症是一种富贵病，那么"假装读过"就是针对该病症的特效药，一粒见效。

知识焦虑症多发于中产阶层。上流阶层才不在乎你对他们读的书怎么想呢，贫民阶层也不在乎。处于两极的这两种人群，对读书的兴趣总是不能持久，他们有时也会摊开书，但根本不打算认真读，除非是引人入胜的神话或侦探小说，过完瘾也就忘了。

只有中产阶层，为了成为所谓"大人物"，孜孜不倦地奋斗一辈子，甚至不惜假装斯文、蒙骗与歪曲。所谓社交名利场，就是一部"假装阅读"的表演史。那些失败者，往往是缺少了系统的"假装"指导和训练。他们等待着那个机会，在高档聚会场合中淡然地说出那句话："通过阅读，我成为伟大的读者链的一部分：奥勒留读柏拉图，然后奥勒留去世了。弥尔顿读奥勒留，然后弥尔顿去世了。现在我坐在床上读弥尔顿。"

**招式篇：堆叠名词只是基本功，最高境界是将格调基因与生活融合**

——最近看了什么好书？

——没有啊，你呢？

——我在研读德国哲学家的著作，康德的《纯粹理性批判》，海德格尔的《存在与时间》。给我印象最深的一句话是："物质的倾向只能限制，决不能完成或满足。"

——嗯，这句话来自叔本华的《作为意志和表象的世界》卷2.21第13段。

……

在"装"这件事上，谁先开口谁就输。只有门外汉才会谈论一本书的具体情节，而你关心的是故事背景、写作节奏、作家私生活，还有出版、改编、番外八卦等。

不过这需要一些基础。你可以去看《巴黎评论》的作家访谈。这份被称为"文学的DNA"的杂志创办于1953年，采访过艾略特、海明威、博尔赫斯、索尔·贝娄等319位著名作家。仔细阅读这份杂志的作家访谈结集，不仅可以找到很多文人八卦，还可以了解这些作家都写了些什么书、他们反复在看哪些书，这样就能得到一份权威的书目。

张晓刚作品《阅读者》（2016）。出版人郝明义把阅读定义为"给大脑的饮食"，并据此分类：主食——生存需求的阅读，美食——思想需求的阅读，蔬菜——工具需求的阅读，甜食——休闲需求的阅读。（图－由张晓刚工作室提供）

读讣告也是快速制敌之招。《先上讣告，后上天堂》一书的作者玛里琳·约翰逊认为，会被写入讣告的人，往往是某一种事物的先驱——猫砂发明者、卡车司机民谣先驱、海浪音乐先驱，还有口蹄疫防治先驱、冷冻蔬菜先驱……还好"先驱"这玩意儿怎么也用不完，不像中国人最钟爱的"时代"，每一位大师的离世都带走一个时代，倒是符合了霍金的"能量的变化产生时间"理论。

当你和别人谈到雷蒙德·卡佛的《当我们谈论爱情时我们谈论什么》，可以这么说："故事设定富有想象力，以此为母本改编的《鸟人》的剧本就比较弱了。但整体来说，出色的剪辑和炫目的大手笔制作，使得这部电影还是值得一看。"接下来，你就能超链接到亚利桑德罗·冈萨雷斯·伊纳里多和硬汉派侦探小说的其他代表作者。担心背不全外国人的名字或捋不直舌头的话，可以从卡佛聊到村上春树："我刚看了他最新出的一本短篇故事集，特别有意思，不过好像还没有中文版……哦，我想起来了，你没学过日语，可惜了！"此时，坐在对面的你就得适当反击了。你可以说你根本不读当代文学作品，"都是些朝生暮死的东西，不看也罢"。

以上堆叠名词的几招，是"装"的基本功。要想达到最高境界，要学会以点连线、以线成面的新模式，将一些代表最高格调的文化基因彻底与你的生活融合。

举几个简单例子：不抽丰塞卡雪茄、不喝劣质朗姆酒怎么读海明威？没把武士刀怎么读《源氏物语》？没出过轨怎么读懂《失乐园》？没买过一套酒鼻子怎么算得上真正读过《香水》？

最后，"装"之大忌，是在朋友圈晒图书封面——稍微真读一点书的"同行"都知道，那本书你根本就没看完，拍完照片，那本书的使命就算完成了。因为从心理补偿的角度说，当一个人越缺少某种东西，便越愿意对外宣示自己拥有它。而且，在朋友圈晒书的风险难测，一不小心就输了。比如，晒《冯·唐诗百首》显然就输给了晒维斯拉瓦·辛波丝卡的《诗二十五首》。另外，去"世界最孤独的图书馆""中国最美图书馆"打卡之前，最好先了解一下它是不是某楼盘的配套工程——毕竟，"假装阅读"的工程，可大可小，可公可私。

## 装备篇：越"无用"越有用，越"冷"越艳

"装"备的精髓无非两点："无用之书"最有用，"冷知识"最浓艳。文学、历史、哲学、艺术等门类，旧杂志、百科全书、辞典等品种，皆在此列。

首先，必备几本有点发霉的塞缪尔·贝克特、弗吉尼亚·伍尔芙、克里斯托弗·伊瑟伍德、弗拉基米尔·纳博科夫和简·奥斯汀等人的作品，最好是旧书店淘来的英文版、法文版、德文版，稍微刷刷灰，但别弄得太干净，再随意夹几张 Powell's、Acqua Alta、El Ateneo、City Lights Books、Shakespeare & Company 等世界知名独立书店的书签。

再来几套古典学和哲学的丛书，一定要那种原文对照的。不论是柏拉图还是亚里士多德，不论是普罗提诺还是奥勒留，必须是原文的，至少是希腊文/英文，或者拉丁文/英文的。神学和宗教类的书也会显得很有品位。

其次就是辞书，《牛津英语词典》《大英百科全书》《天主教百科全书》《宗教百科全书》《犹太人百科全书》……必须是被翻得破破烂烂的，多处书页脱落，前后封皮残缺不全，书页上有葡萄酒渍和用墨水笔写的旁注。若有人问起这些辞书，你可以说："我知道现在手机就能查资料，但拿放大镜读字典的感觉实在太棒了！"

另外，诸如本雅明的《迎向灵光消逝的年代》《巴黎，19 世纪的首都》与福柯的《知识考古学》《疯癫与文明》，也能为你的品位加分。不过得是琉璃厂、潘家园买来的 20 世纪 80 年代的版本，用黄色的硬纸包一遍，小楷重写一遍书名，放在书架的角落，让人不经意地发现它。

不妨再整点港台版的《再造"病人"》《疾病的文化史》《疾病与治疗》《枪炮、病菌与钢铁》等。如有人问起，一定要说清楚，这不是医学教科书，更不是养生鸡汤，而是文化史。在别人都认为没意思的东西中找个奇妙的角度说出它的趣味点，你会成功圈粉无数。因为别人会假定这么冷僻的知识你都知道，一般常识就更不用提了。

当访客接二连三地露出佩服之情时，记得说一句："咳，这些破玩意儿都是些乱七八糟的书。"

## 反侦篇："戏精"常有，"老戏骨"却是稀缺的

就像间谍必须拥有反间谍的能力才能活下去，由此反推，你还得具备识别伪"假"的知识。也许某次聚会之前，你刚刚背了一串名词准备卖弄，却偏偏遇到了另一个背过同一串名词的我，这就很尴尬了。

演员靳东的人设之一是"人生导师"，他曾引用"梵高"的句子——"在这个薄情的世界上深情地活着"，但这句话很快被证实其实是出自心理学界资深导

师曾奇峰。"社会精英"靳东还说自己研读"诺贝尔数学奖","最喜欢的一本书就是西点军校出的《没有任何借口》"。但早在 2004 年，这本书就被证实是一本彻头彻尾的伪书。

有一本特别要留心——《人类简史》。你以为这是近几年名声在外的以色列新锐历史学者尤瓦尔·赫拉利的作品？仔细看看，二者书名相同、封面设计相似，但小标题完全不一样，正版是"从动物到上帝"，山寨版是"我们人类这些年"，可谓中招指数相当高了。

在创业圈，"必读物"是《从 0 到 1》《创业维艰》和《未来简史》，不同创业者在你言我语的引用中依稀看到了未来公司上市后的盛况。然而，两个事实是：第一，《创业维艰》英文版在美国亚马逊收获了 4.5 星的高分，但最有用的两篇书评只给了这本书两星。第二，被创业者奉为"中国硅谷"的中关村创业大街，原来是海淀图书城。

当听到有人一本正经地说"我最喜欢的作家是春上村树"时，不要觉得太诧异。即使是知名知识分子、书店创办人许知远，在面对年轻后辈李诞毫无躲藏余地的灵魂追问时，也不得不承认自己的确会"找一些书评期刊引用自己根本没看过的冷门图书"。

"戏精"常有，"老戏骨"难得。英国广播公司的一项阅读调查发现，有 14% 的英国人想过要读"世界经典文学名著"，但真正完整读过的只有 4%。类似的榜单《卫报》也做过，那些重复出现的、人称"我不骗你，这些书我真的都读过"的作品一共有八部，分别是：《一九八四》《战争与和平》《远大前程》《麦田里的守望者》《魔戒》《杀死一只知更鸟》《罪与罚》与《傲慢与偏见》。当被问及为何撒谎，他们表示，主要是为了给谈话对象留下深刻印象。

而中国人之年平均阅读量，近几年虽有攀升，但总量依然不容乐观。2017年 4 月 18 日中国新闻出版研究院发布的第 14 次全国国民阅读调查结果显示，仅有 1.7% 的国民认为自己的阅读数量很多。

也就是说，我们完全能够成功地假装读过一些书，而跟我们谈话的人也没有读过那些书。因为真正读过那些书的人都是绝少参加社交活动的书呆子，你不太会碰上他们。

# 滚蛋吧！干货

文 /Junitaille

"你再不学就晚了！"

这是时代发出的召唤，是社会吹响的号角，反映了人们渴望获取最新的信息和知识，以免被时代抛弃的心态。于是，知识付费正当其时——与其说知识付费提供了知识服务，还不如说是一种知识的新传销，导师、大咖们则充当了"知识代购""知识二道贩子"的角色。

如果说知识代购是移动互联时代的一块浮躁切片，那么二手知识堪称这个"快时代"孕育的一粒信息消食片：健知识的"胃"固然重要，但把"消食片"当主食的吃法，粗暴又难看，长期服用会形成依赖性，从而逐渐丧失对信息和知识的"消化权"。

当你读到"关关雎鸠，在河之洲"时，有人迫不及待地告诉你，这句话翻译成大白话就是"水鸟关关地叫着，栖居在河中沙洲"；当你打开《追忆逝水年华》，发誓这次一定要把它看完时，有人抛出"10 分钟了解一本书"的攻略来引诱你；当你打算去看斯皮尔伯格的《头号玩家》时，发现网上已经铺天盖地各种剧透——原著与电影的 16 处关键区别、电影的 140 个彩蛋，等等。随着"干货至上"思维在移动互联网时代的全面铺开，二手知识成了这样一粒消食片：还没等你张口咀嚼、还没等你开卷有益、还没等你启程上路，就已为你整理消化、为你闭门造车、为你预设前路。

《十分钟读懂英国史》《一读就懂的经济学理论》《股票新手快速入门 N 大招》……你读什么类型的书，你就会成为什么样的人；你付出多少，就收获多少，读几分钟就能入门的书，你就只能掌握那几分钟的信息。

"干货思维"让人厌倦了"落霞与孤鹜齐飞"的诗情画意，也懒得主动打开脑洞，去还原和理解"秋水共长天一色"的真实意境，因为知识代购已经把"现货"丢给了他们："这是王勃《滕王阁序》里的名句，描写落日时的美丽景色。"如果只看整体把控和理解，准确，满分；但若细究具体理解和思考，空缺，零分。

哪怕是"大旨谈情，实录其事"的《红楼梦》，也被知识二道贩子们精简为一部"以宝黛钗的三角恋爱情婚姻故事为主线，描写了以贾宝玉和金陵十二钗为中心的正邪两面赋有情人的人性美和悲剧美的名著"，大有小学语文试卷阅读理解题里"概括全文中心思想"的标准答案风范。

图－李雄飞

热衷和依赖二手知识这粒消食片的另一面，是对一手知识和资讯的恐惧。你一边感叹一手阅读太复杂、太头疼、太花时间，一边将主导知识的主动权让渡给了知识代购者。

这也就不奇怪，那些把管理课程歪曲为浅薄成功学、把《三国演义》当厚黑学解析、口口声声传授你"金融入门知识"却总能在知识传销里赚取佣金的导师，一次又一次主导你的阅读内容和思维模式，一次又一次让你收获二手知识。更有甚者，那些以"青年导师"面目出现的导师，他们给你的人生指点方向，指导你该怎么想、怎么做。你的知识体系是二手的，你的体验、三观也是二手的——你的整个人生，终将是二手的。

依赖二手知识、二手体验的后果是，你将生活在一个言论被他人左右、价值观被他人塑造、人生被他人重塑的空间。长此以往，轻则导致一手知识消化不良，重则造成阅读障碍而伤及智力。不信请看高尔基的名言："懒于思索，不愿意钻研和深入理解，自满或满足于微不足道的知识，都是智力贫乏的原因。"

其实，以干货和速成学为核心的二手知识也都讲究套路，简要概括一下就是：忽略细节，直取结果；只说道理，不谈原理。朋友圈里收藏的"先马（mark）再看"的"干货文章"越来越多，你以为自己拥有了满满的干货，其实是在自欺欺人：直到你点击、阅读它们，不然它们就等于零，什么都不是。

英国作家 E.M. 福斯特在 1909 年写就的小说《机器休止》(*The Machine*

*Stops*）中，构想了这样一个未来世界：人们不再有自己的思想，只有二手观点。"当心一手知识，一手知识是不存在的，一切都是粗劣的表面印象，怎么能当知识用？我们要追求二手知识，十手更好，因为这种知识里已经清除了直接观察这个骚扰项。不要去学法国大革命，要学习怎么看待 A、B、C、D 对法国大革命的看法，经手这么多大思想家后，这个历史事件才能变成对你最有用的知识。中间人一定要多，一定要观点各异。A 要质疑 B 和 C 的观点，而我要打压 D 的狂热。你作为我的听众，就能比我更好地评价法国大革命，你们的下线甚至比你们更有优势，他们学到的是你怎么看待我对我的上线们的看法。这样发展下去，我们的后代学到的知识将会超越事实，超越印象，完全公正。"（这段译文来自知乎用户 Myrtle May）

二手，二手的二手乃至十手，未来我们真的只能接受这种反刍又反刍的知识？想想就觉得荒诞。所以，从现在开始，不要再把"先马再看"当作不读书的借口，不要再让那些二手甚至 N 手知识占据你的全部精力。话剧导演林奕华曾说："看戏其实跟阅读很相似，是'二手人生'，它能给你提供一些情感上的经验，但还是有很多东西要你自己去经历。"

其实，对阅读和生活的一次自我体验，远比你接收一百条通过知识代购得来的二手资讯重要。那就扔掉信息消食片，推走二手代购车，建立起属于你的一手知识体系，掌控好属于你的独一无二的人生吧。

那些死活读不下去的名著
# 全球"弃书"排行榜
文 / 罗屿

倘若你翻开一本书却瞌睡连连，尝试多次，仍以书从手中滑落跌到床底而告终，你是硬着头皮将书读完，还是果断放弃？

最近，英国促进阅读公益机构"读书社"针对这一问题，调查了 2000 名成年读者，结果是：54% 的调查对象表示，当感觉手头的书死活读不进去时往往不甘心放弃，于是陷入让人懊恼的"读书瓶颈"。

在"读书社"总干事休·威尔金森看来，这 54% 的调查对象实在没必要和自己较劲，遭遇"读书瓶颈"，不妨换一本，"如今有这么多好书被写出来和出版，不必强迫自己读不喜欢的那一本"。另外，"读书社"还根据这次调查结果，列出 5 本很多人拿起但始终没能读完的小说，它们依次为：《五十度灰》《指环王：魔戒再现》《哈利·波特与凤凰社》《远大前程》和《呼啸山庄》。

## 读不下去经典名著，也没什么可丢人

这不是 E.L. 詹姆斯和 J.K. 罗琳的作品第一次登上英国人的"弃书单"。

2012 年，英国曾发起一项调查——什么是你丢弃最多的图书？在最终的榜单中，詹姆斯文笔拙劣的色情小说《五十度灰》三部曲悉数入榜，其中第三部《五十度飞》更是荣登榜首。据说 2012 年一整年，仅英国廉价连锁酒店 Travelodge 就发现了酒店住客丢弃的 1209 本《五十度飞》。至于罗琳的上榜作品，则是她的首部成人小说《偶发空缺》，位列榜单第五位。

在这个"弃书榜"中，还出现了一部被公认为经典作品的小说——菲茨杰拉德的《了不起的盖茨比》，位列第二十位。

和普通读者一样，很多英国作家也有自己死活读不下去的书。

2008 年，《星期日泰晤士报》曾请多位英国作家列出自己的"最恨书单"，此单一出，让天下爱书人瞠目。陀思妥耶夫斯基、狄更斯、弗吉尼亚·伍尔芙、D.H. 劳伦斯、多丽丝·莱辛、萨尔曼·拉什迪、伊恩·麦克尤恩等人的作品均位列其中。还有人在开具"最恨书单"后，刻薄地总结一句："（它们）看起来着实让人心烦，有时真恨不得点把火，把它们统统烧掉。"

《星期日泰晤士报》小说版主编彼得·坎普倒是没想烧书，不过他觉得陀思妥耶夫斯基已将自己"完全击溃"。在他看来，陀氏的"歇斯底里、臆想和狂热"搞得他根本无法把《白痴》读完，"几乎要弄死我，就像害了一场大病"。陀思妥耶夫斯基同样让专栏作家西蒙·詹金斯很心烦，后者说，他有次度假带了《罪与罚》，结果一怒之下把它丢进了游泳池。

作家 D.J. 泰勒没有西蒙那么暴躁。他说自己小时候偷看爷爷珍藏的《查太莱夫人的情人》，其中过于做作的性描写，把他逗得咯咯直笑。

至于狄更斯，在剧作家马克·雷文希尔眼里，就像"在市场里耍把式的江湖艺人"，他那副"怪里怪气又故作忧伤的样子"，搞得雷文希尔也很忧伤，除了《匹克威克外传》，狄更斯的其他作品，雷文希尔一本也看不进去。

和雷文希尔一样，推理小说家伊恩·兰金也很诚实地表示，很多名著自己根本"啃"不进去。比如萨尔曼·拉什迪的《午夜的孩子》，伊恩说，自己好几次鼓足勇气读它，但"都没挺过前十页"。至于诺曼·梅勒的《古代的夜晚》，伊恩曾"硬着头皮看到 600 页，最终被书里的法老和变态性事弄得作呕"。《古代的夜晚》也给伊恩上了一课——读不下去经典名著，没什么可丢人。

法国民众或许会赞同伊恩的看法。都说法国人爱读书，常有人描述，在巴黎街头，无论树荫下、台阶上、地摊旁还是亭棚边，到处可见心无旁骛看书读报的当地人。但法国人也有自己的"弃书单"。

2017 年 9 月，法国媒体 France Culture 发起了一项"你从来没读完的小说"评选，不久便公布了榜单前十名。詹姆斯·乔伊斯的《尤利西斯》、马塞尔·普鲁斯特的《追忆似水年华》、司汤达的《红与黑》、福楼拜的《包法利夫人》、马尔克斯的《百年孤独》、乔纳森·利特尔的《善心女神》等作品悉数入榜。

法国人评点起那些让他们"恨由心生"的名著，和英国人一样，丝毫不留情面：《尤利西斯》被称作"杂乱无章"；《追忆似水年华》被人"直接从窗户扔到了街上"；《百年孤独》让人感觉"进入了一个不断被厄运扭曲的世界"。至于《善心女神》，有人表示，该书"文笔超群"，只是自己读得太入戏，"于是，吐了"。

除了官方机构的公开评选，还有不少国外网友本着不吐不快的"杠精"精神，自发在网上列起了不堪卒读的小说。在一家名为"一星差评"的网站上，就汇集了很多对经典图书的差评。有人说，《查理和巧克力工厂》中的威利·旺卡，"是个精神虐待狂，是个厌恶小孩的大小孩"。有人说，《太阳照常升起》读起来，"像是一个傲慢的酒鬼和他那些不负责任的酒鬼朋友在推特上发的状态"。

"很多书不必读，但每个人不必读的书都不一样，这恰恰为的是更有效地读书。"

倒也不是只有西方人喜欢开列"弃书单"。

几年前，曾有中国出版社举办了一次名为"死活读不下去排行榜"的评选。

最终，中国古典四大名著，和《瓦尔登湖》《不能承受的生命之轻》《钢铁是怎样炼成的》，以及被法国人吐槽的《百年孤独》《追忆似水年华》《尤利西斯》，进入榜单前十，《红楼梦》则位居榜首。

大家吐槽"读不下去"的理由五花八门。有人说，受不了《红楼梦》里复杂的人物关系；有人说，读完《百年孤独》，就真的孤独了；有人觉得，《瓦尔登湖》是本很神奇的书，"第一页翻了十遍，内容依然陌生"；至于《追忆似水年华》和《尤利西斯》，由于篇幅过长，被人称作"十年以上有期徒刑必备书"。

"死活读不下去排行榜"一出，一石激起千层浪。有人觉得，死活读不下去经典，凸显了现代人的浮躁与急于求成。也有人说，每个人都有自己的阅读口味，不必过于强求。

复旦大学中文系教授严锋也曾在个人微信公众号中，提供了一份他心目中不必读的书的清单，其中包括：除四大名著、《金瓶梅》《儒林外史》《聊斋》"三言二拍"等以外，绝大多数的中国古典小说；绝大多数的从"五四"到1949年的中国现代文学作品；绝大多数的从1949年到1976年的中国当代文学作品；绝大多数的当代中国人写的历史小说；所有名著的续书；很多经典的哲学著作，等等。在严锋看来，人生有涯，千万不要不加选择地读书。"很多书不必读，但每个人不必读的书都不一样，这恰恰为的是更有效地读书。"

另外，严锋也不认同要多看经典的说法。"很多经典的意义，仅仅是一种历史意义，它们推动了历史的发展，照亮了人类的道路。但我们对之顶礼膜拜就可以了，今天就不用真的去读了。比如哥白尼的《天体运行论》，牛顿的《自然哲学的数学原理》，康德的《宇宙发展史概论》（这是中文译名，原名《关于诸天体的一般发展史和一般理论，或根据牛顿原理试论整个宇宙的结构及其机械起源》，扉页是：敬献给腓特烈陛下，普鲁士国王，勃兰葵堡侯爵，神圣罗马帝国富内大臣和选帝侯，西里西亚元首和大公爵，等等，我的最崇高的国王和君主）。"严锋在文章中如是写道。

## 每个人要在浩瀚的书海中发展自己的兴趣，构造自己的罗盘

归根到底，阅读是很私人的事。汝之蜜糖，也许恰是彼之砒霜。很多人眼中的文学大家，其实也有自己死活读不下去的书。托尔斯泰就曾公开表示，莎士比亚根本不懂得描写人物，连第四流诗人都算不上。马克·吐温吐槽简·奥

斯汀："每次读《傲慢与偏见》，我都想把她挖出来，用她的胫骨打她的头颅。"康拉德说 D.H. 劳伦斯的作品"肮脏，除了下流什么也没有"。卡波特则说凯鲁亚克，"那不是写作，那是打字"。伍尔芙说读《尤利西斯》，前面两三章让她"兴味盎然，神魂颠倒，如痴如醉"，"但自从'墓地'一幕完结之后，我就开始觉得无聊、困惑、恼怒、恶心，为作者无边无际地写着一个猥琐的大学生挤痘痘而感到很头晕"。至于赫胥黎的《点对点》，伍尔芙认为，那"不是一本好的小说，写得真是生硬、粗糙，又激进"。

在臧否同行时，最为毒舌的非喜欢捉蝴蝶的纳博科夫莫属。

在《俄罗斯文学讲稿》中，纳博科夫曾这样以一个大学教授的口吻给俄语作家们排位："托尔斯泰是俄国最伟大的小说家。撇开他的前辈普希金和莱蒙托夫不说，我们可以这样给俄国最伟大的作家排个名次：第一，托尔斯泰；第二，果戈理；第三，契诃夫；第四，屠格涅夫。这很像给学生的作文打分，可想而知，陀思妥耶夫斯基和萨尔蒂科夫正等在我的办公室门口，想为他们自己的低分讨个说法。"

至于排名中没有提到的高尔基，纳博科夫这样评价他的作品："全文没有一个生动的词，没有一句话不是陈腔滥调；它充其量就是一堆粉色的糖果，沾了些为了让故事更诱人的足够多的煤灰。"

相较于自己的同胞，纳博科夫评点其他国家同行，更显"毒舌"功力。他曾在接受采访时说，弗洛伊德的一派胡言简直吵死了，"他肯定是由最厉害的山顶洞人用石头打造而成的一尊雕像"。至于康拉德，纳博科夫说，这位作家所写的东西，自己都不屑去写，"在精神和情感上，他都不可救药地幼稚"。对于萨特，纳博科夫的批评来得更为猛烈，他说萨特一直都在"对陀思妥耶夫斯基进行拙劣模仿"，"我对他的任何看法都无动于衷"，"'法国新小说'其实并不存在，他只是臭烘烘鸽子窝里的一堆垃圾"。

不过，纳博科夫自己的作品，也并非受所有人推崇。据说《洛丽塔》完成后曾被出版社拒之门外，纳博科夫还收到了这样一封退稿信："作者常常写着写着就陷入了一种像神经病一样的白日梦，情节也跟着混乱了起来……作者居然还想找人出版这本小说？我建议不如把这本小说用石头埋起来，一千年后再找人出版。"

连大师的作品也会被其他大师鄙夷，读不下去经典名著就更不必羞愧。另一位著名"毒舌"毛姆就说过，"不论学者们对一本书的评价如何，纵然他们众口一词地加以称赞，如果它不能真正引起你的兴趣，对你而言，仍然毫无作用"。重要的是，每个人要在浩瀚的书海中发展自己的兴趣，构造自己的罗盘。

另外，在读书这件事上，毛姆还提供了一个建议：也许有时，你无须放弃整本书，而是要放弃某些过于冗长的篇幅与段落，也就是学会跳读。毛姆是普鲁斯特的资深粉丝，他说自己"宁愿读普鲁斯特读到厌烦，也不愿拿其他书解闷"。但毛姆也说，普鲁斯特书中某些文字重复、琐碎，"实在令最有耐心的读者也不免生厌"，而这时，你或许就可以选择跳读，读对自己有价值的内容。

不过，可以花费 30 页篇幅描写主人公入睡前在床上辗转反侧的《追忆似水年华》，或许真的是一部适合跳读的作品。据说普鲁斯特原本只打算出三卷本，每卷 400 页。第二、第三卷还没来得及出版，第一次世界大战就爆发了，出版事务搁置，他在战争期间无事可做，所以在原本已经写完的小说基础上增加了许多内容。

无论采用何种阅读方法，亲近、享受适合自己的书，才是最终目的。弃书，并非是要放弃读书，而是要学会做减法。通过阅读适合自己的好书，"给狭窄的心，一个大的宇宙"。

# 碎屏时代：2018 中国视频榜

2018年，中国视频全面压倒中国电视，"台网联动"变成"台网分离"，"先台后网"变成"先网后台"。谁掌握了资本与风向，谁就掌握了话语权。

　　2018年，是中国视频界的小年，历经限酬、补税、资本退潮与短视频整改，流量不再为王，小鲜肉与大IP不再灵验，电视剧里只剩乾隆最忙，没人关心选秀节目里谁是冠军，反而更热衷选一条锦鲤。

　　2018年，电视剧不振，短视频雄起。复刻版韩式综艺失势，原创主义、专业主义与现实题材重获尊崇。

　　2018年，中国进入碎屏时代，而在四年前发布的中国视频榜上，我们才刚刚宣布小屏时代的到来——"手机小屏将成为未来收视第一屏"；如今，视频平台咄咄逼人，跨屏成为现实，小屏秒变碎屏。

　　人们习惯了在打通记忆线的手机屏、iPad屏、电脑屏、电视机屏、投影幕墙上碎屏化观看网剧、电视剧和综艺节目，你可以养肥了再看，跳着看，1.5倍速看，或者干脆只看一分钟的槽点和梗的集合。短视频15秒就给你一个惊喜，吞噬了数亿中国人的碎片化时间，甚至带动了一种让城市、乡村网红化的生活方式。

# 2018 中国视频红皮书

文 / 谭山山

如果电视、视频行业也像农作物收成那样论"大年""小年"，相较于 2017 年，经历了"限薪令"（演员片酬不得超过整体预算的 40%）、税务风波、资本退潮、短视频整改等一系列事件的 2018 年，无疑算是"小年"。

一是"全民爆款"数量不足。仅就电视剧、网络剧来说，2017 年涌现了《人民的名义》《三生三世十里桃花》《大军师司马懿之军师联盟》《楚乔传》《白夜追凶》等爆款，而 2018 年只有乾隆最忙。

二是对流行文化的影响力不足。2017 年《中国有嘻哈》产出了"freestyle"这样的重磅热词，到了 2018 年，《中国有嘻哈》改名为《中国新说唱》，同样出自导师吴亦凡之口的"skr"，却无法复制"freestyle"的影响力。倒是《创造 101》让"pick""C 位"成功出圈。

三是创新力不足。最典型的例子是《舌尖上的中国》第三季口碑遭到雪崩式下滑，在豆瓣上的评分定格在 3.7 分，甚至达不到及格线。《风味人间》一开播即获得超过 9 分的高分，很难说是不是存在一点补偿心理——大家都觉得欠了陈晓卿的。

四是社会爆点不足。2017 年的《欢乐颂 2》远不够完美，但它至少击中了一部分时代痛点。2018 年虽然现实题材剧不少，但正如编剧宋方金所说，它们属于"伪现实主义"，走的是悬浮、架空的路子——说白了，都不那么接地气。

与此同时，在内容创作上，也出现了一些新的变化：一是"大 IP 加流量明星"的模式失灵，流量不再是唯一的衡量标准，有业内人士呼吁收视率 / 播放量打假；二是视频平台主导的网络剧、网络节目压倒电视剧、电视综艺节目，出现"先网后台"；三是顺应观众对真实性的需求，除了纪录片创作得到支持，一些制作机构用拍摄纪录片的手法来做节目（比如《十三邀》和《奇遇人生》），令它们更有质感。

## 电视剧：适合 1.5 倍速观看

在刚刚落幕的"2018 北京电视节目交易会（秋季）"上，有近 800 部电视剧参展。其中，一些在视频网站开播或播出完毕的剧，如《如懿传》《天坑鹰猎》《芸汐传》《许你浮生若梦》《萌妃驾到》等，被归入"成片首轮发行剧目"版块。也就是说，继先台后网、台网联播后，视频平台实现了先网后台，开始"反哺"传统电视台。

宋方金讲述了这样一件事：《大军师司马懿之军师联盟》的导演张永新刚从横店回来。去年，他在横店拍戏时，同时期有 80 多个剧组；这一次，只有十几个剧组了，而且基本上没什么大戏，以网剧、网络大电影居多。整个行业给人的感觉就是：没戏拍了。张导说，如果两三年前有人跟他说"张导咱们拍个网剧吧"，他会觉得这不太着调——"网剧有什么可拍的？"但是现在，导演们必须考虑拍网剧了。

《延禧攻略》就是在视频平台首播的，仅凭借在互联网端的播放量，就成就了它"年度爆款"的地位。所谓"爆款"，通常有三个衡量标准：话题性，口碑，收视率或播出量。《延禧攻略》的大女主定位、打怪升级的剧情设置（也就是所谓"爽剧"），首先吸引了它的目标受众——都市年轻女性群体；接着，它打破圈层壁垒，从年轻女性群体延伸到其他群体——用饭圈的术语来说，就是"出圈"了。它的成功"出圈"，还跟短视频分享、成为社交话题密不可分。社交媒体上充斥着从各个角度解读它的文章，剧中人物如魏璎珞的精彩片段被做成短视频、GIF 表情包、截图传播开去，完成了一轮又一轮自发的口碑营销。

但是，《延禧攻略》是唯一"出圈"的一部，其他的剧，根据前娱记、自媒体人孟静的梳理，都是等着爆却爆不了或者没有达到预想的爆的：被称为超级大饼、无数女演员试镜的《如懿传》；原名《凰权》、号称"陈坤重返荧屏之作"的《天盛长歌》；两个男主角粉丝撕番比剧情精彩的《凉生，我们可不可以不忧伤》；《武动乾坤》是张黎第一次拍玄幻题材，但"IP 加流量明星加名导"依然不管用；《甜蜜暴击》是鹿晗、关晓彤定情之作，但两人"公费恋爱"也毫无 CP 感；本以为男女主能成为新流量，但只有女主成为嘲讽对象的新《流星花园》；

集齐超多老戏骨也救不了陈思诚的《远大前程》……

孟静发现，如今的国产剧要用至少 1.5 倍速观看。一来集数太多，情节注水；二来故事不吸引人，缺乏高潮。"题材、选题、内容、共鸣其实早就超越了流量所能带来的收益，只是赞助商和投资方还没意识到，还在傻呵呵地往流量上砸钱。"

往流量明星上砸钱、往服化道上砸钱、往视觉上砸钱（"电影般的质感"）、往宣传上砸钱，等等，都不是王道；归根结底，电视剧还是要先把故事讲好，否则就是绣花枕头一包草，徒有其表。故事！故事！关键还是故事！有题材，有温度，有共鸣，这才是好剧。

## 短视频：15 秒里有惊喜

作家韩松落是快手的用户，他经常在微博上分享自己关注的各种奇奇怪怪的播主：一个住在看上去海拔很高、一年有好几个月被大雪覆盖的地方的新疆播主，每天发踩雪短视频，咯吱咯吱地踩，踩好几十秒；一个陕西的月季种植户，她每天拍一把月季，衬着蓝天；一个定制变形金刚的太原播主；一对父女，一个挖人参，另一个就着溪水用人参炖猪蹄汤、鸡汤……

"快手已经把我给看穿了。每次我点开'发现'，没有情没有色，没有炫富没有晒娃，除了自驾走西部之外，就是清一色的干农活视频，收菠萝，码榴莲，养蜜蜂，刨竹笋，摘樱桃，打鱼捉泥鳅。今天还看到一个更奇怪的，收蒲公英。我知道快手怎么看我了。如果它能说话的话，一定管我喊闰土。"韩松落在微博上写道。

现居上海的台湾作家廖信忠也喜欢快手。他说，太多人对快手的刻板印象还是乡镇小青年的猎奇生活，其实快手内容之丰富，远远超过想象，"对我这种灵感逐渐枯竭的过气作家，简直就像找到源源不绝素材宝库"。"快手就是当代百工图，跳脱了原有的认知环境，我看到了构成当代中国的千千万万种生活方式。"

抖音用户则在正在播映的日剧《成不了野兽的我们》的赞助商栏里，意外地发现了熟悉的 Tik Tok（抖音国际版）标识："活久见，我们居然在新垣结衣的新剧镜头里看到了抖音！"

短视频 APP 已经成为中国人日常生活的一部分。中商产业研究院发布的《2018—2023 年中国短视频行业市场前景及投资机会研究报告》显示，2017 年以来短视频行业持续火热，且目前移动互联网用户短视频渗透率较低，用户红利仍在，有较大的用户发展空间，预计 2018 年将达到 3.53 亿人。换言之，10 个中国人里将有 3 个人会用短视频 APP。

腾讯公司总裁刘炽平在发布 2018 年第一季度财报时表示，文字和照片内容的增长已经趋于停滞，媒体内容的未来在简短且方便观看的视频上。这也是腾讯在放弃旗下首款短视频应用微视三年多以后，于 2018 年 4 月重启它的原因。

HBO 中国新事业部总经理范贝贝则引述了《权力的游戏》制片人的说法："如果中国人想看 20 分钟的《权力的游戏》，我们会考虑单独再剪一版的。"这一方面说明海外对中国市场的重视，另一方面也说明在对短视频的喜好上，中国人确实独步天下。

2018 年 4 月以来，鉴于短视频平台存在播放未成年人怀孕、生子视频等乱象，广电总局加大了监管力度，针对问题产品的性质分别处以责令整改、下架、永久关闭的措施。

红椒易 COO 王雷认为，加大监管力度是对的，经过治理，可以提供更好的平台环境、更好的内容。"对于短视频行业的未来，我还是整体看好的，从图文时代、长视频时代到短视频时代，是一步一步演变到现在的。它适合碎片化时间观看，也改造着受众的习惯。我们可以看到 15 秒的时间里有惊喜有意外，受众对这种刺激的需求越来越高，对内容的要求也越来越高。"

## 选秀：没人在意谁是冠军

自媒体"娱乐硬糖"作者李春晖的分析文章认为，相较于传统造星模式出身的孟美岐、吴宣仪们，杨超越是"一种新媒介的产物"。

按照传统的日韩造星模式，经纪公司发掘有潜质的苗子，投入资源，对他们进行演艺训练。这就是"偶像养成"，也是一种人才储备和投资。到了《偶像练习生》《创造 101》这样的选秀节目里，参选的练习生已经是一种"半成品"，名次无关紧要，重要的是在比赛过程中保持话题度、保持曝光率，让粉丝心甘情愿地为自己应援——当然不仅仅是支持，而是真金白银地掏钱。这已经不是"偶像养成"，而是"粉丝养成"。

在这样的背景下，快手主播出身的杨超越，反而比正牌练习生更谙熟游戏规则：没有才艺又有什么关系，只要会圈粉就好。"随便你们怎么质疑，我粉丝给我投的，我就坐那儿，我不怕。"她的这一获奖感言引起广泛争议。那些质疑她的人，本身立场就有问题：他们用准偶像的标准去要求她，并因此嫌弃她；但须知，她是主播，主播的责任就是尽可能抓住粉丝，让他们把自己顶上去，而不是下沉。

"新媒介必然带来新明星。杨超越从快手、抖音、熊猫直播跨界圈来的偶像粉，事实上为这个市场提供了用户增量。她的身份特质打通了追星圈、二次元圈、游戏圈，让一大拨不追星的直男，加入到这场他们从未关注但其实非常有趣的游戏中来。"李春晖因此得出结论："杨超越，很可能成为直播、短视频平台孵化出的第一个真正偶像。"

不管是选王菊还是怼杨超越，其实都是粉丝内心的投射——产品经理们应该把她们当作个案进行研究。说真的，这毕竟是一个融媒体的时代。

# 宋方金：剧作中心制是方法论，现实主义是世界观

采访 / 詹腾宇

今年的中国电视剧整体低迷。2017 年火了《人民的名义》《鸡毛飞上天》《我的前半生》等现实题材电视剧，大家对 2018 年是有期待的，都在想，这会不会是现实主义的复兴。但 2018 年电视剧集体哑火，别说现象级电视剧了，就是想激起点水花都难。

在这种情况下，反而是冒出头的一两部网剧得到全民热议。这里面有外部原因，比如网络观看的便利和网络视频平台客观上的崛起；但更多的是内部原因——电视剧在创作观念、生产模式、购销模式等方面失去了创新力，也就没有了竞争力。

## 三个关键词：跟风、失灵、茫然

中国电视剧创作领域的第一个关键词是"跟风"，什么火拍什么。《媳妇的美好时代》这样的婆媳剧火了，大家就一窝蜂拍婆媳剧，终于把婆媳剧拍死，甚至把婆媳剧的母题——家庭伦理剧也拍死了，直到今天家庭伦理剧也没喘过气来。抗战剧《亮剑》火了，一时间抗战剧炮火连天，最后也把自己给拍空了。更不用说什么玄幻剧、仙侠剧，火一个，拍一串，最后是一条线上的一串蚂蚱，倒霉起来谁也跑不掉。

去年现实题材一火，现实主义号召一出，基本上影视公司就全往现实主义这边招呼了。但问题是，他们根本搞不懂什么是现实题材、什么叫现实主义。他们有一个巨大的误区，就是把现实主义和现实题材混为一谈，以为拍了现实题材，就必然是现实主义。

实际上，影视公司虽然拍的是现实题材，但走的还是悬浮、架空的路子，我把这种剧称为"伪现实主义"。今年好多现实题材剧属于伪现实主义，观众是不买账的。据我观察，还有大量跟风的伪现实主义剧正在拍摄或筹拍，还需要一段时间去消化。

第二个关键词是"失灵"。今年，大 IP 加小鲜肉或流量演员这种模式的剧纷纷失灵，几乎无一例外。这种模式曾经被视为法宝，但它在 2018 年彻底失灵了，很多人甚至被它反噬。相较于往年，今年这种模式称得上是加强版：比如《武动乾坤》不仅是大 IP 加小鲜肉，还加了大导演，但毫无用处；比如《甜蜜暴击》，顶着"鹿晗和关晓彤的定情之作"这样的超级噱头并在顶级平台播出，仍然惨淡收场。

流量造星

电视剧行业给观众的同质性作品太多了。他们看来看去，发现自己看的都是同一部剧：要么是封印、打怪、升级，要么就是恋爱、吵架、分手、复合、再吵架、再分手、再复合。观众回回上当，回回都一样，烦透了，转身就走了——倒是有回回上当的观众，但你至少得每次不一样吧，不能既复制套路，还缺乏诚意。

第三个关键词是"茫然"。我在山东的一个电视剧论坛上遇见强视传媒总裁游建鸣，游建鸣说，拍了几十年电视剧，到今年发现不会拍了，"不知道怎么干了"。这不光是游建鸣个人的心声，也是很多电视剧人的共情。

最近几年的电视剧，不顾叙事规律和效率，拍得越来越长。不管什么剧，最后都多或少地成了注水剧。电视剧假收视率一直得不到有效治理，通过买卖假收视率，再差的剧也可以摇身一变成为高收视剧。既然造假可以赢利，谁还去拍货真价实的剧？郭靖宇导演捅破了电视剧假收视率的黑幕，引起了有关部门的重视，希望这一次能得到有效治理。

"茫然"带来了观望和思索，所以今年电视剧显得冷清。今年是煎熬的一年，也是转折的一年。虽然今年不景气，但是我对接下来的国产剧充满信心。哀兵必胜，绝地反击。中国电视剧有过黄金时代，中国电视剧人是有实力的，只要在乱局之中能把握好方向，真心反思、找准时机，他们就能茁壮起来。

## 2018 年的最可喜、最可惜、最可恨、最难忘

最可喜的，当然是大 IP 加小鲜肉或流量明星模式的失灵。因为这种模式的失灵，意味着原创的崛起。影视行业，只有重视原创，才能繁荣昌盛。

IP 的失灵，对相关推手和剧目操作者倒不会有太大的警醒作用，因为他们是顽固的，不会轻易放弃他们精心打造的这个骗局。但它对真正的创作者会产生很大的影响，至少会有很大的鼓舞。总的来说，IP 时代一去不复返了，连回光返照的机会都不会有了，而流量明星作为 IP 时代的产物，要看自身的努力和转化了。根据我的判断，流量明星大部分会成为流星。

最可惜的，是现实主义剧目没能延续 2017 年的势头继续上行。夺回来的阵地，不能轻易失去。

最可恨的，是假收视率的猖獗。去除假收视率，我们才会迎来真电视剧。或者也可以这么说，我们创作者并不排斥数据，我们排斥假数据。如果观众观

看文艺作品的数据被篡改，这意味着审美安全受到了侵犯。我们创作者不了解观众的观看意愿，就偏离了人民。文艺工作者做不到为人民服务，变成了为假数据服务。每个真正的创作者都痛恨假收视率、假点击率等假数据。

此外，一些源于生活、低于生活的影视产品也很可恨。比如宫斗剧火了，就有一群人阴魂不散地拍这个类型的剧。宫斗剧满足了人性某种恶的趣味，迎合了人性某种爽的需求，是另一种"打怪升级"的模式化创作，也是一种有毒的心灵鸡汤，或者也可以视为人生或职场的成功学、厚黑术。它没有对真善美的追求，仅仅是看谁更有手段，谁才会存活。

去年《新周刊》给"四味毒叔"颁发了"年度知道分子"荣誉，对我们是一种很大的激励。今年我们继续在影视文化领域中深耕细作，对行业现象做了很多梳理，跟文化人、影视人做了很多对话，都是试图推动影视文化领域的哪怕小小的一点进步。这些基础性的文化访谈、对谈、梳理，希望对影视文化领域有所贡献。

今年我最难忘的两次对话都是跟编剧史航进行的。上半年跟史航的一次对话，源于他在《解忧杂货铺》这个影视项目中作为编剧被骗的经历。史航是影视行业中的老炮了，但还是会有创意被骗的奇葩经历，这说明我们的创作秩序在一定程度上还不完善。对编剧的保护，就是对影视行业的保护。这个对谈也引起了业内的关注和讨论。

另一次对谈是下半年我跟史航对谈围读剧本的必要性。我们都很感慨，因为围读剧本是影视创作的题中应有之义，也是常识，但现在却得不断强调、呼吁，可见影视创作环节的粗糙和浮躁。好在，围读剧本引起了重视，围读剧本的剧组越来越多，良好的风气慢慢形成了。

## 2019 年将是影视界的大年

今年是小年，是低迷的一年，是观望、等待、思考的一年。明年我想会是影视界的大年，不管是对于电视剧、电影还是网剧而言，都会是丰厚的一年。真正的现实主义作品会涌现，电视剧与网剧的对抗、融合会更激烈，会更具张力与挑战。但只有交锋，才有高峰。

2018 年举办了很多影视论坛，大家献计献策，在宏观与微观层面都开出了不少良方。我更同意和支持编剧群体给影视业开出的两张方子：一是剧作中心制，一是现实主义。结合起来，就是：剧作中心制 × 现实主义 = 中国影视行业的未来。

很多人对此有误解。

第一点，误认为我们提出的剧作中心制是编剧中心制。所谓剧作中心，指的是以剧作为中心依据，展开各部门的工作，并不是以编剧为中心。实际上，我一向反对编剧中心制。因为编剧并不具备天然的合理性，并不是编剧写出的剧本都具备可拍性。编剧界内部一样问题重重，只是目前的问题太多，还来不及解决这些局部问题。

我们所说的剧作中心，是确定了一个优秀或者说至少是及格的剧本以后，再展开电视剧创作。我觉得剧作是我们行业的基本法，在剧作的基础上，可以有某种中心制，可以是导演中心制，可以是制片人中心制，也可以是编剧中心制，甚至是演员中心制。谁有能力，就以谁为中心。所以，剧本定稿后，它应该具有某种法理上的不可随意修改性，或者说，应该把围读剧本作为一种强制性的制度，这样有助于我们拍出好作品。

第二点，很多影视行业工作者，把现实题材等同于现实主义。在我看来，现实主义是一种风格，是看待世界的态度，不但创作现实题材要有现实主义，就是创作历史题材乃至科幻题材，也要有现实主义。剧作中心制是方法论，现实主义是世界观。有这一对翅膀，我想我们就会有好的发展方向，就会拥有下一个影视行业的黄金时代。这是我对 2019 年的信心所在。


# 娱乐报告之短视频：人人都能 15 秒成名

文 / 詹腾宇


作家廖信忠在抖音和快手各开了一个号，打算拍点儿上海的路边风景。

起初他嫌短视频粗鄙又猎奇，"都是啥鬼畜玩意儿"。中国三、四线城市和农村的气质似乎被某些短视频定型了：土味、卖丑、庸俗，上不得台面，不值得细品。

慢慢地，廖信忠在快手里刷出了许多刻板印象之外的东西：大凉山的天梯、新疆的沙尘暴、乌苏里江的渔船、集安深山的采参人、大卡车上的亲情、水运船里的客厅、辗转的江湖艺人、接尸的灵车司机……刷到了人，刷到了故事，刷到了草莽又真实的生活。

"基本上你随便输个地名，就能看到该地的生活方式；里面形形色色的人，按照算法不断点下去，你会看到各种奇特的职业、奇特的生活方式。"无论是3～5分钟的短视频，还是1分钟以内的小视频（以下将这两者统称"短视频"），人们都在努力记录当下的状态与灵感，供别人窥探、赞叹、鄙夷、效仿。

"文艺青年就别老盯着贾樟柯了，去看看快手吧！那里才有最鲜活的江湖儿女！"廖信忠的呼吁，也是许多人的心声。

## 从 140 字到 15 秒，无处不是短视频

从初代短视频达人 papi 酱，到快手、抖音领衔的土味文化，在 2018 年人人自拍（视频）的当下，短视频的发展达到了一个重要的分界点。从早期土味横行的野蛮生长转向吐故纳新，融合社交、资讯、消遣和碎片化阅读的功能，成为新兴的媒体形态和生活方式，进入越来越多的生活场景，既可以实现个人价值，又能商业变现。

短视频本质上是动态的图文内容，15 秒视频代替了 140 字微博，成为更连贯有力、直指人心的传播方式。它更粗糙，也更鲜活；它更直接，也更讲究画面感。短视频平台倡导的是看、拍、玩一体的生活方式，内容大于技法，鼓励人们自由记录并展示自我。它拥有杂草般的生命力，满足了人们的表现欲与好奇心。从最初一言难尽、口味猎奇的乡村非主流风格，到近年格调上升、形式丰富的短视频制作，产业链条和营利模式日趋完整。

2018 年，一众新老短视频 APP 让人目不暇接：头条发力，微视复活，B 站稳健，今日头条入主的抖音、腾讯投资的快手继续合力统治小视频江山，出海的抖音国际版 Tik Tok、快手国际版 Kwai 在国外也表现不俗。以西瓜视频、梨视频、秒拍为代表的资讯类产品嵌入社交软件，成为了解世界与生活的窗口。前视频巨头土豆彻底转型短视频平台，优酷竖屏主打短视频场景资讯，一条以生

活美学概念搭建"短视频加电商"平台。

此外，许多本没有短视频功能，或与短视频几乎无甚关联的 APP 也先后上线短视频板块，豌豆荚、知乎、全民 K 歌甚至 Faceu，都有短视频。许多名不见经传的短视频平台刚刚出生便告消亡。有人预计到 2020 年，短视频行业格局将像现在的长视频一样，回归行业寡头之争。

无处不在的短视频，对用户的意义有二：收割碎片时间，提供短、平、快的新鲜资讯和娱乐方式；鼓励自主创作，提供表达、玩乐与社交的平台。此外，短视频逐渐成为广告主与创作者之间的纽带，相关社媒营销方法论也日趋成熟，传统广告大户纷纷转身入局短视频营销，丰富互动营销的玩法，成为行业大趋势。

## 短视频用户的"双重逆袭"

2018 年 1 月 CNNIC（中国互联网络信息中心）发布的《中国互联网发展状况报告》显示，截至 2017 年 12 月，我国网民规模达 7.72 亿，手机网民规模达 7.53 亿，占网民总数的 97.5%。移动互联网实现了用户下沉，互联网文化开始更为包容多元——用户下沉会导致初期泥沙俱下、土味洋溢的乱象，在监管、内容、技术、盈利多个层面的思考不断过滤、革新之后，许多垂直领域的内容创作者入局，形成了更好的内容创作生态和商业变现潜力。

短视频也借此成为一场"互联网非主流用户"在生活方式上的逆袭。腾讯研究院发布的《互联网非主流用户图鉴》称，以互联网为空间构建的用户群体跟现实社会人群的构成有相当大的相似性，其中一个显著的相似点就是主流人群和非主流人群的分野。通常情况下，亚文化指的是非主流人群认同的文化和话语体系，如二次元、偶像文化和游戏文化等；更广义的亚文化分类方法，则是以人群来划分。老年人、城镇与农村的年轻人成为"互联网非主流用户"，同样身处互联网话语权的低端位置。他们需要一个恰如其分的出口。

短视频是合适的方式。它不需要直播式的门槛，唾手可得，既占据了中老年人的消遣时间，也占据了年轻人的表达空间。据 CNNIC 对全国网民地域构成的调查，三线及以下城市和农村地区网民数量占到了 47.8%。来自互联网的丰富刺激和贫乏的物质条件，催促着城镇及农村的年轻人投身网络直播与短视频之中，用有限的道具和演技，完成一场场生活方式和精神世界的逆袭；优秀的创作者还从短视频平台通往社交平台并触达广告主，完成了个人价值的变现和圈层的上升。

安迪·沃霍尔曾说"每个人都可能在 15 分钟内出名"，在短视频时代，这个时间被缩短到了 15 秒。

## BGM 里的"爆款城市"

一条短视频可以捧红一个人、一个品牌甚至一个地区。比如在 2018 年年初借短视频爆红之势，流行先去西安摔碗感受古城豪情，再到重庆轻轨俯瞰魔幻都市。据统计，2018 年春节期间，西安接待游客数超过 1269 万人次，同比增长66%，旅游收入超过 103 亿元，同比增长 137%；端午节期间，重庆洪崖洞接待游客超过 17 万人次，同比增长 143%。

通过短视频，人们可以到成都看熊猫玩古风、在济南听连音社、去厦门鼓浪屿找吃不到的冰淇淋……画风中正的城市宣传片，可能不如抖音魔性的 15 秒影像让人记忆深刻。民间话语体系的崛起加速了城市传播方式的变革，助力城市形象"从无到有，从有到优"，用一种更轻松的形象为人所知。

抖音、头条指数与清华大学国家形象传播研究中心城市品牌研究室联合发布的《短视频与城市形象研究白皮书》中，总结了一套城市短视频拍摄的方法论——BEST 法则，即 BGM（音乐）、eating（饮食）、scenery（景观）、technology（科技感）。短视频带火的"爆款城市"让人趋之若鹜，特色景观、地方饮食和草根精神，成了展示城市精神与风骨的最好切面；BGM 之下充满活力和记忆点的城市，让草根与官方达成了最自然的一次合作传播。

## 短视频有三宝：段子手、小哥哥、跳舞

卡思数据在《2018 年短视频 KOL 趋势》中指出，截至目前，全网红人总量增长 21%（活跃红人数增长 26%），总体活跃度提升了 3 个百分点，行业呈现明显的向上趋势。

头部红人代表了审美趋向。搞笑段子、小哥哥、音乐舞蹈，分列全网短视频题材前三；游戏、宠物、萌娃、美妆也相当红火——你没看错，单纯卖脸的小姐姐，已经不再是最重要的分类。只看脸很快会厌，有戏有梗有才艺，才是王道。

小视频平台保持着各自清晰的特色。抖音强在时尚，拥有一批才艺非凡的

小哥哥、小姐姐，光是搞笑就有多种形式：善于运镜造梗和摆弄微表情的技术流笑匠、擅讲段子的高颜值小哥哥、开唱之前总得饶舌几句的音乐主播、表演极其放飞自我的集梗王等，此外宠物类短视频在全行业优势最大。快手有更多姿多彩的生活形态，其中美食、游戏和舞蹈的声势最盛，以"社会人"经典人设，廖信忠所摘录的，仅仅是快手江湖里的沧海一粟。

papi 酱从传统意义上的"短视频第一人"向 papitube 的掌舵者转变，优质短视频作者如李子柒、大胃王密子君、喵大仙和刘阳如开始自创品牌、依附机构进行系统运作，希望用"强化 IP、淡化个人"的方式，红得久一些；目前人气爆棚的摩登兄弟刘宇宁也坦承还是想做一个歌手，有自己的作品，表示"网红一浪推一浪，只是暂时的，我自己也看得明白"。

"玩"出来的江湖地位不牢靠，网红终究是过眼云烟，唯有基于短视频作者的人格、内容、衍生品的精心运作，才有可能长久，并参与到下一轮激烈的竞争之中。没有一段视频能够代表广袤而多变的生活，没有一个网红能够红过下一个网红。把短视频呈现的所有碎片细细拼接，或许才能看清这个时代的粗粝与丰饶。

# 娱乐报告之选秀：选偶像，就是选一种价值观

文 / 钟慧芊

贯穿 2005 年社会心理的旋律是"想唱就唱"，拨动 2018 年大众情绪的节奏则变成了"pick me pick me up"。一句歌词即昭示了中国当下造星方式的异动。

从第一人称"想唱"的表达主张，到第二人称"pick me"的恳请诉求；从移动用户一元一条短信投票，到买水买卡送他 / 她出道；从阖家围坐电视机前呼喊助威，到单身狗怀抱平板应援支持——中国的选秀综艺节目跌跌撞撞、磕磕碰碰，摸索着走过了 13 年。

《超级女声》《快乐男声》《我型我秀》《加油！好男儿》《梦想中国》《中国好声音》《中国好歌曲》《中国有嘻哈》《明日之子》《偶像练习生》《创造 101》《下一站传奇》……偶像仍然在不断生产，不过偶像的生产方式和以前相比已经大相径庭。

## 《超级女声》已死，《偶像练习生》&《创造 101》当立

《超级女声》是中国选秀节目的启蒙，它不但规范了之后选秀节目的游戏规则，还树立了选秀节目的社会文本意义。

这档以打造本土偶像为宗旨的节目在当年吸引超过 15 万名女孩参加选拔，并在总决赛当晚创造了 800 万条投票短信和约 4 亿人次的收视纪录。

《新周刊》曾经以"越草根，越大声"为标题评价"超女"现象，认为选秀节目"展现了一种彻底的娱乐无极限的草根性"——一种强调本土性、经验感受和个人性，但更倚重电视媒介带来的游戏 PK 互动效果的综合体验。

2018 年交替播出的《偶像练习生》（下文简称《偶练》）和《创造 101》（下文简称《101》），将选秀偶像的讨论带入了新维度。这两档节目均是韩国综艺节目《Produce 101》的中国复刻版。原版的《Produce 101》是韩国偶像供需现实和日本偶像市场运作机制混合的结果：将韩国娱乐圈中大量无法消耗的练习生投入一场类似 AKB48 总选举的大型人气氪金竞赛，经过粉丝投票决出若干名优胜人选，然后由制作方宣布组合成团。

从《超级女声》到《Produce 101》，选手从真正意义上的素人变成了处于草根进阶到偶像之间的半成品练习生。古典意义上的一夜成名已经不再吸引，强调支持、陪伴、成长、羁绊的养成模式才是当下潮流的审美趣味。

《偶练》和《101》作为《Produce 101》的中国在地化模本，在今年掀起了巨大的声浪。"超女"时代的造星方式已然失效，名次的重要性让位于比赛过程中的话题度和曝光率，哪怕是节目中的"异端分子"杨超越和王菊，也找到了自我变现的方向。养成系偶像，也顺理成章地成为中国偶像产业的新希望。

## 新世代粉丝修炼手册

要养成偶像，首先需要养成粉丝。

有媒体统计，《101》中的粉丝募资总额达到 4453 万元，冠军孟美岐的募资金额预计超过 1200 万元，比《偶练》的 C 位蔡徐坤公开募资超出近 1000 万元。

看到这种强大的吸金能力，"超女"时代的粉丝可能也会表示不可思议。但新世代的粉丝早已身经百战，对选票、流量、金钱、资源之间的交换法则谙熟于心。

他们分工细致、明确、有序，像一家公司般区分为若干职能部门——文案组、美工组、视频组、管理组、打投组，团结并发展全国和海外各地的应援团队。

他们讲究在团战中安排策略，以最合理的方案投入预算以达到最具性价比的排位产出：《偶练》和《101》中，应援团的打投组通过集资方式购买投票资格，然后分发给各地的打投群再由他们向下分发。他们甚至还能开发出浏览器插件、小程序等技术工具，提高投票效率。

他们督导内部忠诚，监控外部舆论，一旦发现某个社交平台上出现偶像的负面信息即会在粉丝群中集结力量刷屏洗版，企图将相关言论引导回来。

新世代的粉丝们更明白花钱买出来的选票才是真正让偶像上位的武器。粉丝们的角色不再是疯狂逼近偶像的追光者，而是在开始阶段就被置入造星环节之中的参与者和合作者。

这便是在《101》节目中段异军突起的王菊，最终却未能在决赛当晚成功位列出道 11 人的原因：散兵游勇的"陶渊明"终究是打不过训练有素的饭圈正规军的。

## 选颜值还是选价值观？

再强调一次：养成的要诀是提供陪伴、成长、羁绊的情感体验。养成系偶像追求的，不是那些高人一等的天王巨星，而是邻家小哥哥或小姐姐。

但偶像仅存的一点灵光，仍然强调偶像对粉丝的投射意义。这要求偶像对其魅力人设的管理保持时刻更新。

有道是"始于颜值，陷于才华，忠于人品"，所以我们看到了阳光爱笑的陈立农、长相甜美的吴宣仪、标准韩式半永久审美的蔡徐坤和孟美岐，所以我们看到他们舞台表现出色，抓人眼球，有爆发力，所以我们都发现镜头下的他们很努力。

《偶练》节目的最大争议，恰恰就是练习生们的颜值。他们被讥讽为"娘炮"，反对的声音甚至将这种性别审美提升到国家未来发展的高度，怒斥"少年娘，则国家娘"。

反春哥和反娘炮的内在逻辑有高度的一致性，主流文化依然在希冀一种不偏不倚的性别观念——男性阳刚、女性阴柔。

二次元文化侵蚀主流文化的一个明显表现，就是男女性别界限交融。好的选秀节目可以为我们呈现足够丰富的观察样本，不仅是屏幕上审美范式的变化，还是社会舆论场对这种变化的应和。

选择一位偶像，意味着选择了一种价值观。李宇春时代的"超女"鼓励每个人站在舞台上实现梦想。节目选择以海选的方式，鼓励每个个体自我表达，这种自我表达的欲望在节目的语境中被置换成快乐的体验。

《偶练》的口号是"越努力，越幸运"，而《101》则是强调"逆风翻盘，向阳而生"。节目组用同一种话语逻辑，强调收获和付出等价交换的世俗成功主义哲学。

杨超越的价值就在于对这种哲学的反抗。她在节目中标榜自己的人设是"全村人的希望"，却绝口不提努力和梦想，这和周围所有人都形成了巨大的反差。

是不是真的相信转发杨超越就能带来好运并不重要，这个行为的意义就在于让杨超越不断从那种成功主义的哲学中挣脱出来，实现她本人的锦鲤人设。

## 是的，我在里面放了二次元

现在已经不再有电视机前全民追星的景观了。在小屏时代，我们的趣味分流、垂直、区隔，在专属的圈层内玩得不亦乐乎。

"超女"时代的主战场是贴吧，粉丝们在上面传播资讯。他们在上面与其他粉丝互相对喷，他们要东风压倒西风，然后他们组织动员上街推广，争取提升偶像的知名度和认受度以取得更多选票。

其中最引发轰动的是"玉米"和"毅丝"的战争。李宇春被"毅丝"恶搞为李毅大帝的七位妃子之一，排行第四，还创作了诸如"春哥纯爷们，铁血真汉子"等各种段子进行病毒扩散——是不是和"陶渊明"们"你不投，我不投，菊姐何时能出头"的拉票口号异曲同工？

《偶练》和《101》在贴吧仍然占有城池，但主战场已经散落在更多元的社交网络平台上。微博、朋友圈、B站、小红书、抖音、快手……不同的平台对应着不同的玩法。

作为吸收日韩二次元文化成长起来的新一代，恶搞的网络文化只是他们的底层养分，二次元的价值观和创作手法才是他们日常交流的沟通方式。

其实从"超女"时代开始，二次元文化的元素一直被挪移到选秀节目之中，今天只是运用得更彻底一些。

《超级女声》是 RPG，粉丝追随偶像在舞台上一路披荆斩棘闯关打怪一对一 PK 对手最终加冕。《偶练》和《101》则是养成游戏，粉丝倾注真情实感也倾注真金白银，就为了帮助偶像 C 位出道。

同人、CP、性转、鬼畜、锦鲤、表情包，哪一个不是二次元？连李宇春都在唱《普通 Disco》了，还有什么能不二次元？

以上，就是《偶练》和《101》给我们造星新方式的启示。

# 娱乐报告之综艺：踏实做内容，才能活下来

文 / 罗屿

筹备《一本好书》时，导演关正文问演员黄维德："在节目里，你可以不像以前那样帅吗？"

"当然可以。"黄维德答。

于是两人约了一起试妆。

然而每次黄维德从化妆间走出来，关正文总说："不够脏。"无数次调整之后，关正文终于觉得"对了"，眼前的黄维德，正是自己心中的思特里克兰德——毛姆在小说《月亮与六便士》里塑造的那个画家，为了不负内心热情与理想，甘愿成为众人眼中不可理喻的疯子、执迷不悟的傻子、冷酷无情的负心汉。

"黄维德扮演的这个角色太重要了。如果他只是'渣'，没有足够的魅力，这个人物和这个故事就不成立。"

《一本好书》节目，王劲松饰演沉睡在定陵、具有上帝视角的老年万历，以串演的方式将老、中、青三代万历同台的一幕幕场景连接了起来，带领观众进入暗流涌动的万历十五年，剖白万历的一生。（图由被访者提供）

　　一般而言，这样的选角、定妆环节不会出现在一档读书节目中，这也正是《一本好书》的创新之处：以书为源，将经典书籍进行影视化改编，以舞台戏剧、片段朗读、影像图文插播等手段，呈现书中的情节冲突、人物性格、优美语言，拉近原本单调、晦涩的读书节目和大众阅读需求的距离。

　　"就像以往说起《红楼梦》，总说人物描写手法如何高妙，王熙凤怎么未见其人先闻其声。而这些，和大众阅读的动机、兴趣一点关系都没有。"在关正文看来，《一本好书》摒弃的正是此前读书节目对书籍的学术化解读，意在促进精英化阅读向大众化阅读转变，"我们希望，有趣的书可以被有趣的人读到"。

## 《见字如面》的"进阶版"

　　在打造《中国汉字听写大会》《中国成语大会》等文化节目后，做一档有影响力的读书节目，成为关正文的心愿。因为"读书不是为了应对考试，不是为了炫耀学问。好书可以调试个体与他人、与社会的关系，可以丰富、提升自己的生命价值"。

　　然而将想法付诸实际，并非易事。关正文坦言，研发读书节目困难重重，在这期间他意外发现了读信的节目模式，于是在 2016 年推出《见字如面》。可以说，《见字如面》是《一本好书》的"副产品"，《一本好书》则是《见字如面》的"进阶版"。"两档节目在提供多元认知价值、激发个体独立思考上，是统一的。"关正文强调道。

　　恰恰是《见字如面》的成功，激发了关正文场景化演绎书籍的灵感，"影视化是让图书生动化的一种有效手段"，关正文决定，利用影视特长推广好书，将一本好书变成真正可观、可看、可触的真实场景。

首期节目中，《月亮与六便士》的作者毛姆从 1919 年穿越到 2018 年。扮演毛姆的演员赵立新从舞台一侧缓缓而来，开始自我介绍："我是一个刚刚出道的作家，正在努力混迹于伦敦精英社会的圈子……"此后，书中精彩片段渐次展开。当黄维德扮演的思特里克兰德在舞台上愤怒喊出"我必须画画，我身不由己！一个人掉进了水里，不管他游得好不好，他必须挣扎，否则他就得淹死！"，观众无不感受到他对于理想的狂热与坚定。

第二期选择的，是历史著作《万历十五年》。对节目组而言，演绎此书非常冒险。因为它是历史著作，没有现成的戏剧对白。"但是我们在书中，看到了人与人的个体冲突，看到了人物的内心活动，看到了万历的孤独、痛苦与挣扎。"关正文最终决定，以死后的万历回顾生前往事作为戏剧内容。为此他请来"仙风道骨"的老戏骨王劲松。节目中，王劲松饰演的满头白发的万历皇帝从陵墓中起身，缓缓回述自己饱尝无奈的一生。此后，年幼、年少、年老，三代万历在同一时空互相对望，让观众真切感受到一位皇帝的无奈与哀伤，恰如剧中万历所说："我死了，你们叫我神宗。我真的努力过，但是我成不了神。"

## "大众阅读的试衣间"

节目第三期《三体》播出前，关正文和节目团队开玩笑："今晚大家提前准备危机公关。"因为在前期选定该书时，无数人和他说："别蹚这个雷，迄今为止几乎所有的改编都没有得到三体迷的认可。"《三体》被称为"史上最难改编小说"，因为它叙事宏大，且蕴含对人类社会以及对不同文明的思考与观察。所幸的是，节目播出后，在三体迷中口碑不错，还有评论表示，尽管节目只是截取《三体》宏大世界的片段，但仍然让人看到原著所描绘的绝望与深情。

就在大家以为《一本好书》是以戏剧演绎名著时，节目第四期请来了王自健。他用脱口秀形式，以"我们的故事"为主线，为观众拆解《人类简史》：为何黄种人、黑种人、白种人，都是"非洲人"的后代？人类曾是"超级大吃货"，几百万人在几万年里轻松吃光了当时世界上 80% 的大型动物品种，甚至灭绝了所有其他的人类？凭什么人类这种跑不快、跳不高、吃得又多的群体成为地球的主宰？人现在为什么老爱腰疼、背疼、脖子疼？现代生活离不开的"买买买"，竟然是来自虚构的诱惑？"我们把名著转化成视听产品加以呈现，对每一本书都有特定的形态开发。"关正文同时强调，节目选定的图书，都与现实产生勾连，且对整个人类文明进程产生重大影响。

在演绎《万历十五年》那期节目的结尾，王劲松对着观众说："黄仁宇写我的这本书，还有很多有意思的事。他还写了海瑞、戚继光、李贽的故事，这些人，没有一个是善终的。你们慢慢看吧。"

剧中万历说的这句话，刚好说出关正文的心声：希望观众在看完节目之后，沉下心，拿起书。在他看来，《一本好书》只是"大众阅读的试衣间"。"我不期待大家从头到尾把节目看完，看一段，有兴趣去读书了，欢迎你随时走。一直看到底的，我们也会告诉你，这才是书的一半，欲知后事如何，赶紧去看书。"

## 相对创新而言，资本更支持复制

将经典著作进行影视化改编，在关正文看来，节目组并不追求《一本好书》的独立价值。"我们追求的是与原著尽可能地贴近。作为这档节目的编剧，如果你一心想推荐好书，没想自己成为前台大腕，可能杂念就会少些。整个改编过程，特别像在做读书笔记。"

因为保持敬畏，做《一本好书》其实步步是坎儿。"改编时每一小段文字都要琢磨很长时间，永远战战兢兢。进棚搭景拍摄，每进入新的一期，每面对一本新书，我都有一种强烈的担心，不知道能不能录好，不知道对不对得起这本书。"关正文常常觉得，如果资金更充裕，如果每本书的拍摄时间不是被压缩至两天，"从容地拍，可以做得更细致"。

自 2017 年《见字如面》《朗读者》《中国诗词大会》等"清流综艺"在收视与口碑双线飘红后，广告市场逐渐认可了文化类综艺。但 2017 年年末关正文在接受《新周刊》采访时就提到，"一个单品的成功，不能看成这一类别的胜利。文化类节目，或说内容价值类节目的整体热度远不像很多人描述或鼓吹的那样。所谓'风口'之说，更多的是传媒的浮躁，是投资的盲目鼓噪"。

回顾 2018 年，文化类综艺确实表现平平。除了开年时《国家宝藏》《声临其境》热播，鲜有节目在一众综艺中杀出重围。10 月 8 日《一本好书》开播，首期节目豆瓣评分达到 9.3 分，关于文化类节目"回暖"的声音开始出现。据悉，除了已经播出的《一本好书》《诗意中国》，《上新了！故宫》也蓄势待发。

但文化类综艺是否真的可以打破窘境？又该如何打破窘境？

在"今日头条"2018 年发布的《中国文化综艺白皮书》中，有一项关于"文化综艺节目的什么要素最吸引你"的调查。其中，"精神内涵 / 价值导向"成为第一要素，受访者选择占比接近七成；选择"节目创新性"的比例也接近六成。

与此调查形成呼应的是，很多业内人士认为，文化类节目的同质化，恰恰是让观众产生审美疲劳的原因之一，而文化类综艺同质化又与资本有着很大关系。文化类综艺本质上也是一款产品。资本更倾向于投放那种已经有数据支持、经验判断的产品。相对创新而言，资本更支持复制。

"生产精神产品，没有所谓'风口'、大势、市场红利，只有真诚与热爱。"在关正文看来，文化类综艺的同质化在于很多所谓的文化投机者，"他们并非真的喜欢内容价值，而是为了某种特别浅近的投机需求，把精神产品的生产当成纯粹的买卖，生产者的目标是成为经济英雄"。关正文不知道这是不是合理，但它至少违反文化生产的基本规律。"制作文化类综艺，这不是一个发财的行当。通过做精神产品去实现经济英雄的梦想，不如直接做一些更挣钱的事情。在这个领域想成为经济英雄的，可能会摔得很惨。踏实做内容，没准还能活下来。"

# 娱乐报告之纪录片：最能打动人的，还是人味儿

文 / 宋爽

和网购平台无处不在的"高仿"包包一样，"高仿"不幸成为中国综艺的新标签。

与之相对的，则是国产纪录片大量原创内容的输出。悠久的历史，多样的自然环境，剧烈的社会转型，经济的飞速发展，凡此种种，都使得我国成为纪录片的热土。

2018 年，北京师范大学举办"国际视域下中国纪录片产业与传播论坛"，并

发布《中国纪录片发展研究报告 2018》。据统计，2017 年中国纪录片生产总投入为 39.53 亿元，年生产总值为 60.26 亿元，同比增长分别为 14% 和 15%。中国纪录片已形成一个以专业纪录频道、卫视综合频道为主力，以新媒体为重要支撑的基本格局。

## 除了生死，都是小事

纪录片《生门》的播出，让生孩子这件事不再是一个家庭的私事，而是延伸到对医疗制度、家庭矛盾、女性地位以及诸多社会问题的全民探讨。

近几年，关注生老病死等终极话题的医疗类纪录片备受追捧，它们所展现的人道主义、医患矛盾以及社会议题，和每一个人的生活密切相关。从最初的《急诊室故事》到《生门》《人间世》，再到《生命里》《生命时速·紧急救护120》《生机无限》等，它们记录了一个普通人在一生中所面临的最大危机究竟是何种面貌，引发了巨大的共鸣。

其中，探讨临终关怀的纪录片《生命里》立意独特：当生死抉择来临时，我们能否有尊严地离开？可以说，再没有哪个时刻比死亡来临之时更能让人明白生命的价值所在了。

目前，安乐死在中国尚未合法化，但有很多人渴望走得更有尊严、更体面。《生命里》展现的就是处于初级探索阶段的中国式临终关怀。上海临汾路街道社区卫生服务中心舒缓疗护区有一栋三层小洋楼，名为"安宁病房"。这里的人大部分处于癌症晚期，不愿意全身插管在医院痛苦地死去，而是希望有尊严地等待死亡的来临。片中一位护士说道："不

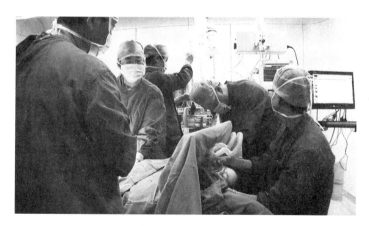

在纪录片《生门》中，一位大出血的产妇冒着生命危险求保住子宫。图为医生对她进行抢救

只是优生，优死也是一个人应有的基本权利。"如何让不体面、屈辱和痛苦在生命的最后一刻降到最低，是临终关怀的终极奥义。

除了生老病死，生命质量中的另一个重要环节——睡眠，也逐渐成为这个时代语境中不可避免的一部分。纪录片《追眠记》揭示了中国人普遍遭受睡眠质量困扰的事实。该片认为，睡眠是一个人生存状态的直接反映，睡眠不仅仅是生理需求，"也是一种文化构建"。该片从失眠者的角度切入，一窥他们背后隐匿的社会问题。

《追眠记》中，以群体来划分失眠者。比如，抑郁症患者。中国目前抑郁症患者达 5400 万人，中重度抑郁症患者几乎每天睁眼到天亮，全靠安眠药支撑。再比如，独居老人。全中国登记在册的独居老人有 5000 万人之多，片中拍到的独居老人，"睡得好就是睡三个小时"，他经常在夜里惊醒，和同病相怜的老朋友去田间散步。另外，摄制组跟拍了两个长途司机，发现他们在三天四夜里奔袭 2500 公里，睡眠时间仅 10 小时，而全中国有 3000 万这样的人。媒体行业则被称为中国睡得最少的行业，媒体人每天的平均睡眠时间为 6.5 小时；北京则是中国加班最多的城市，市民一年通宵加班次数超过 12 次。

## 一个对"吃"狂热的国度

从《舌尖上的中国》开始，中国的美食纪录片开始了精细化制作。高清设备拍摄的画面，细心雕琢的文案，对景致之美的极端要求，使得美食纪录片大受欢迎。

睽违三年后，陈晓卿交出了新作《风味人间》。这部美食纪录片于 10 月 28 日播出，仅播出一集就得到了如潮般的赞誉。豆瓣用户"浮灯"写道："山川依旧，美味不改。美食纪录片少了陈晓卿，如同佳肴短了一道调味。最喜欢的是海报上的镖鱼手，少年理想熠熠生辉。"

和"舌尖"系列不同，《风味人间》不仅展现本土食材，还走向世界。在探访了六大洲 20 多个国家之后，陈晓卿认为："东西方有很多不谋而合之处，《风味人间》以世界美食为参照系，告诉你中国从来不是孤岛，国外美食同样能引起大家的共鸣。"

食物和人的关系一直是陈晓卿热衷的主题。《风味人间》中的最大亮点，无疑是镖鱼。巨浪中，镖鱼手站在毫无防护设施的船头，手持长镖，和"海中的短跑冠军"旗鱼厮杀。经历了数次失之交臂之后,镖鱼手终于得手:就是那一刻!长镖稳准狠地投入海中,正中目标。此时此刻,人和自然界的关系,食物背后的故事以及原始的爆发力,得以集中呈现。很多网友认为这是美食纪录片中里程碑式的一刻。食物,不再是静态的、丧失生命力的盘中美味,而是人类和自然力对抗的结果。

另一部霸屏的美食纪录片是《人生一串》。导演陈英杰对这部片子的期望是"让人看了能流口水",事实也确实如此。烧烤所带来的一切美好体验,几乎都在《人生一串》呈现出来。

豆瓣用户"金利是个省油灯"评论道:"烧烤应该是一个美妙的返祖现象。从石器时代开始,几十万年的进化,人类第一次的快乐体验,或许就是围成一圈用火烤肉带来的。"

一部美食纪录片,能够勾起人们的口腹之欲,还能令人在大快朵颐之时感悟人生种种,这大概就是人们在夏夜吃串喝啤酒的真实体验。作为国内首部关注烧烤题材的美食纪录片,《人生一串》的切入角度,使其成为中国市井人情的最佳写照。和口碑扑街的高仿版《深夜食堂》相比,《人生一串》成就了一次彻头彻尾的本土化胜利。

## 大时代里的普通人

导演佟晟嘉将镜头对准一个看上去不太普通的普通人,成就了纪录片《大三儿》。该片主人公大三儿身患残疾,人到中年一无所有,在一家铜业公司上班。他一直想去趟西藏,尽管遇到了重重阻挠,最终他还是站在了珠峰大本营上。

佟晟嘉在《大三儿》的制片人手记中写道:"《大三儿》里有当下中国普遍现实里的人的处境和可能性,他既不特殊,也不愤世嫉俗,他不露痕迹地活着,挣扎,接受,充满尊严,这里有我看见和理解的大多数普通中国人很可贵的一面。我们想把这种可贵呈现给更多的普通人,乃至全世界。"

和大三儿一样不普通的普通人,还有 2017 年爆红的"红毛皇帝"顾东林。他标志性的红头发和疯狂的舞姿,在"快手"上得到病毒式传播。导演岳廷找到住在郑州火车站旁边的顾东林,给他拍了一部《红毛皇帝》。

像顾东林这样通过视频平台一夜爆红的普通人并不稀有。媒介平台也在塑造中国不同阶层的群像,有人评价道:"中国的人口构成如果是一座金字塔,那么抖音是腰部以上，快手就是整个金字塔。"像顾东林这样的群体，展现的正是当代中国的一个侧面。

《公务员》是导演谢卓颖的一次大胆尝试，他选择了一个很窄但有着典型意义的切入口：公务员培训。机械化、超强度，如同高考一样具备命运转折神力的公务员培训，可以一窥这个群体的焦灼和背后的权力之争。

另一些时候，普通人的生活则显得踏实而富有情趣。《四个春天》就是如此，导演陆庆屹拍摄了自己年逾古稀的父母在黔南小镇里朴素而真切的生活，令人神往。该片和以往农村题材所展现的粗粝、痛苦和闭塞的生存状态拉开距离，也让人心旷神怡了一把。

## "顽固"的匠人和年轻的历史

2016 年，纪录片《我在故宫修文物》在豆瓣上的评分高达 9.3 分，匠人精神的风头一时无两，普通人和文物之间的关系也被重新定义。2017 年的《如果国宝会说话》，使得匠人精神在一件件国宝身上得到了最优雅、最精美的展示。而该片年轻化的设计让人眼前一亮，动画、网络热词以及幽默感被注入这些古老的文物，让大量年轻观众对中国悠久的历史产生兴趣。

2018 年 7 月，《如果国宝会说话》第二季开播，有几百年乃至上千年历史的国宝获得新的解读角度，拉近了它们跟现代人的距离。海报上，跪射俑的下方写着"放低自己"，曾侯乙编钟的配文是"duang"，木雕双头镇墓兽的自我介绍则是"我头上有犄角"。

除了陶器、玉器、青铜器，《如果国宝会说话》第二季新增了漆器、石刻、简牍、织锦等文物类型。通过展示文物，中国不同历史时期人们的生活、审美和价值取向被一点点解读，变得鲜活。

此外，首档亚洲手工艺微纪录片《了不起的匠人》讲述了亚洲顶尖手工艺人的作品和人生。2018 年《了不起的匠人》第三季播出，以"师徒"为主体，展现了中国社会最为厚重的人情味，手工艺人之间的传承和人情流动，令人惊叹。在浮躁的当今社会，匠人往往有一种不识时务的笨拙感。一辈子只干一件事的人越来越少，而这些"顽固"的匠人，正在用沉默的劳作抵抗快节奏的消费社会。

# 《国家宝藏》让五千年的文物活了过来

文 / 罗屿

近几个月，《国家宝藏》节目组最常收到的网友留言是"日常催更第二季""自觉点，把第二季的播出时间说出来"。节目组则"傲娇"回复："哼哼，今年第四季度的某一天。"

这样的互动，很有《国家宝藏》风格。

自 2017 年 12 月 3 日开播后，这档在制作时多次被人认为沉闷难做的电视节目，却在第一期播出后就获得豆瓣 9.3 分评价。在 B 站上线后，《国家宝藏》也一夜燃爆成了"流量大户"。打开视频，"此生不悔入华夏""今生何其有幸，得炎黄赐名"……一条条"极致赞美"或说"深情表白"的弹幕铺满整个屏幕。

很多人说，央视这档历时两年零七个月制作的节目，之所以火了，在于它一改往日博物馆严肃权威的形象，引入诸多娱乐化方式展现国宝魅力。在第一季节目中，包括故宫博物院在内的 9 家国家级重点博物馆悉数到位，拿出镇馆之宝，9 位馆长共组"护宝天团"。同时，节目组邀请明星守护人演绎国宝"前世传奇"，素人守护人讲述国宝"今生故事"，节目最终以集纪录片、舞台剧、真人秀等多种艺术形态于一体的"混搭"模式呈现于人们眼前。一度被认为高冷疏离甚至"正经到骨子"的文物，在节目中变得轻盈生动且温暖。

在《国家宝藏》策划之初，有人问制片人、总导演于蕾这档节目的受众定位是什么，回答是"从 3 岁到 80 岁"，因为在于蕾看来，博物馆本身面对的就是所有公众。"不过调查显示，年轻人最终成了最爱我们的一批人。我们的主体受众在 15 岁到 35 岁，且量最大的是 20 岁到 25 岁人群。"

B 站混剪、刷屏弹幕、秒拍说唱、拟人漫画……年轻人用自己的方式来支持节目，这让于蕾有点意外。但《国家宝藏》能够收割年轻粉丝的心，也在情理之中，就像于蕾在解读创作过程时说的："什么是'history'？ history 就是'hi, story'。我们向自己的故事问好，然后把我们的历史变成'high story'传递给所有人。"

## 上下五千年的历史一直如此鲜活、强烈地流淌在一个个年轻的生命里

其实《国家宝藏》在策划最初，就全力与年轻的心"超级链接"。

2015 年节目刚刚立项时，于蕾曾去英国参加为期 42 天的电视节目编导培训。在英期间，游览大英博物馆，她遇到一位志愿讲解员——90 后青年"单小胖"。

"单小胖"给一群年轻人讲中国陶瓷馆里的千年流转，从元青花的舶来史到鸡缸杯的传奇，从"金粉世家"与陶瓷烧造的掌故到现代景德镇的巅峰技艺……完全是原创的讲解逻辑，但声情并茂，有情有趣。于蕾瞬间被圈粉，上前与"单小胖"攀谈，原来小胖同学是伦敦大学亚非学院留学生，完全是义务在大英博物馆给大家讲解中国文物。因为他觉得历史"特别可爱，特别浪漫"。

说这话时，"单小胖"眼里闪着喜悦的光，就像在谈论一个心仪的姑娘。"像谈恋爱一样研究历史"成了于蕾给"单小胖"的评价。此后，小胖同学成了《国家宝藏》的编外策划，"有他的策划会总是不缺激情"。

与"单小胖"的偶遇，让于蕾对 90 后刮目相看，"原来上下五千年的历史一直如此鲜活、强烈地流淌在一个个年轻的生命里"。

回国后，在调研时与 B 站的接触，让于蕾加深了这种感触。B 站的工作人员告诉她，90 后普遍特别爱国，而且极其阳光向上。他们从出生就看着祖国欣欣向荣，因此特别能被展现祖国伟大、文明灿烂的内容所燃爆。另外，B 站上最火的 IP 是 20 世纪 90 年代的电视剧《三国演义》。"年轻人不是传说中那般只喜欢浅薄的东西，相反，他们对知识、对好的内容充满渴求。"

正是年轻人给了于蕾启发，她开始思索"让我们真正屹立于世界民族之林的东西是什么"。于蕾记得复旦大学钱文忠教授在一次演讲中提到，很多人讲梦回大唐，但有多少人记得大唐的 GDP？普通人认同大唐，是因为那个时候有李白，有杜甫，有我们文化最灿烂的东西。

正是有了这些思考，于蕾为《国家宝藏》定下更为具象的目标：让更多年轻人爱上历史、文化，爱上博物馆。因为"每一件国家宝藏，从来都不是与世隔绝的。古往今来，它都与你我有关。正是它决定了你为什么有现在的生活方式、

民族性格。你血脉中流淌的所有东西，都来自它的召唤"。

既然要与年轻的心"超级链接"，就要选择年轻人喜欢的节目形式。

比如"001 号讲解员"张国立有句固定的出场词："我们是一个年轻的节目。我们有多年轻呢？也就是上下五千年。"此话一出，满屏"泪目""壮哉"之类的弹幕。

在于蕾眼里，"国立老师是个特别有情怀的人"。她记得《国家宝藏》开播新闻发布会前一天，张国立在浙江乡下拍戏，"他拍完戏凌晨 4 点赶飞机回到北京参加发布会。他就觉得这个事好，得参加"。张国立有一次和于蕾开玩笑，说参加了《国家宝藏》，自己不仅敢和王刚、张铁林攀谈文物，而且家庭地位也提升了。"他说'以前一天到晚录节目，邓婕从来都不表扬我。但录完《国家宝藏》，回到家，邓婕就给我煮面吃'。"

除了张国立，《国家宝藏》中还出现了李晨、王凯、梁家辉、段奕宏、撒贝宁、刘涛、黄渤、雷佳音……"捆绑"明星，是于蕾构思节目时就设想过的。"明星的参与可以带来观众的流入，这是公众人物最大的价值。"

## 基于史实的合理虚构，让国宝真的活起来

但让明星参与一档文博节目，让他们走进博物馆拍摄，并演绎一段从庞大史料中提取的改编剧本，并非易事。刘涛就曾看到递到手里的 8 分钟剧本，像一集电视剧本一样厚，怕自己表现不好有点焦虑。梁家辉也曾担心自己"在国立老师边上讲文物会不会很傻"。

在于蕾看来，虽然"捆绑"明星，但《国家宝藏》对明星的使用非常纯粹。"他们是带着观众的眼睛走近文物。所有明星在这个节目里都很谦卑，因为文物才是节目主角。"

正是在这样的原则下，每个明星都在尽心"为国宝服务"。最初，节目组觉得妇好鸮尊守护人刘涛手里拿的兵器钺非常沉，担心她一个弱女子拿不动，就只给她设计了一些小动作。但刘涛认为自己演的是一个为商王武丁打了无数胜仗的女战神，一定要做大动作，以至于录了几次之后，刘涛手都在抖。而云梦睡虎地秦简的守护人撒贝宁，在演出时加入了许多即兴表演，上演了一出"秦朝版《今日说法》"。

就像历史剧往往不是情景还原，而是被创作者赋予了某种当代表达，《国家

宝藏》中明星参与演出的国宝"前世传奇"，节目组会在字幕打上"基于史实合理虚构"。

比如在第一期节目中出现的北宋画家王希孟传世的唯一作品，纵长 51.5 厘米、横宽 1191.5 厘米的《千里江山图》卷，虽然它比妇孺皆知的盛世画卷《清明上河图》还要长 6 米多，但由于王希孟献画后销声匿迹，后世对《千里江山图》卷以及王希孟的研究只能基于宋徽宗宠臣，也就是这幅画第一位主人蔡京的一段题跋："政和三年闰四月八日赐。希孟年十八岁，昔在画学为生徒，召入禁中文书库，数以画献，未甚工。上知其性可教，遂诲谕之，亲授其法，不逾半岁，乃以此图进。上嘉之，因以赐臣京，谓天下士在作之而已。"

"所以人物性格、戏剧冲突与矛盾，都是我们根据这段题跋以及蔡京的历史形象猜测演义的。"于蕾表示，在这段"前世传奇"结尾，节目组还赋予了它一个更大的历史观：宋徽宗望着《千里江山图》卷说"这是大宋的千里江山，更是朕梦寐以求的千里江山"。"宋徽宗希望大宋的江山可以延绵不绝，万世流传，只是他没有守住——13 年后，靖康之乱，宋徽宗被囚。这个结局让人唏嘘。"

与《千里江山图》卷参考资料相对稀缺不同，有些国宝的史料丰富，这时节目组在创作"前世传奇"时又该如何取舍？

比如战国时期秦国遗物石鼓，被人称作十块命最硬的石头。唐朝时期，石鼓横空出世，从安史之乱便开始了逢战乱则销匿、遇盛世则现身的坎坷之路，而历朝历代文人名士都竭尽全力寻找石鼓，更有不少人与石鼓结过缘。

石鼓受人追捧，在于它们身上的神奇文字——看似只记录秦国君主征战、渔猎之事，却能证明《诗经》是孔子编订而成，而非后世增补。另外，石鼓上原刻有 718 个字，用大篆体书写，是汉字从金文到小篆演进历史过程的活化石。

最终节目组以司马光与他的父亲司马池作为主角，演绎了一段有关石鼓的故事：司马池受宋徽宗之命寻找石鼓，而找来的第十块石鼓被怀疑是假的。司马池在内心挣扎后，最终选择誓死寻找尚未复现的最后一块石鼓的下落，而这也感化了未来编纂通史的司马光。

虽然这是一个未见于《宋史》的故事，但节目组在查阅大量史料后发现，司马池受命寻找石鼓时，司马光恰好七八岁，大概就是砸缸的年纪，而且史载司马池非常喜欢这个儿子，走到哪里都愿意带着他，所以节目组按照历史的时间点进行创意，将寻找石鼓与司马光砸缸两个故事糅合在一起，目的是塑造父子之间传承中华民族文字、文脉的决心。"当我们进行一个艺术创作时，当我们面对一件国宝时，其实是用我们的联想让一件本来静止的国宝有了它自己的情感，有了它自己的温度，有了它自己附着在上面的一个人的生命。"于蕾说，"于是，一件国家宝藏就真的活起来了。"

## 国宝之所以被称为国宝，是因为通过它可以看到一个时代的印记

当然，所有虚构首先要保证的是没有"学术硬伤"。《国家宝藏》中"前世传奇"的剧本由编剧组、导演组和专家团多次讨论打磨完成，而在节目播出前一周左右，节目组还会把8分钟成片拿到提供国宝的相应博物馆，请博物馆专家再做审核。据说，第一集呈现的故宫三个文物短片，专家就曾提出关于年代、台词等几处细节还需推敲，节目组依此做了修改。

在保证避免"学术硬伤"的同时，节目组与专家沟通过程中也会有自己的坚持。这种坚持，更多体现在究竟以何种标准甄选出每家博物馆的三件国宝。

在《国家宝藏》前期调研阶段，于蕾会带着团队成员来到各家博物馆，请博物馆专家从馆藏中推荐文物。于蕾记得，最初9家博物馆推荐的27件文物中，有19件是青铜器，"大家都想把最古老、最精美的藏品示人"。但相比珍贵性、地域性，节目组更注重那些在中华文明发展进程中具有代表性意义、节点意义的文物。"我们想按照中华文明见证物的标准选择文物，我们看重的是文物背后的人文精神。"

比如，节目中出现的大报恩寺琉璃塔拱门，最初并没有出现在南京博物院文物推荐单上，但被誉为"中世纪世界七大奇迹"之一的大报恩寺琉璃塔的故事，却打动了节目组。

建于明永乐年间的大报恩寺琉璃塔共9层，高78.2米，通体用琉璃烧制，璀璨夺目。1655年，随着荷兰东印度公司使团的到访，大报恩寺琉璃塔开始风靡欧洲。东印度公司的随团画师约翰·纽霍夫绘制了多幅琉璃塔画作，后来以铜版画和游记的形式在欧洲出版，迅速引发欧洲的"宝塔热"。欧洲各国开始争相模仿大报恩寺琉璃塔建造"瓷塔"，英国就是头号粉丝，在皇家植物园内修建了一座中式宝塔，取名邱园宝塔。值得一提的是，中国的佛塔层数都是单数，但欧洲仿造的塔却都是10层。据说是因为画师纽霍夫画错了，大家都参照他的画，也就全建了10层。

虽然大报恩寺琉璃塔最终毁于"太平天国"战事，但它在西方的影响力一直

延续到今天：它被印在很多中餐外卖盒上，在西方人心中，它仍是代表着中国的文化符号。

藏于南京博物院的琉璃塔拱门，是由修缮之用的备用构件复原而成。如于蕾所说，当这座拱门现身于《国家宝藏》的舞台，"我们仿佛看到那座经过匠心打造、通体琉璃、闪闪发光的宝塔，在江南盛世的背影里，高耸云日，佛灯永明"。

出现在节目中的铜鎏金木芯马镫，在一开始也没进入辽宁省博物馆提供的文物备选单。博物馆方面还打来长达一个多小时的电话，与节目组探讨马镫是否为一个好选择。

因为马镫原品的内部是木芯，不易保存，已经变形，只剩下表面的铜片，而馆内展出的是带有铜片原品和木芯复制品的组合，如果要展现原件，并不好看。

但于蕾认为，铜鎏金木芯马镫的价值在于它是"某一重大历史转折，或说某一文化鼎盛的见证"。铜鎏金木芯马镫于 1965 年出土于辽宁省朝阳市北票县北燕冯素弗墓，是现有的有明确纪年的最早的一副双马镫实物。"正是中国人发明的双马镫，此后通过丝绸之路传到欧洲造就了欧洲的骑士时代。一个小小马镫，改变了中国乃至世界的骑兵史，同时催生了 16 世纪的英国马术运动。"

在于蕾看来，国宝之所以能被称为国宝，不仅仅因为它本身，更是因为人们能通过它看到一个时代的印记。这也正是《国家宝藏》选择文物的标准："石鼓不是石鼓，是中华文字；云梦睡虎地秦简不是秦简，是中华立法；越王勾践剑不是剑，是尚武精神；曾侯乙编钟不是编钟，是华夏礼仪。"

## 有了情感的相连，一件文物才有了温度

讲述铜鎏金木芯马镫的"今生故事"时，《国家宝藏》为其找到的素人守护人是 2008 年北京奥运会中国马术三项赛骑士、2016 年里约奥运会唯一的中国骑士华天。"华天有一半中国血统，在英国长大，又带着马术运动回到中国，代表中国参加奥运会。"在于蕾看来，这是一个特别好的轮回故事，"一位年轻的骑士踏马归来，续写了华夏古国的'马镫传奇'。"

在寻找国宝今生守护人时，节目组有很多准则，其中重要一点，是要体现国宝与各行各业、各年龄段的关系。有时在进行搜索时，他们还会加入一些词条，比如文物名称加"90 后"。依此方法，节目组为宋人摹顾恺之《洛神赋图》

找到了今生守护人——中国美术学院教师叶露盈，这个90后曾提笔作画，用漫画形式重现《洛神赋图》。于蕾觉得，叶露盈身上有一种新鲜的美，"这种美能给人信心，让人相信无论多么古老的文物都能感染年轻的生命，都能跟'生机'二字产生永恒的化学反应"。

还有一些今生守护人，听起来和他们守护的国宝似乎没有任何关联，比如节目组为云纹铜禁找到的守护人吴庆辉，是一名航空发动机涡轮叶片科研人员。之所以选择他，在于古老的云纹铜禁与今日航空发动机中的核心零部件涡轮叶片，都采用了古人发明的同一种制造工艺——失蜡法。

于蕾至今记得第一次见到《云梦睡虎地秦简》今生守护人、湖北省考古研究所前所长陈振裕的情形。当年，正是陈振裕亲手挖出云梦睡虎地秦简以及越王勾践剑。"老先生来的时候带了一大袋资料，问他任何关于秦简的问题，他都如数家珍地从自己带的书本、资料中翻给我们看。"通过与陈振裕的沟通，节目组更为深刻地体悟到"文物不是尘封的古董"，就像《云梦睡虎地秦简》，这部年代最早、条目最全、内容最丰富的成文法典，其中就记录着很多在今人看来仍具深刻意义的法律与道德观念，比如，这里有最早的"消费者权益保护法"，规定物价必须明码标价；这里提及，审讯的时候不能严刑拷打，只能以理服人；这里规定，见义不勇为要受罚；这里还记录了古人最传统的环保观念，春二月不准捕鸟，不准捉野兽，不准砍树。另外，《云梦睡虎地秦简》中还提到如何对官员犯罪严格防范——"府中公钱私贷用之，与盗同法"，即挪用公款，视为盗窃，官员交接时要进行"离任审计"。

或许陈振裕与节目组想要传达的，正如《云梦睡虎地秦简》"前世传奇"中，撒贝宁的那句念白："我们终会一死，竹简也必将会腐朽，但是这些律令背后的精神，一定会延绵后世千年。"

《国家宝藏》播出后，于蕾和团队成员将创作成果立字成书，她希望"这些伟大的文明、灿烂的智慧，不仅可以在节目中点燃众人沸腾的热血，还能以一种更为温润持久的方式，走进千家万户的生活"。在于蕾看来，节目组所做的这一切，也许都只是一次抛砖。登上节目的文物不过沧海一粟，上下五千年文明，一档节目刚刚揭开了小小一角。

新周刊
NEW WEEKLY
2018 年度佳作

# 云爱：云时代的
# 欲望文本与情感纠葛

从前的日色变得慢 / 车，马，邮件都慢 / 一生只够爱一个人。（木心）

在古代，我们不短信，不网聊，不漂洋过海，不被堵在路上，如果我想你，就翻过两座山，走五里路，去牵你的手。（胡淑芬）

今天，我们的爱情，在微信、QQ、微博里；在贴吧、论坛、二次元 APP 里；在电话、短信、Face Time 里；在游戏、直播、相亲节目里；在唱 K 时点的歌、朋友圈晒的图、直播时打的赏里；在平日斗的表情包、喷的段子、刷的弹幕里……

云时代的每一个文字、表情、符号和图像，都流淌着我们的欲望和情感纠葛。太多的爱情慢不下来，太多的爱情谋求即时兑现，太多的爱情有了老旧、远近、深浅、浓淡、虚实、灵肉之分，太多的爱情只剩一朵玫瑰、一颗红心、一张红唇，一句"在吗""约吗""me too"。

我只拥有此生，只够爱你一个人。

在古代，我只能这样 / 给你写信，并不知道 / 我们下一次 / 会在哪里见面。……在古代，我们并不这样 / 我们只是并肩策马，走过十里地 / 当耳环叮当作响，你微微一笑 / 低头间，我们又走了几十里地。（翟永明）

# 云爱十式

文 / 阿饼

## 吐歌词——感谢永远有歌把心境道破

王家卫曾经问一个演员"I love you"怎么翻译，演员说："我爱你。"

王家卫纠正："怎么可以这样讲？应该是我已很久没有坐过摩托车，也很久没有如此接近一个人，虽然我知道这条路不是很远，我知道不久我就会下车，可这一分钟我觉得好暖。"

将一句话从质朴无味说得千回百转，是"云爱"的基本意蕴。歌词是表达爱意的最好方式之一。

陈奕迅唱过无数动人情歌，多让红尘男女借以表达爱意。而《床头床尾》，是他献给太太徐濠萦的歌。为不显老套，剔除了歌词里常见的"你我"，加入了"徐徐""潮流内人"等双关语，唱的似是普世爱情，又明明只唱给徐濠萦听。反复吟唱三次的"徐徐入眠沉睡，徐徐入眠没眼泪"，恰好讲述了夫妻生活的三个场景，令人动容。

这首歌最感人的莫过于那句"灵魂但求重聚，灵魂淡然没恐惧"，即"当我爱上你之后，这个世界再无生离，只有死别"之意。陈奕迅在《歌·颂》里，唱出了所有情歌的精髓：感谢永远有歌，把心境道破。

## 玩游戏——从虚拟中"奔现"

美国软件协会最新发布的游戏人口数据调查表明，女性游戏人口数量正在赶上男性玩家。在男女数量趋同的网上虚拟世界，友情因游戏逐渐升温，缘分因交流蔓延不绝，于是各种男女顺理成章地换了 CP 头像与皮肤，从一起开黑到一起吃饭睡觉……爱情因此发生，生活因此丰富，现实和虚拟因此有了紧密的联合点。

基于此，网游圈里发明了一个新词——奔现，即在网游认识的两个人由虚拟走向现实发展，这正应了那句"未曾相逢先一笑，初会便已许平生"。

## 玩直播——"谢谢宝宝点亮"

这是一个感恩的年代。你坐在家里，打开镜头，开始洗脸、化妆、吃饭、抽烟、卖萌、跳舞，甚至睡觉打呼，只要你说一句"谢谢宝宝点亮"，就会有人为你刷鲜花、刷跑车游轮……

数据表明，这些"壕"客大多是在工厂流水线里谋温饱的农民工，他们每个月也许只有 2000 元收入，却可能会投 1000 元给网络女主播。原因很简单，任何人想在知乎跐一跐，起码得是个海归、博士或双一流，在微博跐一跐，至少要有 10 万粉，毋论现实世界中呼风唤雨所需的背景与条件。但在直播里，农民工也好，学生党也罢，只需要送出几个"火箭""卫星空间站"——你就是土豪，你就是配得上女神的英雄，你就是她们俯首帖耳叫唤着的"哥哥、爸爸、老板或总裁"。

打赏换取来的那一点点存在感，也换来了一种卑微又骄傲的爱情想象，让一颗颗脆弱的心灵，在城市里继续苟且下去。

## 斗表情包——你可以不喜欢我，但你不能用我发给你的表情包撩别人

这年头聊个天，没有什么是一个表情包不能解决的。如果有，那就两个、三个……

如果朋友间把这叫作"斗图"，情侣间就叫作"撩图"。"撩"作为一种低成本、少投入并且有可能得到高回报的暧昧技巧，满足了现代人管理情感的方式需求。

这跟恋爱中的两人相处模式有相似之处。首先，你需要丰富的表情包库存。这样才能应各种场景下对方的不同需求——表情包都斗不到一起，如何相爱？语音、斗图和打字都是表达的一种方式，彰显你的性格、品位、趣味和笑点，都是"谈"恋爱。然后，你再顺势站在主导地位，让对方来接你图，慢慢形成

默契。通过这种方式来表达自己的情感和想法，甚至不需要打字就能够聊上一整天。

"你可以不爱我不喜欢我，但你不能用我给你发的表情包撩别人。"有一些表情包，与情侣间送出的礼物、说过的情话、拍过的合影，都一样是那么独一无二、充满回忆与情感。

## P美图——自拍艺术与求偶行为之间的深度关联

在某知名社交APP有个惊人的数据：稍微漂亮点的女生每天都会收到2000多个"喜欢"。在"左滑无感，右滑喜欢"的设定下，第一眼印象极其关键。如果"照骗"不够有力，左滑右滑，不小心你就被划掉了。

换言之，大多数人对你的兴趣根本撑不到聊天这一步——无论男女都一样可谓是"右滑"有门槛，"照骗"帮你忙。

抽烟、比中指、杂乱昏暗的背景、半裸且没有半点看头的半身照、摆拍"到此一游"、满屏塞不下的油腻脸部特写……符合这其中任一特质的照片，通常不只是画质归零，还会让你的求偶可能性归零。

当然，那些把自己PS得跟蛇精一样，拍照总是嘟嘴瞪眼，手边务必是驴牌、马牌和香牌的包，并不忘附上"觉得自己今天好丑""昨晚没睡好，都不漂亮了""大家觉得我美么"等配文的女士也别得意太早。根据吸引力法则，这些在直男眼中就是同一届"培训班"毕业的美皮囊，通常也是有趣的灵魂的质疑对象。

## 晒朋友圈——秀恩爱，婚得快

每一年的最后10天，都是对情侣们的考验：平安夜——秀恩爱否？圣诞节——咋个秀呢？跨年夜——秀啥好呢？元旦节——这也能秀？还没得出结论，除夕夜和春节已迫在眉睫……大概是为了给情侣们多一条"撒狗粮"的解决方案，某社交平台还"助纣为虐"地将5月20日当天的普通一对一红包单个最高金额调整为520元。

那一天，不要打开朋友圈——满屏都是那些晒转账、晒红包的截图照和双人大头自拍照。世界上本没有单身狗，秀恩爱的多了，就出现了单身狗。

此时就不可避免地出现了那句酸溜溜的"秀恩爱，分得快"。讲真，一个人真幸福，多半是不能忍的。他们秀的不是恩爱，是占有欲，是切断所有后路，换一个共度余生的人。若遇到一个不愿在朋友圈和你一起发狗粮的人，大概还是一匹野马，想给自己留下一片草原。所以，还是福建人比较可爱，他们一般都说："秀恩爱，婚得快。"

## 讲段子——你以为的爱情段子，其实是段子爱情

"我喜欢你，我们交往吧。""好。"电话那头爆发哄堂笑声。"你选的是大冒险？"那头的回答冲破层层戏谑："不，我选的是真心话。"

以上这段故事，很难讲清它究竟是一则爱情段子，还是一个段子般的爱情。因为我们不知道结局，这也是网上流传的大多数爱情段子之所以感人的原因。再好的爱情，有时候也不是时间和空间的对手。只是这些热恋时、失恋时的经历，又成了下一则爱情段子的素材。

在百度上搜索"爱情段子"，能找到 350 万条相关的结果。在这个人人都是段子手的时代，一句表白、一场爱情，都可以正儿八经地被当作一场游戏了。好处是大大简化了恋爱的各种仪式。在一起了不必欢天喜地，分手了也不必哭天抢地，微信上的一条消息和手边的一瓶酒就够了。彼此都是开得起玩笑的人，然后大家再继续玩，推杯换盏、觥筹交错都没问题。

## 刷弹幕——刷到 999⁺，表白到处有

2017 年"5·20"当天，北京一对小情侣来了一场"弹幕求婚"，当天领证。但在一众网友看来，这种在某首情歌或视频里发送"我喜欢×××""×××我爱你"的行为，是会遭到举报的，因为违背了"弹幕礼仪"，影响其他用户的观看体验。

每次遇到 999⁺ 的弹幕表白墙，可能大多数人是跟风好玩，但也许有的人是真心。70 后在女生宿舍楼下摆蜡烛弹吉他，80 后在大学的表白墙写心情，90 后则选择了这种高调、公开却需要一点点机缘的弹幕示爱方式——如果你们没有看同一首 MV、动漫或电影，那表白就沉寂在其他无数弹幕中成为沧海一粟。但也不重要了，因为不合适。而一旦隔空相遇，那幸福"密码"就会被秒速解开。

是的，弹幕表白或许不像奉上鲜花与巧克力、当面说出"我喜欢你"那样有意义，但世上本来就有那么多没有意义的东西，多一个又何妨？——反正这也不花钱。

## 唱 K——让那些唱的喝的都成为吸引女孩子景深

别看 KTV 场地小，尽显人生百态、万众性格。在包房里，不管男女都可分成两类：一类是麦霸，以为自己在开个人演唱会；另一类则只顾划拳摇色子喝啤酒，嘴里吼着"劈劈劈"。想在这里吸引女孩子不是不可能，但女人被歌声打动不是那么容易的事情。就像薛之谦若不是拿"十年之约"的由头来唱《安和桥》，估计平时唱一百遍也不能打动高磊鑫和众多女粉丝。

很多人要问了：愁死我了，不会唱歌咋办啊？别慌，KTV 做人和唱 K 是一样的：只要选歌时别为难自己的嗓音，多替人着想，多点微笑和掌声，多点鼓励和包容，适当地点唱，适当地喝酒，适当地交谈，就能作为一股难得的 KTV 清流在喧嚣的人群中脱颖而出。就像电影《志明与春娇》里那样，你反而可以把那些"唱的只顾唱，喝的只顾喝"当作背景景深，把情歌唱给角落里的那位听，在人群喧嚣中找到独属你们俩的静谧一刻。

## 拍 Vlog（视频博客）——满足观看者对未来恋爱关系的憧憬

虐狗无处不在。比起男女朋友一起瑜伽、常年在世界各地手牵手旅行这种高难度"动作"，把平日里两人的生活故事短视频化，也容易让粉丝产生情感共鸣的记忆点、获得流量与变现。YouTube 上早就有一拨这样的成功案例。例如 CTFxC 这一对情侣播客主，是吉尼斯世界纪录里 Vlog 日更新时间最长的纪录持有者——六年了。对于大多数网友而言，这个时间足以让人"重新相信爱情"。南加州大学的一项调查显示，亲密感和原创性是 YouTube 用户关注某个 Vlogger 时最重要的参考因素。

2018 年，中国的短视频也从野蛮生长的时代来到了精耕细作的时代，也出现了一些非常有趣的情侣 Vlogger。例如"井越和八哥"就被很多网友称"有毒"。人们期待从他们身上看到自己的影子或对未来恋爱关系的憧憬：日常就是在家打打游戏，去日本摸摸海豚，主题涣散又悠闲，但就是让人觉得一切都刚刚好。

云爱：云时代的欲望文本与情感纠葛

# 李宗盛：越过山丘，与命运和解

文 / 谭山山

> 感情不就是你情我愿
> 最好爱恨扯平两不相欠
> 感情说穿了一人挣脱的一人去捡
> 男人大可不必百口莫辩
> 女人实在无须楚楚可怜
> 总之那几年你们两个没有缘
>
> ——《阴天》

　　2004 年，李宗盛与林忆莲离婚。"我们的爱若是错误，愿你我没有白白受苦。"在离婚声明上，李宗盛引用了《领悟》的歌词，并祝福林忆莲："Sandy，祝你幸福，找到你要的、你认为值得的。"而你若是李宗盛的铁粉，会在心里默默续上紧接着的这句歌词，并认为这才是李宗盛的言下之意——"曾真心真意付出，就应该满足"。

　　二人离婚后，李宗盛留在北京。刚离婚不久，他做客《鲁豫有约》时，鲁豫问他："40 多岁重新开始经历一个人的生活，会害怕吗？"他回答："我觉得对男人来说特别是这样的，最大的要害就是再也受不了寂寞。将来可能会有很长的一段时间是这种状态，我现在在练习不让寂寞变成致命伤。"

　　而最符合他那段时间的心境的，是《阴天》，尤其是"感情不就是你情我愿 / 最好爱恨扯平两不相欠 / 感情说穿了一人挣脱的一人去捡"那一段。"我在想，其实感情这东西，一个人挣脱了，一个人去捡，就是人家讲的，你的魔鬼是别人的天使，你的天使是别人的魔鬼。所以也没有什么好太在意的。"

伤心是肯定的，很颓也是肯定的，对他来说，那毕竟是"年近半百，妻离子散"（这话是多年以后他跟好友王伟忠说起的）。离婚后，有一年多的时间，他写不出歌词，一下笔就停住了。明明新唱片音乐的部分已经录好，但统统没有歌词，"我怕会露出马脚，我怕被人家知道"。因为，他曾坦承，自己写的歌词都是剖析自己的心境。

李宗盛的好，正如一个铁粉所说，"他总是不露痕迹，试着告诉你爱情的道理"。乐评人李皖在《凡人的领悟——写在李宗盛演唱会之后》一文中认为，李宗盛词作的优点在于故事性，"他是一个坚定地写经验的作者，而且，是坚定地写生活经验，甚至更窄，坚定地写生活中爱情的经验"。"观之李宗盛这半生，他以口语说白的真实情境，不知疲倦地写着'你'与'我'的故事，爱情故事，结果写成了长长的如同爱情万花筒的罗曼史。它们多半是伤心的，在伤心中表现着一点点的领悟，是一出出内心戏，剧情生动，是过来人的细腻写真。"

在李皖看来，李宗盛的词作中写得最好的，是他写给自己的歌；第二好的，就是他担当制作人，以观察、交谈加上猜想，为别的歌手写的"特别小心、严肃、用情用力的那些作品"，制作张艾嘉、赵传、林忆莲、娃娃（金智娟）的唱片时，均是如此。他试图写出每个歌手本人的故事——至少，要体现歌手的个性。

所以，就会有人问，李宗盛到底是不是一个多情的人？他是不是每监制一个女歌手，就会跟她谈恋爱？毕竟他曾明确表示："制作人跟歌手之间，多多少少会有些微妙的关系……对你的歌手，一定要爱她，一定要把她的前途，当成你的前途。"张艾嘉也曾在台上半真半假地问他："小李你到底有没有爱过我？"他当时所表现出来的支支吾吾、顾左右而言他，让人觉得，也许他真的爱过。

林忆莲说："李宗盛是个很可怕的人，好像能看穿所有女人的心事。"但他说自己并不是大家眼中"非常了解女人的人"。他曾在一次采访中澄清："我觉得我写的是人性，我绝对不是特别了解女人，从我的情感经验就可以略知一二。只不过我写的歌刚好大部分是女孩唱的，所以让人误解我比较了解女人。其实就是设身处地，如果我是她会怎么想。"

2011 年，在王伟忠的访谈节目上，李宗盛表示，不跟自己监制的女歌手发生感情纠葛，是一种职业道德——当然，林忆莲是个例外。

我终于让千百双手在我面前挥舞

我终于拥有了千百个热情的笑容

我终于让人群被我深深地打动

我却忘了告诉你

你一直在我心中

啊～我终于失去了你

在拥挤的人群中

——《我终于失去了你》


2008 年，李宗盛 50 岁了。50 岁以后的他，进入半退休状态，写歌变成了副业，倒是经常看见他谈手艺（他开创了一个吉他手作品牌"李吉他"），甚至上美食杂志谈做菜、在美食节目中担任评审。

这一年，他再次接受凤凰卫视的采访，主持人从鲁豫换成许戈辉。他讲到了为什么要做"李吉他"——他自己亲手做吉他。因为要用砂纸打磨琴身，他的手指头长了茧，会磨掉一层，长出新皮，磨掉了再长、磨掉了再长，甚至到了入境香港时验不出指纹的地步。乐评人马世芳说这件事具有象征意味，身份证明都消失了，是李宗盛"重新发明自己"的过程。他还讲到自己是一个典型的巨蟹座男人，浪漫、敏感、脆弱、固执、顾家（顾家这一点最令他引以为豪，他也是著名的好爸爸）；当然，也讲到了男女关系。

"我觉得在一段关系里，最要紧的就是尽力而为，所有事情到最后只是看你尽力没有，而有的事情我做不到。

"其实人生里有很多事是你的伴侣做不到也无能为力的。当你的人生有困境、有问题的时候，你很容易说，'你不是爱我吗，那你为什么不能为我做这个、做那个？我的人生没有因为跟你在一起而有改变，我的困难没有因为跟你在一起而被解决，我没有因为跟你在一起而更开心'。我觉得这是很多关系里最大的问题。告诉你，他也做不到，他比你还慌。当你人生的浪打来的时候，你老公比你更慌，他只是没法跟你说。

"两个人在一起，每个人的快乐要自己负责，因为我不知道你什么时候快乐，什么时候不快乐。我如果现在谈恋爱，一定跟这个女生讲，我没法让她快乐。可是有个但是：如果我有快乐的事，我愿意跟你分享，我觉得这个时代里两个人在一起的意义就是如此。在这个时代，大家都累坏了，每个人都有自己的问题，所以不要再奢求对方给你快乐。而且很多女人要人家猜，老公又要事业有成，又要体贴温柔，又要能猜得到——怎么猜？我猜不到的。

"那么怎样保持一个关系？就是至少我愿意把我找到的快乐跟你分享。比如我今天看了一个特好的戏，今天打高尔夫如何如何，我愿意把我的喜悦、快乐拿出来与你分享。你觉得没意思那就算了，没关系，我一个人自己乐也挺好的。"

他还说想写一首歌，叫《我不是你的避风港》。"女生动不动就说什么找一个肩膀、一个港湾停泊，我觉得这都不靠谱。男的比你还瞎，比你还怕呢。"

为此，许戈辉总结道："这就是当年的小李和如今的小李的区别，勇于示弱了。"

> 是不能原谅却无法阻挡
> 恨意在夜里翻墙
> 是空空荡荡却嗡嗡作响
> 谁在你心里放冷枪
> 旧爱的誓言像极了一个巴掌
> 每当你记起一句就挨一个耳光
> 然后好几年都问不得闻不得女人香
>
> ——《给自己的歌》

年过半百的小李（越是到了人生后半段，他越是喜欢自称"小李"），开始回顾自己的生命，于是有了这两首重量级之作：一首是 2010 年的《给自己的歌》，一首是 2013 年的《山丘》。

《给自己的歌》获得了包括王伟忠在内的中年人的一致认可。还是那次的访谈节目上，王伟忠读出那几句歌词——"旧爱的誓言像极了一个巴掌/每当你记起一句就挨一个耳光/然后好几年都问不得闻不得女人香"，然后问李宗盛是不是怕了，所以做了十年寡情的人。李宗盛的回答是，对于过去的感情，"走远的我不追"；也确实有这么一个人，"她的爱在心里，埋藏了、抹平了、几年了仍有余威"。至于接下来还会不会有爱情发生，李宗盛断然回答"不会"，并反问："男女（之间）一定要有爱情吗？"

他说，经历过热烈的"我很爱你"的感情，自己并不是不愿意有爱情，也不是说受过创伤会很怕，但爱情这个东西，"我想我不（再）会有"。最重要的原因，是自己变得平和了——他用了 peace、friendly 这两个英文单词。

《给自己的歌》是李宗盛关于爱情与人生的领悟：想得却不可得，该舍的舍不得，"你奈人生何"；而"爱恋不过是一场高烧，思念是紧跟着的好不了的咳"，"我认识的只有那合久的分了，没见过分久的合"。而不管是爱情还是人生，最终都要和命运和解，"岁月你别催 / 该来的我不推 / 该还的还该给的我给"，"岁月你别催 / 走远的我不追 / 我不过是想弄清原委"。他的意思是，情债一笔归一笔，他不会推脱、不负责任；至于"想弄清原委"，不是跟往事纠缠不休，而是想弄清楚岁月究竟在自己心里留下了什么，又带走了什么。

所以李皖说李宗盛是个情种，"只有这样的情种，才分外讨人欢喜。当他用情极深时，那情意的缠绵之中，往往又有一种敞亮的东西，闪出光泽，并非一味让人深陷。在情爱中，虽然他不是智者，但聪明总现着几分，最终不失梦醒的判断与跳脱"。

"每个人的心里都住着一首李宗盛"（张艾嘉语），知乎用户"七天路过"这样总结不同人生阶段的李宗盛歌单："刚步入社会以为自己已长大，听《生命中的精灵》，听《寂寞难耐》；渴望爱与被爱，听《不必在乎我是谁》，听《漂洋过海来看你》；用情深了，听《明明白白我的心》，听《让我欢喜让我忧》；热情似火时，听《爱如潮水》，听《在我生命中的每一天》；失恋难受了，听《别怕我伤心》，听《当爱已成往事》；有点经历有点成就感叹了，听《爱的代价》，听《凡人歌》；纠结无奈时，听《伤痕》，听《为你我受冷风吹》；离婚了，听《领悟》，听《我终于失去了你》；沧桑了还舍不得离开，听《如风往事》，听《给自己的歌》；老了老了，也还有《山丘》过尽千帆之后可以告慰你。"

他明明写的是他自己，但每个人都可以从中找到击中自己的东西。

> 越过山丘才发现无人等候
> 喋喋不休再也唤不回温柔
> 为何记不得上一次是谁给的拥抱
> 在什么时候
>
> ——《山丘》

"我希望有一天我老了，能够成为像李宗盛那样的男人，温和而坚定，笑一笑，就原谅了这个世界。"豆瓣用户"盒饭君"这样写道。

现在的李宗盛，是顾家、爱做饭的单身老男人。他是跟林忆莲离婚后开始真正爱上做饭的。在《我的三个家》一文中，他写道："作为单身男人与单亲爸爸，把原来要投注在卧房的精神体力转移到厨房是明智并且必须的。给孩子做饭带给我极大的乐趣。其实更像是一种寄托，让我不至于垮掉。我有两台冰箱与一个储物柜改成的食材室。我通常5点钟回家做晚餐，早上10点半起床做盒饭。每周总有几个午夜我会开一瓶酒慢慢喝，然后耐着性子跟那些需要时间的菜彻夜周旋。"

传说，他有一天夜里无法入眠，起来想吃东西，却又不肯将就，慢条斯理地做出了一道工序繁杂的卤肉饭。2012 年，他成为美食节目《顶级厨房》的评委，在接受采访时他表示，自己进入了"空巢期"。"我开始真正地过上了一个人的生活，谈论父母与孩子，面对身体的衰老，计算自己还剩的岁月，往后看还需要做些什么，这让我对人生有了新的感受，这个感受不一定是感情方面的，但我想说的有很多很多。"

他特别想制作一张跟同龄人对话的专辑。"五十几岁的人了，很可能不会再有咸鱼翻身的机会了，做人要开始接受现实，面对父母的衰老，甚至面对腐败和死亡的味道，这就是人生，我很想和同龄人讨论这样的问题。这个问题对有的人来说可能是残酷的，但真实地面对它，同样对有的人来讲是温暖而动人的。"

《山丘》就是他写给老爷们儿的。"我常常觉得和我同龄的人，是被流行音乐恶意遗弃的人……这些人，不管你事业有成无成，结几次婚离几次婚，我们生活当中总有一些事情，你要记得：小李是你哥们儿。"

有记者问他，居家生活会不会消磨锐气，他的回答是："我觉得男人到了四十几岁后不需要锐气。"2007 年的"理性与感性"作品音乐会上，《寂寞难耐》中那句歌词"一天又过一天 / 三十岁就快来 / 往后的日子怎么对自己交代"被他作了即兴改编——"一天又过一天 / 四十岁早过去了 / 往后的日子不再向任何人交代。"

"人生不过两个真，有些事一定要当真，有些千万别当真。"这是他悟出的人生道理。

四位红颜，四种文本

# 徐志摩的文爱史

文 / 卢楠

记载着徐志摩爱情轨迹的书信和日记，那些甜腻肉麻，几近"话剧腔"和"咆哮体"的表达，搁在20世纪30年代，能直接引起著名的"八宝箱公案"，令林徽因、陆小曼、凌叔华三位"女神"撕到老死不相往来；搁在20世纪八九十年代，可引得深受琼瑶阿姨浸染的纯真少女们涕泪涟涟；若搁在当下，估计难逃被做成表情包的命运。

但也正是那些书信和日记，展现出在没有屏蔽功能和朋友圈分组的时代，爱情可以如何经由文字延展出更丰富的层次，继而发掘出一个人心灵世界中多维并存的空间——不仅包括同时嬉游于多位伴侣间的快意，也是生活的真实写照。

## 真生命、真幸福、真恋爱，"必自奋斗自求得来"

1913年，一只银质相片盒被送到上海宝山县巨富张润之府上。彼时尚在苏州读师范学校的二小姐嘉玢打开盒子，对着相片里戴圆框金丝边眼镜的年轻男子沉默不语，算命先生"大姐不宜早嫁"的结论，使她感到肩负某种使命，少顷，才小心翼翼地转向父亲："我没有意见。"几年之后，以"张幼仪"之名为国人熟知的二小姐才从仆人处了解，履行相同环节时，丈夫徐志摩的反应，只是把嘴角向下一撇，用嫌弃的口吻说："乡下土包子。"

这个尴尬的"初次见面"，为徐志摩的第一段"父母之命，媒妁之言"式的包办婚姻奠定了基调：张幼仪始终在顺从，为了满足徐志摩"要一个新式新娘"的要求，特地在婚礼上穿了中西合璧的粉红色礼服，及至去英国当陪读，又攥着微薄的生活费包揽了"当年乡下佣人才干的活";徐志摩则始终沉默、冷淡,按照美籍华裔作家张邦梅的记述,是"爱来就来,爱去就去,饭菜好吃就一句话不讲,饭菜不好吃也不发表意见",白天不必与妻子长时间相处时,才对其表现出平和与愉快的态度,黄昏到来,则又被忧郁情绪笼罩。七年间,二人几乎只维持必要的互动,在记载徐志摩私密感情的书信和日记中,张幼仪甚至是一个需要戒备防范的形象:在 1925 年 3 月 26 日自柏林写给陆小曼的一封信中,徐志摩将去柏林称作一个"无趣味的难关",只因彼时张在柏林留学,如此一来,"又得对付她了"。

徐、张之间"小脚配西服"式的别扭,通常被解释为价值观的冲突,乃至中西碰撞、新旧交替的时代缩影:对于深受欧风美雨浸润、崇尚个性解放的徐志摩而言,张幼仪一切值得称颂的特质,譬如坚忍、贤惠、沉稳、端庄,都不过是对行将被历史淘汰的封建道德的诠释。她在自己生活中的存在,几乎等同于来自家族的监督与训导。而家族的实质,与其说是私人生活场所,不如说是国家制度及其伦理体系的最微观单元,对身在其中的个体而言,只意味着履行必要的职责与义务,而与情感、个性、欲望、隐私、亲密关系无关。

徐志摩留给张幼仪的第一封书信,即是离婚信。这封信中只字未提妻儿和父母,仅提到真生命、真幸福、真恋爱,"必自奋斗自求得来",祝愿彼此"有改良社会之心,有造福人类之心"。此后,在献给张幼仪的《笑解烦恼结》小诗中,又一边劝对方"放开容颜喜笑,握手相劳;此去清风白日,自由道风景好",一边指责对方"忠孝节义谢你维系,四千年史髅不绝,却不过把人道灵魂磨成粉屑"——与其说这是夫妻之间劳燕分飞的见证,倒不如说是一个反叛传统者在精神领域的"弑父"檄文和独立宣言,一如张幼仪所言,"说给我听的成分,少于说给史家与公众听的成分"。

## "你记得也好,最好你忘掉,在这交会时互放的光亮。"

离开了张幼仪的徐志摩,终于如愿以偿地成了自己。在《我所知道的康桥》中,他觉得 1921 年秋天自己重回剑桥时,"才有机会接触了真正的康桥生活,也慢慢的'发现'了康桥,不曾知道过更大的愉快"。这更大的愉快,既包括在剑桥大学后花园(Backs)欣赏剑河,与狄更生、福斯特、瑞恰慈在"中英会社"(Anglo-Chinese Society)中消磨光阴,更包括可以不受羁绊地和天才少女林徽

林徽因

因共读雪莱、拜伦，共赏落日余晖。

1920 年，芳龄十六的林徽因陪同父亲林长民赴欧洲考察，一番清扬婉约、见识过人的气度，使慕名赴伦敦拜访的徐志摩倾倒不已，旋即展开爱情攻势，除了在剑河畔热烈表白"以后要做一个诗人，一生一世都要为你写诗"，更兼着一通书信与诗歌的"狂轰滥炸"，从以雅典娜、维纳斯比之，到"摩的臂弯，愿为你营造永远的避风港；摩的胸膛，愿为你提供永远的温暖"；从"让我在你身边停留一小会吧，你知道忧伤正像锯子锯着我的灵魂"，到"我守候着你的步履，你的笑语，你的脸，你的柔软的发丝，守候着你的一切，希望在每一分钟上枯死"。凭借这些满是比喻与起誓、话剧感极强的句子，徐志摩的情感世界，仿佛由故乡海宁市硖石镇森严、阴郁的深宅大院，跃入一间明媚雅致的会客厅，气氛瞬间通透活泼了许多，尽管对当代读者而言，会客厅里通透摇曳的灯火，让人觉得有些"亮瞎眼"。

对于林徽因而言，当时生活只有伦敦空落落的书房和饭厅，不间断的雨，时时咬着手指头哭泣的晚餐，亦恰恰等待一位如徐志摩般聪明、浪漫的伴侣前来叩门。于是，在最为公众熟知的那几段逸事中，二人的登对，表现得像一双珠联璧合、吸尽眼球的"沙龙明星"：1924 年 4 月同为泰戈尔访华翻译，伫立在长袍白髯、仙风道骨的诗人左右，"有如松竹梅的一幅岁寒三友图"；5 月 8 日在北京东单三条协和小礼堂同演泰翁诗剧《齐德拉》，一个是公主齐德拉，一个是爱神玛达那，扮相俊俏英文流利，又是好生和谐。

只可惜，会客厅终究是公共空间，不仅意味着向所有志趣相投者开放，也意味着个中一切言行与姿态，都必须小心翼翼地在以"美"为名的华服的包裹下翻跹流转，并时时接受苛刻的注视与评价，更意味着站在中心侃侃而谈的"女神"，只供仰慕而不可与之嬉游。珠联璧合的表象之下，二人在亲密关系中的地位已不能用平等来形容，徐志摩如堂吉诃德般杀将上来，令惶恐无措的林徽因嗅到危险的气息，"怕您那沸腾的热情，也怕我自己心头绞痛着的感情，火，会将我们两人都烧死的"。而前者以抛妻弃子来挽救这段感情的奋不顾身之举，更等同于将后者架在了伦理道德的旋涡中，一如林徽因在分手信中的坦陈："我不敢将自己一下子投进那危险的旋涡，引起亲友的误解和指责，社会的喧嚣与诽难，我还不具有抗争这一切的勇气和力量。"

终于，"金童玉女"在英国留下的佳话，自 1921 年林徽因的不辞而别生出裂隙，至 1928 年林、梁两家结成秦晋之好，一双新人赴美留学落下帷幕。锲而不舍"死缠烂打"间，徐志摩逐爱的笔触，终于由荷尔蒙泛滥的"我想着了就要发疯。这么多的丝，谁能割得断？"，由交织着感官体验的"我忘记了离开，一次一次，已经习惯，习惯有你，习惯心疼你的一切"，走向天高云淡的境地：即使分手，也不必纠缠，可以"我要认清你的远去的身影，直到距离使我认你不分明；再不然我就叫响你的名字，不断地提醒你有我在这里"；即使相会，也不必执着，因为"你有你的，我有我的方向；你记得也好，最好你忘掉，在这交会时互放的光亮"。

然而，无论执着还是释然，这些文字始终浸泡在一种汹涌澎湃，却过于宏大和抽象的感情中，不沾一丝烟火气。无怪乎多年之后，当儿子梁从诫问起这段感情，林徽因说，徐志摩当时爱的并不是真正的她，而是他用诗人的浪漫情绪想象出来的林徽因。换言之，也许是美与智慧的化身，独独不是会老去，会怯懦、烦恼和彷徨的具体时空中的人。

## "我真恨不得剖开我的胸膛，把我爱放在我心头热血最暖处窝着。"

当徐志摩在协和小礼堂舞台上试图借角色与林徽因重续旧情时，同处一室的，还包括交通部护路军副司令王庚的太太陆小曼。1926 年七夕，刚刚经历离婚风波的徐、陆二人于北海公园结成夫妻，收获的"祝福"，是梁启超的一番训诫："以后痛自悔悟，重新做人！愿你们这次是最后一次结婚！"陆小曼则在日记中记下："这才是我生命中的理想伴侣。可是，我们相识在不该相识的时候。"

以当下的标准考量，徐、陆之恋乃是个典型的"嫂子梗"，加之最终修成正果，是要在微博刷屏并被各路娱乐公号大书特书一番的：陆小曼拉着王庚去参加舞会，岂料曾与艾森豪威尔同窗的王少将是个直男，于此道颇为不通，为避免太太扫兴，只好胡乱在舞场里抓了朋友徐志摩来顶包。一来二去，徐志摩的顶包业务范围扩展到陪陆小曼聊天、逛街、学画、爬西山、游天桥，王庚公务繁忙，匀不出多余的脑细胞逗老婆开心，对此倒是持鼓励态度。及至陆小曼开始在京城文艺圈里崭露头角，又是为新月社投稿、画封面，又是凭义演《春香闹学》成了胡适所言"北京城内一道不可不看的风景"，徐志摩已经由当初的"万用解闷神器"，一跃成为她心目中"从一切假言假笑中看透我真心、认识我痛苦的第一人"，"红杏出墙"的戏码不可避免。

王庚选择大度退出，成就一桩奇闻——毕竟，也只有想得开（缺心眼）如他，才能在老婆和朋友如胶似漆之际，还在为其重拾社交生活而欣喜不已。徐家给的脸色，可就不那么好看，老爷、老太太盛怒之下，索性连二人的生活来源都一并断掉。但话说回来，翩翩公子与美娇娘，就着些触碰禁忌的刺激与快活，给阴差阳错的命运一铺排，戏文、话本中甘美痴缠、活色生香的红尘情缘，都是这么走的。

在 1925 年 3 月至 1931 年 10 月写给陆小曼的一组书信与日记中，徐志摩永远汪洋恣意的爱欲，亦最终落在了更世俗、更私密的情感体验中，仿佛与灯火通明的会客厅渐行渐远，遁入夜幕下灯光昏暗的一座小巢：恋爱仍有高洁的意境，是"我的泪丝的光芒与你的泪丝的光芒针对的交换着，你的灵性渐渐的化入了我的，我也与你一样觉悟了一个新来的影响，在我的人格中四布的贯彻"，仍被赋予高洁的比喻，是"水流与水流的交抱，有明月穿上了一件轻快的云衣，云彩更美，月色亦更艳了"，但以排列组合形式出现的"我最甜的龙儿""眉眉乖乖""你的欢畅了的摩摩""我唯一的爱龙"却开始如弹幕般前赴后继，无一不是针对读者感官的正

徐志摩与陆小曼在西湖畔合影

面强攻。

恋人之间的对话方式，仍是排山倒海到恨不得将从灵魂到心肝肉到细胞的"整个儿"悉数交付出去，却多了些灶台上的烟火气。旅途中或爱不释口或难以下咽的吃食、海面的大风和严寒、朋友的新车子、火车包厢被两个箱子里带枪的洋人占了去，都能事无巨细地叨念一番；亦多了些枕边蜜语的暖意，既免不了牵挂身体的情况，免不了用"如其你过分顽皮时，我是要打的吓""只是小宝贝，你把摩摩的口袋都掏空了"之类的表达调情；还会在背地里偷偷吐槽密友，譬如称胡适之"荒谬"，因为"新近照了一张相，简直是个小白脸儿"，或者把夫妻间才可以包容的"囧事"偷偷交个底，譬如吃饭吃坏了肚子，底下闹出笑话，上楼找厕所，偏偏水管又断，一滴水也没有，末了还再三叮嘱，"请不要逢人就告，到底年纪不小了，有些难为情的"。这组以《爱眉小札》之名集结出版的书信与日记，如同徐、陆二人直白的爱情一样，透着不管不顾的"尬"气，但也有烂漫赤诚与酒神精神。

1927 年迁居上海后，陆小曼住上月租金一百大洋的洋房，作画、跳舞、打牌、听戏度日，雇着佣人多名，法国化妆品一应不缺，仍是过去的阔太做派，又因在婆家不受待见，郁郁之中染上毒瘾。为了维持陆小曼挥霍无度的生活，徐志摩不得不在光华、东吴、大夏等数所大学间兼课，及至出任北京大学、北京女子师范大学教授，收入增加，却还要在胡适家寄宿，冲着一厘二毫五的佣金为蒋百里、孙大雨卖房做中人，甚至因陆不愿北上，只得频繁地往返京沪之间，为节省路费而千方百计地搭乘专机、邮机，直到在事故中坠机身亡。

在《爱眉小札》中，徐志摩与"眉眉乖乖"的千百种打情骂俏，最终演变成哀求式的规劝，"你果然爱我，你得想想我的一生，想想我俩共同的幸福；先求养好身体，再来做积极的事"；对爱人的无条件宠溺，最终蜕变为求一个"事情的常理"，叹息对方"总是忙，总是 engaged（有约）"，自惭从无机会与其享受一餐饭、一场电影、一次约会，连自己的生日，也不为其知道；曾经任意挥霍的激情，最终戛然而止为"中危"式的恐惧："你想我在这情形下，张罗得苦不苦？同时你那里又似乎连五百都还不够用似的，那叫我怎么办？债是一件 degrading and humiliating thing（丢脸教人难堪的事情），我怕极了的。"从猛然警醒时的"我也到年纪了，再不能做大少爷，马虎过日"，到 1931 年 10 月 29 日最后一封书信中近似于声嘶力竭的呐喊——"车怎样了？决不能再养的了""我如有不花钱的飞机坐，立即回去"，原本承载着柔情蜜意的书信和日记，最后竟无意中见证了徐志摩最后时光中一切难以启齿的困窘。

1931 年 11 月 18 日飞机事故前夜，徐志摩在与朋友聊天时自嘲"I always want to fly（我总是要飞的）""小曼说，我若死了，她做 merry widow（风流寡妇）"，令人唏嘘。

## "我的话匣子，对你是开定了的，管你有兴致听没有。"

记载着徐志摩一生情感纠葛的文字，包括他在英国写就的《康桥日志》及向林徽因疯狂求爱的情书、他两次游历欧洲期间写给陆小曼的英文信札、陆小曼的两本初恋日记，最后都盛装在一只"八宝箱"中，交由凌叔华保管。坠机事件发生后，谁最有资格继承这只"八宝箱"，一度引发林徽因、陆小曼、胡适这一干才女、名士的纷争，凌叔华成为众矢之的，承受的谴责中，既指责她私吞徐志摩遗物，亦少不了带着些针对"情敌"的妒意。

不过对于这位同样以绘画、文采、沙龙冠绝京城的名媛而言，曾如何被徐志摩以"中国的曼殊斐儿"之名赞颂钦慕，又如何与后者在半年光景中通信七八十封，甚至得到泰戈尔的"撮合"，都只是次要的；婚内与弗吉尼亚·伍尔夫的外甥朱利安上演的姐弟恋，才是民国八卦史中最为人所津津乐道的一页。对于徐志摩而言，这段发生于追求林徽因失败、迎娶陆小曼之间的微妙关系，同样面目模糊，像一个弥漫着雾气的秘密花园。说到底，不过是情感空窗期的寂寞总要有地方承载，凌是安全而值得信任的倾诉对象。

1935 年由凌叔华交由《武汉日报》出版的《志摩遗札》，因为不是真正意义上的情书，不必变着花样儿讨女神开心，花团锦簇的修辞和山呼海啸般的情感宣泄统统被拿掉了，漫不经心却又走心："我一辈子只想找一个理想的通信员……最满意的出路是有一个能体会，真能容忍，而且真能融化的朋友。"

"说也怪，我的话匣子，对你是开定了的，管你有兴致听没有，我从没有说话像对你这样流利，我不信口才会长进的这么快，这准是你教给我的。"

"对你不同，我不怕你，因为你懂得，你懂得因为你目力能穿过字面，这一来我的舌头就享受了真的解放。"

当年，凌叔华出于理智，也曾以"计划同陈西滢结婚，陆小曼是知己朋友"之名，亲口为这段关系判下死刑。但步入暮年、神志不清之际，她总会在有人来探望时习惯性地问：你见过徐志摩吗？

徐志摩去世后，成为银行家的前妻张幼仪开始编选《徐志摩文集》，每月放 300 元到陆小曼户头作为赡养费；成为建筑家的前女友林徽因将一片飞机残骸挂于房间，作为一生的怀念；而以艳丽、奢华著称的遗孀陆小曼，逐渐淡出社交圈，通过写文章、作画、整理诗稿来回忆亡夫。算上凌叔华在内，四个女人各自保存并延续了徐志摩生命的一个侧面：孝子贤孙的一面，冒进而理想主义的一面，浪漫多情的一面，平凡的一面，一如她们在他的内心深处曾经充当的那个空间——巍峨的祖宅、明亮的会客厅、甜蜜的小巢、雾气蒙蒙的秘密花园。他最爱谁，谁最爱他，已不重要。

徐冰的《地书》与云爱

# 不愿说爱的我，给你发了一个心形符号

文 / 孙琳琳

徐冰有一个普天同文的理想，他用符号写成《地书》来表达。这一始于 14 年前的艺术计划，与今天人际交往中表情包当道的社会现实不谋而合。

基于人类共同生理体验的表情符号，是当代最鲜活的语料。用符号，我们更好地描述了动作和情感；用符号，我们维持了距离感和含蓄的感觉；用符号，我们打破了地域限制和语言壁垒。

本身很简单的符号，在反复使用中越磨越灵光，在今天已经可以完成细致、信息量超大又极富表现力的沟通任务。

## 如果再做一本《地书》，一定比之前那本表述得更复杂、更细腻

2003 年，当徐冰发现口香糖包装纸上的三个小图就讲了一个故事——请将用过的胶状物扔入垃圾桶，他立刻想到成千上万的小图一定可以写一本书。于

是他开始收集、整理世界各地的各种符号，既包括公共领域的标识，也包括专业领域的符号。"机场、公共场所，到哪儿我都把图标拍下来，做成一本本剪贴本，不断地扩建这个小小的数据库。"

刚开始创作时，徐冰是先用文字写故事，再翻译成《地书》。"但是故事编得太复杂，再用符号去转换就很难，所以一开始很不顺利，我还留着很多当时改来改去的草稿。"

小说通常追求个性化、奇异的情节，但《地书》却追求平淡与日常，语法就是按时间或动作顺序表述。"我意识到，《地书》的内容应该是描述一个非常标准化的生活，与这些标准化的符号相呼应。故事几乎就是一个白领每天都要经历的事，本身就是一个标准过程，是一个符号。"

标识、表情符号的发展很快，从一开始的一两套，变成人人都可创作，每天都有新表情包上线。剪贴本再也弄不过来了，徐冰开始在网上搜索、收集素材。"只要搜一个关键词，各种各样的符号就出现了。《地书》中的所有符号都是约定俗成的，都不是我们发明的，这是一个原则。"

与文字相比，《地书》更适合描述动作和情感。"表情符号是适合表达情感，比如笑，就有微笑、大笑、怪笑、坏笑、偷笑等。当用文字描述一个人是怎么笑的，会说他偷着乐，嘴怎么弯过来，描述半天其实也不如发一个表情符号准确，这个准确性是由对方补充的。"

2012 年，《地书：从点到点》由广西师范大学出版社出版，五年来多次再版，成了畅销书。除了内地加港台三种版本，还有美、法、俄、日、韩等多国版本。"这本书在哪儿出版都不用翻译。"

2014 年，徐冰创作了《地书》的姊妹篇《她的中国故事》，用 6 米长卷讲述了深圳蛇口水湾村原住民一家三代的故事。

2015 年，徐冰把《地书》发展成了立体书，讲的是主人公小黑工作日白天的 12 小时（白本）和晚上的 12 小时（黑本）都忙些什么。这两本书只有 12 页却很厚，设置了各种极具互动性的小机关，把你我的日常细节都容纳了进去。

2017 年 12 月在武汉合美术馆办个展时，徐冰用《地书》设计了展场全套标识系统，介绍展览概况、指引观众上楼下楼，等等。"我现在对它越来越熟，可以表述很多东西。"14 年过去了，可供使用的符号如今已是海量。徐冰相信，如果再做一本《地书》，一定比之前那本表述得更复杂、更细腻。

很多表情符号是动态的，徐冰也注意到这一点。其实早在 2012 年，他就做过动态版《地书》，在当年 10 月于中央美院美术馆举办的"钻石之叶——全球艺术家手制书展"上,《地书》被做成了立体动画,观众只要用 iPad 对准展柜里的页面,书中的符号就会动起来。"但是后来这件作品我没怎么再展。因为我发现,大家当时之所以觉得这种作品好玩,其实是觉得科技有意思。而等更新的技术出来,你的作品就会显得很旧。所以后来我不太注重科技本身,而比较关注科技给生活和人的思维带来的影响。"

可以说,正是科技的影响催生了云爱,使表情符号变成一种语言方式。借助云端,我一发送,你就看到了。用符号交流感觉更亲密,也正是因为这个原因。"以前的信息就是一些黑白文字,而现在彩图、动图、视频都可以即时传递。阅读方式不一样了,将来小说也可以用动图写。"徐冰说。

## "表情符号制造了一种距离感,这种距离感在当代人的交往中很重要。"

徐冰发现,人类在各个领域都有通用的沟通符号,就生活领域没有。但是当表情符号出现后,这种情况发生了变化。"表情符号的产生,是基于人类共同的生理经验。比如笑或哭,不管什么文化背景,这些东西都是一样的。"

表情符号有多好用?美国最火的社交新闻网站 BuzzFeed,甚至在新闻推送里使用 emoji。用符号来表情达意,成了全球趋势。在徐冰称之为"新一轮象形文字时期"的当下,表情符号就是通用语言。"我们每一个人现在真是通过即时通信软件跟世界每一个角落、每一个人具体地发生着关系,传统语言方式实在是太不够格了。以前我们是通过外交部的翻译来与世界交流,而现在,每一个人都是自己的外交部。"

"我刚去美国的时候,发现英语里赞美人的词特多,比如 fantastic、wonderful、amazing,等等。现在我发现,中文里的赞美词也越来越丰富,说亲啊、赞啊这些变得很普通。我相信中文里的赞美词现在远比英文要多。"

同样是盛赞,用表情符号来表达,就有一种含蓄的感觉。"我想向你表达,但是又不想太直接,就给你发表情符号。表情符号制造了一种距离感,这种距离感在当代人的交往中很重要。"因为人们实际上都在距离中交流,通过手机或其他介质。"比如两个人正在聊天,如果我发了一个表情符,对方就知道,这聊天差不多该停了。这就比较含蓄,我不用直接来一个:我不跟你说了。"

徐冰又举了一个例子:"现在很多人不习惯说爱,这话一说出来就觉得太简单了，因为它太具体了。但是你发一个心形符号，那就对方体会呗。这个符号可以用在任何地方，我爱纽约，我爱这个，我爱那个，但是我发给你，你就可以体会到我对你的表述。用表情符号表达认同与赞美，比说'我爱你'要含糊，要宽泛，意思的层次要多。有意思的文学也是这样，它的词语丰富，不是那么简单、那么明确，直说'我爱你'，似乎就变得仅此而已了。"

但是表情符号的通用性，也让人与人之间很难再形成专属的沟通系统。只要你用这套系统来表达，就是一个没有秘密的人了。

## 他自称"数字难民"，却有一个很大的野心，就是用年轻人玩得很 6 的符号，做一套《地书》翻译软件

20 世纪 80 年代，云爱就是鸿雁传书。收到一封信，你可以体会到它的温度和味道，寄信人的笔迹也承载了很多信息，因为这是 Ta 一个字一个字写给你的。打字机时代的信件同样有个性痕迹，打字的轻重、节奏都可以从字里行间读出来。等到电子邮件成为主要通信方式，徐冰发现，写信的人的个性，是通过字体选择体现出来的。"你选择什么字体、多大字号发给对方，就说明了你的态度。"

"早期星星美展和四月影会的年轻人，喜欢用一种特别幼稚的字体。他们为什么要使用这种字体？其实就是为了表达'我不传统'，我就是跟传统书法的书写规矩不同，我就是另搞一套。这跟他们创作上的反传统倾向是有内在关系的。今天年轻人也喜欢用一种非常幼稚的字体来设计或表达，想说的也是'我是新人'，既不懂传统也不想懂过去的事。故意用错别字也是类似的意思，就是要卖萌。"

所有这些借助不同介质的自我表达，传递给别人其实都不是真实形象了，而真实形象也变得越来越不重要了。对云端的依赖，改变了人的感受力。"总有一天，所谓触感将完全是你意识到的，不通过身体，直接就到脑子里了。"

徐冰与女儿的交流还有一个体会，那就是现在年轻人的语言极其简洁。"简洁到有时候我都不太懂，但她觉得已经说清楚了。她可能就回几个表情符。"这些表情符号本身就带有文字的性质，任何文字早期都是粗糙的，使用中在缝隙间加入了很多内容，逐渐变得细腻。年轻人觉得无须多言，可能因为对他们来说如今表情符号已内涵丰富到足够表意。

徐冰自称"数字难民",却一直有一个很大的野心,就是用年轻人玩得很溜的符号,做一套《地书》翻译软件。"《地书》的特点是它可以对应任何语言。目前的 emoji 这么丰富,为什么还不能表达更复杂的东西?是因为它还不是一个翻译软件。假如有一个翻译软件,你打中文,《地书》的表述就出来了,那它就是在说事了。但这个需要大量资金,需要不断地试错、调整、对位,要跟翻译软件公司合作。"

徐冰说:"我这辈子试过很多事情,就是没写过一首诗。"当《地书》的语言越来越好用,说不定将来他会用符号写诗。

# 李银河:最好的爱情全在天上

文 / 赵渌汀

第一次对王小波产生"触电的感觉"时,李银河手里拿着一本封面漂亮的横格本。本子左右不留白,字迹密密麻麻的,"但其中有什么东西深深地拨动了我的心弦"。

这本书叫《绿毛水怪》,讲了一个乌托邦式的爱情故事,李银河很喜欢。从《绿毛水怪》开始,她觉得自己就和王小波形成了一种"他拥有我,我拥有他"的默契。

不在一起的时候,她常常被这个在信里自称"菩提树"和"小骆驼"的男人征服。王小波说:"你我就好像两个小孩子,围着一个神秘的果酱罐,一点点尝它,看看里面有多少甜。"

回忆起那种感觉时,李银河至今仍觉得缺氧窒息,恨不得"在一起的每天都把嘴唇吻肿"。

1997 年王小波去世,李银河在悲恸中遇见了大侠——一个她后来评价为"与我耳鬓厮磨、合二为一"的跨性别者。大侠猛追了李银河一个半月,平生从不写诗的"他"甚至为她写起了诗。

李银河说，大侠就是上帝派来的一位天使，"拯救我脱离失去小波的苦海"。她说，自己经历过的这两次激情之爱，就像"人生中的两次大奖"。

罗兰·巴特曾在《恋人絮语》里提出过一个问题："我实在很想弄明白，爱情究竟是怎么一回事。"

李银河也不解，她说："我终身都在用文字探寻。"

**"我和小波若在今天恋爱，说不定能以更互联网的方式呈现'爱你就像爱生命'。"**

"写小说我跟小波就没法比，他是天才，我只是普通人。"

李银河自认为不会写小说，以至于她第一篇在文学刊物上发表的小说出刊后，她依然认为这种以说教和陈述为叙事风格的小说是"论文式小说"。"我要好好摸摸叙事的门。"

这篇名为《爱情研究》的微小说讲了一个简单的故事：女主角"我"有过12个性伴侣，但却一直难觅爱情，此后单方面爱上了自己的老板，并心甘情愿被老板变着花样折磨。

除了"虐恋"主题，不少现代社交元素浸渍于字里行间，与《爱你就像爱生命》里谈理想、讲情怀的文风有明显的区别。

"我们今天的爱情，是由新技术引发和牵动的一种新型亲密关系。"李银河说。

《爱情研究》里的"我"通过名叫"泡泡"的手机软件寻找性对象，在微博和维基百科上查找老板的个人资料，用电子邮件表达对上司的情愫，并以此完成幽会，互通有无。

李银河和王小波

"这是一种新的爱情游戏。"李银河说。

她过去玩过的爱情游戏虽甜蜜，但也苦涩。20 世纪 70 年代，她和王小波的"两地情书"被她看作"最原始的爱情游戏"，两人在文字的世界里肆意徜徉，用文学和理想相互抚慰。但那些文字里的温柔却需要跋涉千山万水才能抵达彼此，千里之外的她也只有在拆开信后，才隐约想象到王小波写下"你好哇，李银河"时的搞怪表情。

有时她也思考：如果王小波还在世，我俩会在这个时代谈一场怎样的恋爱？

"我和小波若在今天恋爱，说不定能以更互联网的方式呈现'爱你就像爱生命'。"

"打个比方啊，小波写过的那句'你快该回来了吧，我要疯了'，换在今天，他也许就直接打开手机，用视频和我聊天儿了；他给我写信写诗，可能直接在文字 APP 里写了，我依然会保存下来，比如保存在一个硬盘里。"李银河说。

她对这种被新科技重塑的爱情方式好奇。在一篇未发表的小说《隔着一个地球》里，她虚构了两个各自都有老婆、孩子的男人，两人彼此吸引，但两人间的时差有 12 小时。

"就永远也见不着呗，但他们可以通过社交网络谈恋爱呀。"李银河说，"我让他俩隔空恋爱、隔空传爱、隔空做爱。"为此，她给两个主人公分别"购置"了性爱机器人，当其中一人和这个机器人做爱时，机器人的面庞立刻就会被替换为 12 小时时差外的"那个人"。

"过去我和小波的恋爱是贴地的，如今现代人的爱情更像在云端，像一种专属云端的恋爱游戏。"李银河说。

## "爱情能让普通人变成诗人，能把普通文字变成诗。"

爱情能让普通人变成诗人，这是李银河在遇见大侠后的感悟。

她第一次遇见大侠，是在西四羊肉胡同的一个聚会上。大侠主动过来搭讪，让此前沉默不语的李银河打开了话匣。此后便有了两人的第一次约会：大侠开着一辆深棕色桑塔纳来接李银河，饭后大侠埋单，并开始对她展开"排山倒海、雷霆万钧"般的求爱——帮家里干活，为母亲出气……"我家吃面都是清水煮面放青菜，大侠也跟着这么吃了好久，还把这叫'吃爱情面条'。"

"这不由我不受吸引，不受感动。"在自传《人间采蜜记》中，李银河这样写道。

据李银河介绍，"生理女性，心理男性"的大侠平时虽然不爱看书，但爱情把"他"变成了一个诗人。和与王小波交往时一样，李银河和大侠在进入恋爱期后，也留下了不少"文爱记录"。

"我想你／在每一个没有你的夜晚／我的世界凄凉而孤独／我是那么地爱你／以至一想到你／我的心就开始深沉／直到哭泣。"

这是李银河某次出差后，大侠写给她一封信里的一首诗。据李银河回忆，大侠只要一想到自己，就"身体涌现一股热流，从心口向下，烧得自己无可奈何"。

"爱情能让普通人变成诗人，能把普通文字变成诗。"李银河说。她觉得大侠的文字虽然简单，但"它有一种强横的力量，使人不得不屈服于它，即使是坚冰也不得不在这股热流的冲击下融化"。

于是在 2014 年年底，李银河通过博客公开表示，自己有一位相伴 17 年的跨性别者伴侣，名字叫大侠。

舆论立刻骚动了。有人质疑她公开"出柜"，但李银河却予以坚决否认。她在自传中以这样一段文字对自己和大侠的爱情进行了坚决捍卫："真爱就是这样，它像一股高热的空气，使得温度较低的空气无限趋向于它的温度；它又像一股冲决一切堤坝的洪水，使得较低的水位无限趋向于它的高度。"

但外界对她和这个"女儿身，男儿心"的大侠之间的爱情依然持观望态度。

李银河尝试用文字去解释这种超凡脱俗、跨越阶层的爱，为此她找来了莎士比亚的《仲夏夜之梦》。名著中谁在睁眼后被洒上了爱情花汁，谁就会爱上第一眼看到的人。仙后泰坦妮亚在被洒上爱情花汁后，奋不顾身地爱上了已经化身为驴头人身的凡界工匠波顿。

"这就是奋不顾身的爱，是诗意的爱，是激情之爱。"李银河说，"我后来跟大侠说：'我虽然一开始对你的到来感到意外，对自己竟然还能有爱情感到意外，但还是情不自禁地同你走到一起。'"

她说，自己和大侠憧憬的生活，"应该是一件美好的艺术品"。

**"真正的婚姻全是在天上缔结的，最好的爱情都是在云端的。"**

王小波去世后，李银河读过好几次《绿毛水怪》。她曾写过一篇《〈绿毛水怪〉和我们的爱情》的文章，称这本书是"我和小波的媒人"。每每读到妖妖长时间等不来陈辉而蹈海赴死的情节，她都会像中了文字魔咒一样泪流满面。

而这本小说真正令她产生共鸣的，是男主人公陈辉最喜欢的一本书：陀思妥耶夫斯基的《涅朵奇卡·涅茨瓦诺娃》。"实际上是这本书里的文字，让我和小波第一次发生了灵魂的碰撞。"

李银河至今记得陀思妥耶夫斯基这本书里的一个情景：卡加郡主和涅朵奇卡热吻，把嘴唇都吻肿了。这个热恋的故事连同《绿毛水怪》这本书一道，让李银河收获了一份激情之爱。"我当时就隐隐感觉，我和这个人（王小波）早晚会发生点什么事情。"

如今，那本公开两人书信记录的《爱你就像爱生命》已成现世"文爱"经典。不过更多人感兴趣的，是李银河这个研究性学、喜爱虐恋的女人，竟能在每段爱情里都收获文字带来的激情之爱。

在这两段接续起的激情之爱中，王小波司掌风花雪月，大侠负责柴米油盐。而在此过程中，饱蘸情愫的文字也贯穿始终，成为一道独特的风景线。

"小波和我是高度契合、灵魂合拍，而大侠和我则是完全补充的关系。"李银河说。虽然文风迥异，但王、李二人对于自由和文字的向往是一致的。"我生活中的最大收获和幸运，就是挑了小波这本书来看。"

"大侠呢，'他'弥补了我人生的一个缺口，就是日常生活。'他'把我的生活打理得井井有条，让我可以安心写作、安心学术。"李银河说。

如今每当她翻出两人写给她的信，阵阵暖流旋即又浮上心头。她说，没有经历过激情之爱，这辈子等于白活。"激情之爱是我人生中的两次大奖。"

她曾效仿偶像福柯，用解构法试着把"激情之爱"这四个字进行解构："激情"就是超凡脱俗和奋不顾身，就是无坚不摧和所向披靡。

"那么最后一个字——'爱'呢？"

"小波喜欢萧伯纳，萧伯纳曾说过一句话：'真正的婚姻全是在天上缔结的。'我觉得爱也一样，最好的爱情是在天上的，在云端的。"她沉思片刻后说，"爱到极致在云端。"

一堂性教育课亲历记

# 怎样和孩子谈谈性、说说爱

文 / 卢楠

17岁的盛泽撕开包装袋，把一只安全套吹成气球。她拨弄着绣在黑色鸭舌帽上的那个醒目的"朕"字，饶有兴致地注视着自己的作品在空气中弹跳。

教室里的孩子多是盛泽的同龄人，他们都试着用两根手指拈起安全套，套在道具香蕉上，其间还不忘躲避伙伴们镜头的追击。气球飘移而过的时候，这个来自成人世界的小物件上各种难以启齿的细节被放大，模仿行动掀起的狂欢将先前的尴尬氛围扫荡一空，"一手油，真恶心""你要敢发朋友圈试试"之类的尖叫声此起彼伏。

为期三天的广州"猫头鹰"青春期性教育夏令营期间，盛泽占据了讨论和发言的"C位"，但她并不认为自己的早慧得益于在英国念高中的特殊经历。作为一个"语C"（语言 cosplay，即玩家按照设定好的背景、人物等进行互动式创作）玩家，她见过搭档笔下的种种离奇情节，自己也是个中老手，早把"与性有关的那些事"摸了个"门儿清"。"人有世界观的时候就应该学着了解性了吧，哪有必要请别人来'教'？"

"其实，中国家长和学校奉行的那种灌输'生理卫生知识'、将一系列成人价值观体系中的'对与错''必须与不要'强加给孩子们的所谓'性教育'，离真正的教育差得还很远。""猫头鹰"青春期性教育夏令营主讲者、北京林业大学性与性别研究所所长方刚说。

"真正需要'接受教育'的，却恰恰是家长、老师、咨询师这些'教育主导者'。"

"有什么可大惊小怪的？日常聊天内容而已嘛！"提及"大纸"，埋头"吃鸡"的11岁男孩刘硕露出了鄙夷的表情。他随即压低声音："别让我妈知道就好了。"

所谓"大纸"，就是方刚发给各学习小组以列举他们可以接受和不能接受的性行为的纸。结果，纸上呈现的部分答案令家长们如临大敌：虐恋、小玩具、3P、口交……当前排的几个女孩津津乐道于向方刚解释什么是"千人斩"时，一位母亲半开玩笑半担忧地向邻座感叹："也不知道她们是从哪儿学会的'专业词汇'，连我都没听说过。"

方刚倒不觉得孩子们之间流行的"自我启蒙""互相启蒙"一无是处，尤其是在拉开年龄层次的情况下。"大孩子可以用自身经验带动小的进行相关思考，让他们在亲历以前有个意识上的准备。只要引导途径正确，就不至于'学坏了'。"

只是在性与性别议题方面，一道鸿沟正横亘于中国父母与他们的未成年子女之间：孩子们像谈论吃饭、睡觉一样，比拼着从社交平台和ACG世界中获得的"高端知识储备"。而在方刚看来，这种所谓"高端知识储备"破碎、错漏百出，需要清晰的价值观和辩证思维做统领。

不过，家长们却在小心翼翼地思量着要不要主动触碰禁忌、如何触碰禁忌。当然，他们心目中也存在着一种理想状态——绕过禁忌，直抵心智成熟的终点。

一位母亲曾向来自辽宁阜新的心理咨询师张静夸耀自己读中学的儿子：电视里播一款宫廷剧，他问起太监与常人的区别。片刻后，他又仿佛弄懂了其中的关窍："啊，别人不能负责给皇上搞笑。""可纯洁、可让人放心了呢。"这位母亲的自豪之情溢于言表，但这却让张静"细思恐极"："一个17岁的小伙子在性知识方面白纸一张，居然被当作好事。"

但"纯洁"并不能有效隔绝来自外部世界的威胁。在云南的一所乡镇中心校，昆明籍心理咨询师赵丹的性教育课让一个小姑娘第一次全面地认识了月经。在那之前，她以为内裤上出现分泌物便是"来潮"。而另一个小姑娘则怯生生地告诉赵丹，爸爸妈妈一面反复叮嘱她要保护好自己，一面又时常把"你长大就懂了"挂在嘴边，这令她倍感困惑。

"纯洁"就像一种心灵桎梏，侵扰着张静和她的求助者们。电话那头，有特殊性癖好人士自责"干的真不是人事儿",也有高中生细数着自己的听话与努力,然后用"可是我都自慰了"——推翻;电话这头,张静则被性生活的多种可能性吓得张口结舌、四肢僵硬。在接触到李银河的《虐恋亚文化》之前,她自己就得"消化好几天才出得来",更遑论答疑解惑。

与张静的反应类似,一提到"阴茎""乳房""阴道",赵丹接触过的中小学班主任总会本能地低下脑袋,面红耳赤,这令她开始反思中国性教育的症结。

"在互联网面前,孩子们获取信息的机会开放且均等,而真正需要'接受教育'的,却恰恰是家长、老师、咨询师这些'教育主导者'。"

"孩子本来没听说过这个,你讲得这么详细,他什么都知道了。"

"第一,您凭什么站起来跟我说话?坐着说不能解决问题吗?第二,您是在试图用您的观点说服我吗?那我告诉您,我也有权利坚持我的立场,毕竟那是我的孩子。"

家长会上,一位父亲坚决要求压缩与自慰相关的授课内容,方刚则建议进行到该环节时,可以由助教将孩子带到场外回避,结果被对方断然拒绝。"孩子本来没听说过这个,你讲得这么详细,他什么都知道了。我相信有更好的处理方法,我不希望孩子被区别对待。"众声喧哗中,这位父亲抱肩而坐,神色阴沉。

这并不是方刚在"自慰"上见识过的最尖锐交锋。北京夏令营期间,一位从事中医的家长依据专业知识指出自慰有害,被旁听导师略显激进的批判激怒,引发"重大教学事故"。方刚对此已经习以为常,就好像每次开课伊始,他都会乐此不疲地向听众说起猫头鹰的一体两面——西方文化中理性、智慧、思辨的化身与中国老太太口中的"夜猫子进宅,无事不来"。对他来说,这是对性的一种绝妙隐喻,有多少种价值观存在,就会产生多么尖锐的冲突,而当不同的价值观、不同的权利诉求并置时,个体如何做出更加合理的回应,却是他希望跟孩子和家长们探讨的。

被那位父亲呛声"凭什么站起来跟我说话"的,是供职于深圳一家科技公司的胡海波。彼时,他手握话筒呼吁"坦诚、透明、自然"的性教育,语调不知不觉间有了演讲的意味:"家长之间,都多一些尊重和理解吧!"但颇具戏剧性的是,几个小时前,因为缺乏尊重与理解而"身陷重围"的,恰恰是他儿子小胡。

与那位父亲相比,小胡经历的"立场攻势"显然凌厉得多。当被问及"你反对同性恋吗",教室里的孩子们呼啦啦走到讲台左侧代表不反对的区域。在大约"30 对 3"的力量对比之下,针对小胡和两个"盟友"的精彩质疑层出不穷,譬如"把你的敌视言论贴到网上，让全世界关注同性恋权益的人怼你""你有没有想过他们也会 fight back（打回来）"。小胡洗耳恭听，只是梗着脖子："就是不爽这帮人，一定会打他们。"

"我们每个人都不可能让所有人喜欢，总会因为这样或那样的原因与别人产生分歧。难道看别人不爽，就是我们欺负别人的理由吗？"方刚以一句反问为辩论画上休止符，但并没有实行劝说，小胡则语焉不详地"嗯"了一声。向他"喊话"的"多数派"中，有几位在夏令营刚开始时听到"同性恋"三个字，还曾窃笑着倒在桌上。

从反对性骚扰到认识性别多元，从安全、健康的性生活到成熟、稳定的两性关系，方刚在孩子们心中埋下"权利"种子的同时，也不忘为之划下"尊重"的界线：既在一切违背自己意志或明显引发不适的肢体接触、言语挑逗、眼神、评价面前勇敢发声，又不妨先通过委婉表达拒绝"给对方一次解释、纠正其动机的机会"；既鼓励女性打破"天生弱于男性"的思维定式，又鼓励男性超越"纯爷们儿"的心理束缚；既提倡自由的、精神高度契合的恋爱，又反对"爱 Ta 就要占有 Ta 的肉体与心灵""得不到的就要毁灭"……当然，所有这一切，都不是以正确答案或授课要点的形式与孩子见面的。

方刚与小胡的对话，让胡海波想到这个有"暴力倾向"的儿子经历过的某次"屈服时刻"：小胡喜欢在家里随手扔东西，尤其喜欢放任自己的房间乱到人仰马翻，并以"不得干涉私密空间及个人习惯"为由拒绝母亲打扫，但母亲随后给出颇具震慑力的解释："你的坏行为已经影响到我和你爸的生活环境和心情，我现在是在出手干涉。""维护自己权利的同时，也不去做他人权利的侵犯者，这条道理，并不只在我们谈性的时候成立。"胡海波说。

## "你能为自己的选择负责吗？"

"我想我不会接受表白，至少现在不会吧。这样讲可能很伤你的心，但有两个关键问题摆在我们中间：第一，我觉得你并没有想清楚自己要什么，是要个女朋友，还是要我；第二，你画画的样子挺帅的，但我对你的了解仅限于此。"

在阐述自己的恋爱观时，盛泽主动向全班公开了自己写给追求者的拒绝信。她同时介绍了一个由自己发明的概念——"性洗脑"。"性洗脑"指性观念成熟、性经历丰富的一方对"小白"进行别有用心的哄骗、诱导，并让后者觉得性是生活的全部。"明白一个决定的原因和结果，是建立恋爱关系的底线，不是'别人怎样我就得怎样'，不是'时候到了就得怎样'。"

然而，当由爱欲引起的伦理、责任议题被推到人生的十字路口时，大多数中国人做出的选择因为掺杂着太多与其自身意志无关的因素而显得武断且"稀里糊涂"。

一对情侣在两位母亲的斥责下噤若寒蝉，女孩的父亲怒气冲天地向对方家庭追责，男孩的父亲一言不发地接过交费单，这是拥有近30年临床经验的江苏某三甲医院妇产科医生周琳在人流室门口最常看到的情景。"家长们的指导思想特别明确，结婚前坚决不可以发生性关系，有了性关系坚决不可以怀孕，怀了孕就坚决分手。但两个孩子建立起来的感情，是能被分手斩断的吗？强行拆散两个孩子之后，所有的问题就都解决了吗？"

3天里，孩子们从方刚那里接受到的最密集的"刁难"，正是各种听上去棘手却真实存在于生活各个角落的"你该怎么办"：失恋、意外怀孕、性骚扰中的权力威胁、被以"测试爱情忠贞度"为由要求开房……至于具体的答案，则是由对此毫无经验的孩子们依靠"脑补"和新闻报道中的情节拼凑出来的，大部分时候充当旁观者的方刚，则会将启示藏在不显眼的位置。

譬如，他让孩子们试着寻找经典性教育漫画《小威向前冲》中的错漏之处，先后指出"受精不是赛跑，只是看运气""爸爸妈妈不是只睡在一起就可以怀孕"的孩子，得到热烈的掌声鼓励；他说起儿子高三后对桌游的痴迷，自己曾夜里3点开车去桌游吧"捞人"，一头雾水地坐在观众席上为儿子耗费大量学习时间组织的"桌游战队"加油打气，"放任自流"之余，反复确认过两个问题——"你改变过自己的理想吗？""你能为自己的选择负责吗？"

对于推广校园性教育，方刚向来持审慎态度。根据他的描述，想在当下中国纷繁复杂、尖锐对立的价值观中达成一种与性有关的共识，这在三五十年内恐怕都难以实现，"哪怕有一个家长反对，都会导致整套计划无法进行"。但他并没有停止对民间路径的探索。

2017年9月，经全国商务人员职业技能考评委员会、专业人才储备工作委员会联合审批，"性教育讲师"资格认证确立。与过去5年在全国范围内开办20期的性教育夏令营类似，这套机制的基础正是由方刚提出的"增能赋权型性教育"。通过这套性教育理念传递的，并不是知识，而是方法论，"自主"则成为贯穿其始终的精神。

　　"人生充满选择和变数，我没有办法明确告诉他们什么是最优解，但可以培养他们权衡利弊、预判风险、为选择负责任的能力。我也要教会他们不再对权威产生心理依赖，因为很多时候，关于性的偏见与刻板印象，恰恰来自权威。"

　　夏令营结束时，方刚将一张结业证颁发给刘硕，刘硕没有接："还是您拿回去挂在办公室里吧，上面有我的签名，将来会很值钱。"上课时，刘硕喜欢和几个男孩戴着耳机扎堆"吃鸡"，引发了家长们"没收手机"的呼声，却最终被方刚婉拒。

　　方刚说，父母的意见、经验、阅历无论多么完美，也不可能代替孩子走好人生中至关重要的几步；孩子的表现再心不在焉，都不可能对人生毫无想法，就像自己的儿子大二暑假那年，当一家桌游公司以年薪 60 万元的价码开出一份"职业玩家"offer 时，一直在学业与桌游间徘徊，并几乎将读博从事科研的理想完全放弃的他，突然给出一个令人震撼的回答：不，那不是我想要的生活。

（应受访者要求，文中刘硕、盛泽为化名）

# 2018 脸谱

　　1958年，焦菊隐、夏淳将老舍的《茶馆》搬上北京人艺的舞台，于是之扮演王利发，郑榕扮演常四爷，蓝天野扮演秦仲义，其他角色由黄宗洛、林连昆、英若诚等扮演。《茶馆》一经演出便大受欢迎

"世间一切，尽在脸上。"古罗马哲人马库斯·图留斯·西塞罗如是说。

2018 的悲喜，也尽写在每个人脸上。

一切故事都是人的故事。人物脸谱纪录大时代下小人物的命运剪影——

1958 年，焦菊隐、夏淳将老舍的《茶馆》搬上北京人艺的舞台，于是之、郑榕、蓝天野、英若诚等担当主演。《茶馆》一经演出便大受欢迎，先后上演过多个版本，每轮演出都一票难求，被称为"茶馆现象"。《茶馆》之所以成为经典，在于老舍、焦菊隐以及一众演职人员对每一句台词、每一个动作，乃至舞台背景、声音效果的精雕细琢。60 年来，《茶馆》已成人艺"看家戏"。那些信仰"戏比天大"的人艺人，他们台前幕后的故事，告诉我们真正的演员如何诞生。

——《北京人艺那些角儿那些事儿》

少年恣意，顾影自怜。"投胎"带来的优越感，让年轻时的高晓松恃才傲物。然而，当人生进入下半场，高晓松身上虽仍有北京男孩那股吊儿郎当与混不吝的劲头，但他明显更谦和也更内敛了。如他所说，每个人都会被生活打得劈头盖脸，大家或早或晚都体会了平凡。

——《高晓松：我想成为严肃的知识分子》

# 北京人艺那些角儿那些事儿

文 / 罗屿

1958 年，焦菊隐、夏淳将老舍的《茶馆》搬上北京人艺的舞台，一经演出便大受欢迎。

《茶馆》之所以成为经典，在于人艺人对台词、动作，乃至舞台背景、声音效果的精雕细琢。

60 年来，《茶馆》已成人艺"看家戏"，然而也有人忧虑，《茶馆》如何传下去？

2017 年成为人艺演员队队长的冯远征不止一次问过自己，现在的年轻演员是否可以组成一台《茶馆》？深感"再不培养新人就完蛋了"的他此前进行了一系列"青年演员剧本朗读"活动，希望将人艺精神传承下去。

什么是人艺精神？

从小生长于史家胡同 56 号人艺家属大院的方子春从 2008 年开始探访、书写那些看着她长大的人艺前辈。从方子春的文字中，或许可以找到关于人艺精神的答案：那些信仰"戏比天大"的人艺人，他们台前幕后的故事，告诉我们真正的演员如何诞生；他们对戏剧的赤诚与谦卑之心，也正是延续包括《茶馆》在内的一部部人艺经典剧目艺术命脉的关键。

## 《茶馆》60 年：不怕没演好，就怕糟蹋了

作为第二代常四爷的扮演者，濮存昕记得，当初他和梁冠华、杨立新、冯远征等人接演话剧《茶馆》时，北京人艺老演员郑榕对他们说："不怕没演好，就怕糟蹋了。"

如今在舞台上演了十多年的常四爷，濮存昕仍会问自己："我演对了吗？"

《茶馆》是人艺的"看家戏"，浸透着人艺的血脉。从 1958 年首演至今，《茶馆》走过 60 个年头，每轮演出都一票难求，被称为"茶馆现象"。

2018 年 6 月，《茶馆》迎来第 700 场演出。这 700 场中，可见岁月积淀，也可见人艺人对艺术的执着与传承。

## "老舍先生说，《茶馆》里每个人物，都是他看过相、批过八字的。"

《茶馆》前身是一部宣传普选的话剧《秦氏三兄弟》。1956 年 12 月，初稿完成后，老舍在人艺给曹禺、焦菊隐、欧阳山尊等人读了剧本后，得到建议，将一段茶馆戏单独发展成一个戏，以小见大，反映整个社会变迁。

不久，《茶馆》剧本出炉。

1956 年 12 月 2 日，人艺 205 会议室，老舍为全体演员念《茶馆》剧本。人艺演员都爱听老舍念剧本，蓝天野回忆道："那真是一种乐趣。他一边念一边讲，有时候还站起身比画……老舍先生说，《茶馆》里每个人物，都是他看过相、批过八字的。"

剧本读完，人艺领导当场宣布，决定排演《茶馆》，大家可以申请角色。申请角色是人艺的一项制度。确定要排某个戏，演员可根据自身愿望，书面申请饰演某个角色，写明为什么想演、具备什么条件演。有时还会互相推荐。

蓝天野当年没有申请任何角色，他想不好那些三教九流的人物自己能演哪个。然而最终演员名单公布时，他却榜上有名，还是重要人物秦仲义——秦二爷。

老舍先生与人艺演职人员探讨《茶馆》剧本，前排右一为焦菊隐，右二为老舍

为了让演员更好地触摸自己的角色，《茶馆》剧组建立后，没有马上排戏，而是请了老舍和研究老北京的专家金受申来讲老北京的掌故与风土人情。导演焦菊隐则布置演员去体验生活。蓝天野记得，"当年《茶馆》首次排练，花在体验生活上的时间和精力，比用在排练过程中的还要多"。

"一开始，焦先生要求演员们不要只奔着自己的角色，要到生活中去寻觅、了解各种有关老北京的人和事。"蓝天野记得，那时候老北京的遗迹比现在遗存的要多，"戏里'老裕泰'那样的大茶馆是没了，但中小型茶馆还有一些，包括一些书茶馆；城墙拆了，但像安定门城门楼还在，城里城外、城门洞口路两旁还有各样生意人的地摊儿，卖估衣的、算命看相的。"蓝天野真找人算了一卦，"实际上是我给他'相面'，琢磨他的心思、言谈举止"。

蓝天野当初还和扮演庞太监以及说书人的童超、扮演王利发的于是之一起访问了两位老评书艺人，从下午聊到深夜。两位老艺人中，有一位是当年正红的陶湘九，他给蓝天野他们讲自己的学艺经历，讲人在江湖的艰难，讲说书人抓住听众的诀窍……童超后来在《茶馆》演出中自己改的那段词——"三侠、四义、五霸、十雄、十三杰、九老十五小……"——就是从陶湘九那里学来的。陶湘九和人艺三个演员告别时一番谦辞："您老几位哪天到书馆听书，给我提个醒儿，恕我眼拙！"礼貌中又带着江湖规矩。

除了走访说书人，为了演好出场十来分钟、有十几句台词的庞太监，童超真的在生活里找起了太监。最终，他在地安门外旧鼓楼大街找到了一所太监养老院。以"宗教事务管理局干部"身份对一位年过八旬、伺候过慈禧的耿太监进行一番访问后，童超发现，耿太监喜欢唱京剧，最佩服的角色是北侠欧阳春，因为"欧阳春本领最强，人家终身不娶，最后出家当了和尚"。

在后来的排练中，童超反复琢磨耿太监的话，忽然领悟到，耿太监由于自己的生理原因，特别嫉妒那些可以娶妻生子的人。此人佩服欧阳春，正是曲折地表现了这种嫉妒的感情。而这不就是庞太监娶小媳妇的心理依据吗？童超发现，自己找到这个人物的灵魂了。

## "我的妈呀，我还以为我三姨又活了呢。"

《茶馆》中有很多戏份不多的角色，但在焦菊隐眼里，哪怕是"没名没姓"的"龙套"都要演得讲究，哪怕打一个哈欠都要再三琢磨。另外，即便是戏份不多的角色，焦菊隐为了培养演员，一个角色也要派上几个人轮流出演。金雅琴记得，焦菊隐当初就派了黎频、吴淑昆、李婉芬和她轮演庞四奶奶。

因为是 D 角，金雅琴没事儿就坐在台下看别人表演，可看着看着，她觉得庞四奶奶的化妆和服装都有问题，"她烫着飞机头，穿着短旗袍、丝袜、高跟鞋，大腿一迈还露出点粉裤衩儿，这身装扮太像十里洋场的交际花了"。金雅琴觉得不对，她跑去找焦菊隐："庞四奶奶作为一个封建又跋扈的人，发型应该是高射炮式，后脑勺上盘着香蕉头；一张白脸不擦红，嘴上口红不涂满，仅在嘴唇中间点一点，耳朵上戴一对夸张的大耳环，走起路来晃晃悠悠；旗袍一定要到脚面，旗袍上面绣牡丹，下面绣凤凰，上下勾着，这叫'丹凤朝阳'，旗袍里面穿黑缎子裤，裤脚扦花边，绝不能露大腿；一双黑缎子鞋，鞋上盘金龙，这身打扮，叫'龙凤呈祥'。"

焦菊隐深以为然，拍板说："好，听金雅琴的，服装化妆都改。"

得到导演首肯的金雅琴，穿着改后的服装站在帷幕里候场，从旁经过的英若诚惊呼："我的妈呀，我还以为我三姨又活了呢。"

1958 年 3 月，《茶馆》首演，引起轰动。然而，如蓝天野所说，"创造还在继续"。1978 年，人艺决定复排《茶馆》。"老舍先生、焦菊隐先生已离世，但绝大多数原班演员还在，《茶馆》再度上演，把中国话剧史上的这部巅峰之作留住了。"

《茶馆》复排时，由于童超身体欠佳，剧院决定增加童弟扮演庞太监的 B 制。童弟照样想找个太监交谈一番，然而那所太监养老院不复存在，找太监更加困难。经多方探寻，童弟终于在东四隆福寺胡同的一个存车处见到一位年逾八旬却还能挺直腰板给存放的自行车挂牌的老太监。

当年和童超一起采访耿太监的，还有康顺子的扮演者梁菁。只是《茶馆》复排时，梁菁已经过世，康顺子改由胡宗温扮演，她成了这个角色的 B 制演员。

1957 年初排《茶馆》时，梁菁是自己 30 多岁演 15 岁的小姑娘，20 年后，胡宗温是自己 50 多岁演 15 岁的小姑娘，加之梁菁身材瘦小，胡宗温体形较胖，如何根据自身条件保持原有的艺术效果，是胡宗温必须考虑的问题。

为了设计康顺子如何出场，胡宗温冥思苦想了很久。某日，她忽然想到，程砚秋在老年发胖后扮演王宝钏时，为了让观众看到一个纤柔、秀丽的妇女形象，出场时是侧着身子走出窑门。胡宗温顿悟，可以把这样的表演技法运用到话剧中。

## 根据场景、季节、人物、情节制造出的声音形象，"占戏的一半"

在《茶馆》的演出史中，不能不提 1992 年 7 月 16 日，那一日是首版《茶馆》原班人马的最后一场演出。所有人都知道，当晚的演出必定是一场绝唱。

1992 年，蓝天野已年过花甲，接近秦仲义最后一幕的年龄。这样，他就必须解决一个问题：如何把秦仲义第一幕那种年轻气盛、风华正茂的人物感觉体现出来？

蓝天野从表演上想办法。上场前，他提早在候场区来回活动，慢溜快走，寻找一种骑在马上路经街市的感觉。他设想的秦仲义，趁着微醺，信马由缰，一路行来，之后勒缰，下马，跃上茶馆大门的台阶，站在门口目中无人地巡视房子，端详时，撩下披在腰间的长袍大襟，甩开绕在脖颈的辫子……音效师冯钦见蓝天野在候场区准备，起身拿起竹筒铜铃，配合他制造出马蹄銮铃声响，啼声由远而近，当他勒住缰绳，冯钦随即做出马的嘶鸣，然后"嗒、嗒、嗒……"蹄声渐缓渐停。"我和冯钦在候场时共同演出了一场真实的戏，而这，又促成我带戏上场。"

很多看过《茶馆》的人会对演出时传来的各种声音印象深刻。那些根据场景、季节、人物、情节制造出来的丰富精彩的声音形象，全部出自音效师冯钦。

焦菊隐说，那些声音要"占戏的一半"。很多人对《茶馆》第一幕过目不忘，这里面就有音效师的功劳。第一幕发生在清末一个初秋的上午，冯钦的设计是：门口推过去一辆水车，发出吱吱扭扭的声音，天空中鸽哨声时而响起，门外是一些"烂糊芸豆"之类的叫卖声，茶馆里面灶上炒勺响着，面案上敲打着花点儿，跑堂儿的点叫炒菜、面食的喊声和后面灶台的回话声里外呼应，这些声响此起彼伏，交织在一起，烘托出茶馆兴隆的场面与气氛。

在人艺编剧梁秉堃看来，冯钦既是音效的设计者，也是组织者和指挥者。"那些比较复杂、量又大的音响效果，会发动后台没有戏的所有演员参加。他（冯钦）要求音响效果跟着人物的思想感情走，或者说，音响效果要给人物的思想感情做铺垫、陪衬和照应。"

因为参与做音响效果的演员非常多，人艺还形成了一个可以在晚会上正式演出的节目——表现旧时北京胡同老百姓一日生活的《叫卖组曲》：黄宗洛"咯咯咯，咯咯咯"演公鸡打鸣；牛星丽"茄子来黄瓜唉，夹扁豆，还有点辣青椒哇"叫卖青菜；于是之"大金鱼儿哟，来，小金鱼儿哟"叫卖金鱼……梁秉堃记得，当年所有参与音响效果的演员都要听冯钦的，"他让谁学什么就学什么，不知道的去打听，不熟悉的找人熟悉。有的演员硬是在胡同里追着小贩学吆喝，学会以后还得在排练场上反复练习，并且要坚持跟戏"。

## "不能大师满街走，我不是大师，只是个普通演员。"

许多年后蓝天野回忆："我们完全没有想到，1992 年 7 月 16 日的那次演出，竟成了告别演出。"曾经将王利发"演绝了"的于是之，因为患病，经常出错忘词，演出当晚显得有点紧张，开场前他嘱咐蓝天野："我要是出毛病，跟你的那段戏，你注意点，看我不成了，你就设法接过去。"结果，于是之真的忘了词儿，而且不止一处。于是之望着已出场的郑榕，叫不出"常四爷"，郑榕见他脑门子上的汗哗哗往下流。在剧中饰演小丁宝的吕中说："演出结束后，是之老师在后台静静地坐了很长时间。"

谢幕时，有观众喊：是之，别走。羞愧的于是之在后台对其他演员说："观众太宽容了。"

多年好友童道明或许非常懂于是之当时的感受。童道明记得，到了 20 世纪 80 年代，于是之还经常和人讨论王利发是什么时候想死的。"从 1958 年首演到 1992 年谢幕，《茶馆》一共演了 374 场，他一直在想，却直到最后也没有答案。这样一个问题他可以想这么久，你就知道他是怎么对待角色的。"

在《茶馆》演出 60 年之际，很多人发现，由濮存昕、梁冠华、冯远征、吴刚、杨立新等人搭建的《茶馆》剧组，已经有多位演员正式退休。有人开始担心：谁能来演第三代王利发？《茶馆》又由谁来接？

作为如今人艺演员队队长的冯远征，也不止一次问过自己，现在的年轻演员是否可以组成一台《茶馆》？此前，冯远征已进行了一系列"青年演员剧本朗读"活动，期望带领青年演员重新认识表演，将人艺的精神传承下去。

让自己回归戏剧初心，或许是对观众最大的尊重，而对戏剧的赤诚与谦卑，本身也是人艺人的传统。就像多年前有记者称于是之为大师，他听后两夜睡不踏实。之后他对一位评论家说："请您再写一篇文章告诉大家，不能大师满街走，我不是大师，只是个普通演员。"

（参考文献：《我在北京人艺》《史家胡同 56 号：我亲历的人艺往事》《北京人艺戏剧博物馆》《烟雨平生蓝天野》等）

# 北京人艺往事：清白做人，认真演戏

方子春　中国儿童艺术剧院演员，中国戏剧家协会会员

作为演员，有人说方子春是"含着玉"出生，史家胡同56号北京人艺家属大院是她从小生长的地方，她对众多人艺老人有着最贴近的观察与体悟。

即便过去几十年，方子春仍清晰记得儿时的某个傍晚，放学后的她推开家门，见一屋子的人正在对台词，有吕恩、舒绣文、吕齐，父亲方琯德……她忙往外缩，却被方琯德叫住："唉，你回来得正好，小春姑，给爸爸说一遍'娘们儿'。"

娘们儿？方子春搞不懂父亲怎么让自己说这么难听的词。脸上热辣辣的她，使劲摇头捂嘴。

"春儿最乖了，就说一句，来。"

方子春被大人们哄得没办法，只好小声说："娘们儿……"

"娘儿们""梁们""娘儿们儿"，方琯德他们学得南腔北调。方子春笑出了声，一遍遍大声教"娘们儿""娘们儿"。大人们跟着认真学"娘们儿""娘们儿"……

几个月后，北京人艺经典剧目《伊索》上演，扮演格桑的方琯德有这样一句台词——"这个娘们儿。"

在人艺大院长大，方子春常在不经意间就听到长辈们说出艺术真谛，她也见过他们从接戏开始就进入"神道道"的状态：黄宗洛会边炒菜边喊"修——理——皮鞋"；金雅琴练习跳大神，整日"天门开，地门开，我蛤蟆大仙下山来"，跳得全院出名；全院上下几乎每人骑一辆除了铃不响差不多哪都响的自行车上下班，一路探讨角色，车可不锁，但车筐里的水杯、剧本不能丢……

自2008年起，方子春用近10年时间探访、采写那些看着她长大的人艺前辈。在《一棵菜：我眼中的北京人艺》一书中，她写道："我要通过这支拙笔，告诉人们醋打哪儿酸，盐打哪儿咸，如今我这一招一式是跟谁学的。'清白做人、认真

演戏'这刻骨铭心的教诲，是我从父母和众多叔叔阿姨的言传身教中得来的。"

"导演可以什么都不要，可导演要时，演员不能什么都没有。"

虽然方子春没有成为人艺演员，但焦菊隐、夏淳、董行佶一直被方子春视作艺术之路上的恩师。董行佶让她知道什么是吐字归音，为什么字正了腔就圆。夏淳告诉她，作为一个演员，在舞台上有激情只是最基本的条件，关键在于当激情达到极致时，如何控制和运用它。当初想考文工团时，方子春本想让焦菊隐教教自己朗诵技巧，但焦菊隐却给她讲起《史记》。他说："一个演员没有扎实的文化基础怎么行？"

"人艺是个学者型剧院，人人家里书多。"方子春记得，人艺老人们总讲演戏最后就是拼修养，搞文化事业的，没文化不行。

当年焦菊隐给方子春讲课特别认真："《触龙说赵太后》的'说'字为何读shui，他一遍遍站起，走到高高的书堆旁，打着手电从书堆里找出各种版本的字典，不厌其烦地告诉我，这是哪年出版的字典，里面是怎么解释的……"那时十几岁的方子春偶尔会发小孩脾气："行了，我知道了，咱往下学吧。"焦菊隐却说："别急，要吃透弄懂。"

焦菊隐在排戏时，同样也讲究吃透弄懂。他要求每个演员走进生活，以做学问的严谨态度，从生活中寻找创作的本源和力量。方子春采访时，人艺人常会提到当年体验生活的情景：胡宗温演《山村姐妹》中金雁这个角色时已经40多岁，而金雁的年龄设定是24岁，怎么办？只有练。"体验生活时她在农村苦练，回来拍戏时筐里放上砖头，从一楼挑到四楼排练场，天天挑，天天练。"1979年，夏淳复排《茶馆》，李光复坐中间桌，一句词也没有，可就是演不对，被导演轰下去好几回，让他去好好找找老北京老头儿的感觉。黄宗洛排《龙须沟》，故意在排练厅门口弄堆泥，要进排练厅了，先在泥上踩踩，带着人物感觉走进排练场。

方子春和黄宗洛有过一次合作，是在杨洁导演的《土家第一军》里，方子春扮演国民党特派员，黄宗洛饰演一名身为中共地下党员的采药老人。"他房间里有好多好吃的，他会热情地请大家去吃，但有个条件，吃完不能一抹嘴就走，要和他好好聊戏。"方子春记得，第一天拍黄宗洛的戏，副导演亮开嗓子喊："黄宗洛老师，到您了。"就在大家东瞧西看地寻找他时，从导演身后不远处的犄角里站起一个裹着包头的老乡，嘴里说："哎哎，我在这儿呢，嘿嘿。""只见他背着一个大箩筐，筐里有些野菜和一把锄头，头上用长长的布条缠了一圈，一件看不出本色的破布衫用布条扎在腰间，上边插的又是烟袋，又是放羊鞭子，还有草绳什么的，总之插满了七七八八的小道具。再加上他那一高一低的两个裤腿，腿上还抹点泥巴印，脚踩一双破草鞋，往本地人里一站，还真分不出来。"黄宗洛望着大家咧嘴一笑，露出两颗涂黑的大门牙。

其实那天导演只需要黄宗洛在院子里走个过场，他那身行头全都没用上。但黄宗洛却对方子春说："导演可以什么都不要，可导演要时，演员不能什么都没有。"

创作起来"极度忘我"的，还有演员田冲。人艺成立时曾排过一部波兰戏，田冲饰演剧中裁缝。道具组从著名老店普兰德借来一块上好布料，上台前嘱咐田冲："别弄脏，别弄破，太贵，咱赔不起。"田冲满口答应，可戏演起来，他就全忘了，演到兴奋处，三下五除二，把名贵布料剪了，剪得一塌糊涂。据说当时负责道具的人差点晕过去。

人艺人不仅演戏忘我，还特别爱琢磨。

一个角色能琢磨几十年的郑榕，说自己"80 岁以后才会演戏"。天生结巴的朱旭，之所以能把台词说得行云流水，在于他会用多于常人的时间把台词化成自己的语言。方子春采访吕中时，吕中提到，当年每次去外地巡演，于是之、英若诚、朱旭他们准会提溜着一瓶酒，端着夜宵，找个地方喝上一口。大家天南地北一通聊。于是之讲："今儿你那场戏，特……特……特棒！"有人回："我当时就感觉，你给了我一个反应。"吕中他们端着饭在旁边看，特别过瘾。北京人艺甚至因此流传着一句话："聊天是学习和增长知识非常好的方式。"

"为艺术上的分歧争得不可开交、脸红脖子粗，很正常，过后便不是问题。"

在方子春眼里，那些看着她长大的叔叔阿姨，不仅在艺术上才华横溢，生活中也单纯有趣。

史家胡同 56 号大门口有个外绿内白的搪瓷灯罩，春夏秋三季，夜晚的灯下总围着一圈人，这群人里准有朱旭。他要么笑呵呵地坐在棋盘前叫人家臭棋篓子，要么一脸认真地拉胡琴。春夏秋冬，日月更迭，朱旭带在身边的，从儿子变成孙子，然而即便成了爷爷，田冲撞见他，还会拍他后脑勺。

方子春有一次看牙医，碰到董行佶。"小董叔叔就站在走道上任人们在我们身边走来走去，从大夫如何撑开你的嘴开始表演，喉咙里还时不时发出电钻的'吱吱咕咕'声和感觉疼痛的呻吟声，加上他痛苦地用手捂住腮帮和欲哭无泪的表情，我的牙真的痛起来了。"而这时，董行佶突然从夸张表演回到常态，诚恳地对方子春说："回家吧，不到万不得已，别看牙！"

热心的董行佶有一次却"败"在了更为热心的金雅琴手上。某日，董行佶、陈国荣夫妻吵架，金雅琴先是在人家门口大喝一声："住手！谁动手我就打谁！"只是，她非但没劝成架，反倒加入"混战"。"她抓过又干又瘦的小董叔叔，把他头向后、腚冲前往自己腰间一夹，捶鼓似的一通打……小董叔叔似干鸡般被高大壮实的雅琴阿姨夹得不能动，早已四脚离地一劲儿乱蹬。"最终还是陈国荣开了口："雅琴，你别打呀，你不是来劝架的吗？"金雅琴听罢，"嘎嘎"大笑。

即便打成这样，大家心中也并无芥蒂。做人如此，做戏亦如是。

因为人艺排戏，多是几个人轮演一个角色，方子春有一次问蓝天野，大家难道就真没矛盾？

蓝天野倒也不绕弯子，他说演戏谁多了、谁少了，会有意见产生，但一般来讲，这种情况确实很少。"为艺术上的分歧争得不可开交、脸红脖子粗，很正常，过后便不是问题。"

方子春对此也有同感，之前她看人艺60周年纪录片，里面提到苏民排《蔡文姬》时，徐帆为了一个观点在排练场和苏民吵起来。"进了人艺排练场这里没有什么叔叔、大导演、老前辈，也没有说不得的名演员。人艺排练场里贴着四个大大的字：戏比天大。这四个字下，有什么观点不能阐述？有什么话不能直说？在这里，人心还是那么干净。"

"毕业就演大主角是一大灾难。你没那能耐，站在台上会哆嗦，私心杂念太多，肩膀扛不起这大梁。"

10年间，方子春不仅采访人艺老人，也采访了不少同辈。

发小濮存昕被调到人艺后排的第一个戏，是蓝天野导演的《秦皇父子》，其中有段独白，蓝天野认为濮存昕演得"假大空"，重排了十多遍。休息时，郑榕一招手："小濮，过来。"濮存昕就像落水时有人搭救一般向郑榕走去。"小濮，说话别那么说，放松，先解决放松，这是基本的……"

喜欢给年轻人讲戏的郑榕，可不总是这么温和。排练《秦皇父子》时，还是人艺学员的冯远征和同学们一起演大兵。冯远征他们在后面看激动了，窸窸有声，只听郑榕说："谁在后面讲话，滚！滚出去！"舞台监督立马将这些学员从排练场轰出去，在楼道里罚站。冯远征说，人艺是讲规矩的剧院，是规矩不是规定，规矩靠的是口传心授。

和冯远征同在人艺85班的吴刚，显然就受了这规矩的影响。2004年排《合同婚姻》时，他只有一个要求——排练厅要绝对安静，打电话请到外面。"大家干戏就好好干，不干就回家睡觉去。"

同辈演员和方子春说得最多的，就是老一辈的"传""帮""带"。吴刚记得，当年夏淳给自己排戏，排了20多遍还是过不了关，吴刚有点抵触，可夏淳不急不恼，依然用不大的声音慢吞吞地说："再来。"直到真正上台演出那天，观众掌声响起，吴刚才知道夏淳的用意："他这是在磨演员的性子，让你知道什么是演戏。"

钱波说，老一辈演员一接到饰演的角色，就开始从里到外找感觉，甚至上午排完戏，中午回家吃饭服装都不换。"他们让我们知道，当演员演戏和名利无关，所有人都好这口，如痴如醉。什么是'本'？这就是'本'。"

濮存昕记得，《甲子园》刚建组，朱旭就拿着《易经》在读，领会角色。"因为老艺术家生活中只有这一件事。但我们能做到吗？能把周围的事全放下？不可能。什么都想得到，钱要挣，戏要演，名要有。"

何冰回忆，20世纪90年代初，北京人艺排演《鸟人》，7点30分开戏，4点45分林连昆就已经在后台，"沏了碗茶，点了根烟，抽几口，喝口水，慢慢地默戏，找人物状态呢。你说和这样的先生同台演戏，怎么能不进步，怎么能不努力？！"

何冰和所有演员一样，进人艺先跑龙套，在舞台上戳大杆（站在台上举旗杆）4年。杨立新在30岁前没演过重要角色，在剧院就是踏实地学戏演戏。杨立新和方子春强调，北京人艺有句话——"毕业就演大主角是一大灾难。你没那能耐，站在台上会哆嗦，私心杂念太多，肩膀扛不起这大梁。"

梁冠华一直觉得前辈们不光教他们演戏，还教他们如何做人。当初他们班跟着剧院排《吴王金戈越王剑》，有几个同学演了小角色，没他什么事。他想不通，把想法写进日记。苏民看了，告诉他，挑上别人，可能是形象合适，作为演员都有局限性，要有准备，不能患得患失。"老先生之间有什么矛盾咱不管，但是他们没有把不好的教给我们，只把做人的好品格教给我们。这是北京人艺深沉的一面。"

方子春记下的人艺往事，向我们讲述了真正的演员如何诞生。人艺那些经典戏剧从最初的磨砺，到成就光芒，时间是最权威的裁判。而戏剧背后那些相信"戏比天大"的演员，他们对艺术的敬畏与谦卑之心，不会也不该随着大幕落下就离我们远去。

# 高晓松：我想成为严肃的知识分子

文 / 罗屿

当年电影《孔雀》还在粗剪，高晓松看过样片后写下一首歌，在机房唱给导演顾长卫听。"由于我唱歌走调，他没看中。有时歌与歌手是缘分。"这个被高晓松压在"箱底"的作品，在2017年终于等来有缘人——高晓松将这首《蓝色降落伞》给了歌手周深，并自己出资带领"乐坛高家班"为周深打造了最新专辑。

高晓松从不掩饰对周深的喜爱，他说后者的声音不但超越性别，而且超越时代，俨然"一个人的唱诗班"。包括周深在内，高晓松一路发掘的歌手，在声音上大多有相同特质：干净、纯粹。似乎只有这样的音质，才与他在歌

高晓松，阿里娱乐战略委员会主席、杂书馆馆长、知名音乐制作人，同时也是电影导演、写字者、脱口秀主持人。（图－李伟）

曲中以近乎虔诚的姿态所描绘的青春、梦想相匹配。有人因此感慨，历经浮沉已成中年大叔的他，心好像还停在那个月亮般遥远的纯真年代。

在那个年代，高晓松也曾两次"任性"地自己投资，给"特别喜欢"的歌手录歌，一次是小柯，一次是朴树。

1995 年，高晓松偶然听到丰盛中学音乐教师柯肇雷（小柯原名）一首歌曲小样，甚为惊喜，半夜赶到小柯家，一鼓作气听了所有小样。听罢，高晓松表示，要给小柯出唱片。小柯父母坚决反对，理由是，儿子在单位待上十几年就能分房子。高晓松保证，小柯跟着自己，3 年后一定可以买房。高晓松至今记得，小柯成名后花了 5.5 万元买了一辆绿色掉漆二手拉达，兴冲冲开到喜欢的女生的家。

至于朴树，高晓松曾在微博中这样写："20 年前你（朴树）来找我卖歌，我说你唱这么好何不我们投资给你出唱片？你说你要卖歌攒钱自己做。后来我们为你成立麦田音乐，带你来这个喜忧参半的圈子。"

无论小柯、朴树、还是周深，抑或其他歌手，都让高晓松体会到作为幕后音乐人"挖掘一口深井，灌溉很多树林"的快乐。就像多年前他曾对曾轶可说，自己小时候的梦想，是用眼睛看这个世界，用笔写下感受，然后找到最合适的声音唱给更多的人听。"我从没想过去登台走穴跑通告，虽然那会挣很多钱，但那属于老天给了好嗓子、好容貌的人。老天给了我们好的眼睛、好的笔，我们已该知足。"

这些年，高晓松在音乐上并不高产。但有人说，他内心其实一直和音乐紧密相连。在录制音频节目《矮大紧指北》时，戴着耳机对着话筒独坐窗前的高晓松说自己在某个瞬间忽然找到当年认真做唱片的感觉。"要把式很长时间以后，坐在那里安安静静一个人说话，那真是一种前所未有的幸福。"

## "麦田上的乌鸦飞走了，因为再也见不到那群傻傻的稻草人。"

在《矮大紧指北》以前，高晓松已随《晓说》《晓松奇谈》等节目的走红，成为颇受欢迎的互联网脱口秀主持人。除此之外，这位民谣旗手、中国知名音乐制作人，如今还是电影导演、作家、公益图书馆馆长……2000 年，互联网蓬勃兴起之时，他还先后入职搜狐、新浪等企业。有人统计在《晓说》之前，他至少换过 5 次不同的公司头衔。

有人将热切拥抱世俗与变化的高晓松称作"一个顽强的、善于变通的异类"。

高晓松并不否认自己对变化的热爱：他最先尝试互联网自制脱口秀，也曾邀请全球 24 位顶级音乐人在洛杉矶为吴亦凡开写作营制作专辑……高晓松说自己从不拒绝新的东西，就像采访前一晚，他一直在研究 iPhone X 手机，"夜里还偷偷醒了两次，给自己大脸识别一下，觉得特别来劲"。

辗转过多家企业的高晓松向世人展示着一个音乐人的灵活身段，他说："作为职业经理人要经历丰富，这样做事才会游刃有余，不用'努'。"高晓松常提到自己身上有北京孩子的闲散，"干什么都不会'努'到吐血"。这让人想到他著名的"门客理论"——门客献言不献身，尽力不尽义。

这一次，与太合音乐集团合作为周深新专辑进行宣发，让"门客"高晓松有种兜兜转转又遇故人的感觉——太合音乐的前身太合麦田，正是高晓松和清华学长宋柯 1996 年创建的麦田音乐。

高晓松第一次知道宋柯，是在清华校园的一片草坪上。那天高晓松坐在地上抱着吉他弹唱，有围观者劈头就问："认识宋柯吗？不认识，就在这弹琴？"彼时的宋柯是北京高校音乐圈叱咤风云的人物，高晓松只是清华音乐圈不出众的普通人。两人第一次见面是在清华南门外一家涮羊肉店。高晓松记得，一大桌人觥筹交错，"每个人都以跟宋柯吃涮羊肉为荣"。

清华毕业后，宋柯到美国留学工作，专心做起珠宝生意。1996 年他回国时，高晓松一句"要不咱们开唱片公司吧"，就让宋柯把随身带的珠宝首饰送了人。"麦田音乐"自此成立。

在《如丧：我们终于老得可以谈谈未来》一书中，高晓松曾深情回忆麦田的初创岁月，他说，那是"从老板到员工每个人都会弹琴的麦田音乐"，那是"在疯狂晕眩的世纪末安静地弹琴唱歌的麦田音乐"。然而多年后，"麦田上的乌鸦飞走了，因为再也见不到那群傻傻的稻草人，只剩下一片白茫茫大地真干净"。

这不是高晓松在回首往昔时唯一的感性时刻。他说过，当年老狼在台上唱《同桌的你》，台下所有人点着打火机合唱，他站在老狼身旁泪雨滂沱。高晓松还说，在一次流行音乐颁奖礼上，自己缩在角落看彼时陌生的郑钧在台上疯狂摇滚，就在心中赞叹、陷入冥想时，一身汗味儿的郑钧一屁股坐到自己身边，伸出手说："晓松，你好！"他立即快乐地伸出手说："郑钧！牛！"两只手紧紧握在一起。"我们没人在乎那个奖的名次，音乐带给我们的是由衷的快活、心灵的勾结，以及在漫长的后来被越来越多的垃圾掩埋下几乎窒息的友情。"在高晓松看来，过去那个时代，"人人都有一张狰狞的非要努力当坏孩子的脸，但其实内心都柔软单纯"。

这些感性的回忆，很容易让人想到乐评人李皖早年说过的：有"两个高晓松"，一个在歌里，纯情得一塌糊涂；另一个在现实中，轻佻、贫嘴，没一秒钟能够安静。

## 没有人可以永远是一个孩子、一个宠儿、一个狂生

高晓松40岁生日时曾问宋柯，自己前40年有什么缺点。宋柯答：恃才傲物。这些年，包括宋柯在内，很多人明显感觉到高晓松比之前冷静内敛了很多。录制周深专辑主打歌《蓝色降落伞》时，周深发现高晓松本人除了比他以为的"瘦太多"，也不像他猜测的带有"大制作人"那种严肃与严苛。录歌时高晓松从没给过他压力，总是把"特别好""牛"挂在嘴边。"当然，他也有坚持和严格的地方。"周深记得，有一次自己在专辑制作人尹约督促下，反反复复唱不好，正好在棚里观看的高晓松"稍微生气了一下"，之后说"你回去休息吧"。

那一晚回到宾馆的周深特别沮丧，如深宫怨妇躺在床上自我反省，他甚至担心第二天的录音会因此取消，这张专辑会离他而去。然而，凌晨时分他却收到高晓松的几条微信，言语间尽是安慰、鼓励，那一刻周深深受感动，作为新人，他没有想到"那么大一个制作人会如此细致地照顾自己的情绪"。

高晓松自认，打小就是"比较柔和的人"，只是年轻时人都想"踹生活两脚"。他从不否认年少时的狂放不羁，"现在想想，自己都讨厌自己"。最膨胀时，他曾与亲密无间的死党老狼因为音乐上的分歧大打出手。"在西便门的一个酒馆，掀桌子，砸椅子。那时容不下任何人跟你说不对。"直到3年后两人才再次见面，一人一杯酒，一笑泯恩仇。

曾经的轻狂与少年得志不无关系。24岁时高晓松因《同桌的你》一举成名，而早在两年前，22岁的他就通过拍广告发了财，有了车，有了3万块钱的大哥大，大哥大上还吊着一个3500元的BP机，有一个特别贵的呼号，就呼一个数——6。高晓松觉得，自己当年好似"恶少"，整日呼朋唤友呼啸成群。老狼去找女友，他给老狼开车，逢人就说自己是司机小高。

然而，所有命运赠送的礼物都在暗中标好价码。没有人可以永远是一个孩子、一个宠儿、一个狂生。2011年的酒驾事件，几乎让高晓松重启人生。他曾说，自己获刑后在里面回想从前，"常把脸捂在褥子里说，'我以前怎么是这样一个

人？'"他甚至感恩生活，"在最关键的时刻给我悬崖勒马，让我免于陷入疯狂"。

## 你喜欢的人喜欢你，你鄙视的人鄙视你，两不相欠，才是完美人生

2002 年，《青春无悔》专辑再版，高晓松在序言中写："我知道人注定会被生活打败，我知道从 37 岁到 43 岁我会左遮右挡陷入苦战；从 47 岁到 53 岁我会平静缴械回到被人供养的童年；我知道有一天我会笑看爱恨，诗酒余生。"如今来看，生活似乎都应验了他的预测。

在记者面前的高晓松，虽然和屏幕里一样，依然有北京男孩那股儿郎当与混不吝的劲头，挥舞着一把折扇，常把自己逗乐，但进入第四个本命年的他，言语间谦和有礼，心平气静。他说作为创作人，活得长是一种幸运，因为这样可以如日记般记录自己成长的种种心绪。"年轻的时候，我怕逝去，怕得要死，所以写的歌都是那样的情感；后来发现逝去就逝去，你也没辙，所以就写了《杀了她喂猪》《彼得堡遗书》；再后来，当很多东西真的都逝去了，你会猛然发现，其实只是一层表皮没了，就像地上没了草依然可以长出树，所以我写《万物生》，写《如果有来生》。那时，我发现自己沉得住气了，不怕逝去，也不恨逝去。"

这些年高晓松身上明显的变化是，进入互联网世界后，他以勇于自黑的气质让自己火速成为"第一网红"。他调侃自己的长相，说"长得丑，命再不好就没天理"；《晓说》最初被他起名为《闲得蛋疼》，意思是"闲得没事瞎扯淡"；在《矮大紧指北》里，他乐于和大众分享自己如何被人碰瓷 1000 美元，之后又在旅馆捡便宜捞了 300 美元。

高晓松早已过了用显微镜放大自己细微伤口的年纪。早在 8 年前他就曾在微博感慨："四十岁前总想让全世界人都喜欢自己，又无端恐惧全世界人都鄙视自己。四十岁才发现，你喜欢的人喜欢你，你鄙视的人鄙视你，两不相欠，才是完美人生。"

这些年对高晓松最强烈的批评，莫过于说他饱含阶级优越感。知乎上对他评价是：他最大的错误是对贫穷的无知。出身书香门第、根正苗红的高晓松，一路读的都是中国最好的学校，从北京四中到清华大学。小时候他想问个事，父母就给他写个条，让他去找某某院士。相较于年轻时随时随地溢出优越感，如今的高晓松内敛了很多，他说优越感是一个没办法的事，现在还会有，但"总在人前表现优越感，是一个挺讨厌的事"。

高晓松的父母一直希望儿子成为一个"有艺术修养的科学家"，然而他却成了"懂点儿科学知识的艺术家"。"我内心深处一直想做一个较好的知识分子，这就像生活给你盖了一个戳。"2018 年 1 月，高晓松接到了哈佛大学的邀请，去哈佛做一年研究员，他说每当有这种机会出现，对他都是一种不可抗拒的诱惑。

总结出"两个高晓松"的李皖其实还说过，高晓松身上一直都有严肃的知识分子的思考，有敏锐的洞察力和端正的态度，只是真实的他被那些感伤的歌曲和痞气爱玩遮蔽了。

高晓松的微博认证是：阿里娱乐战略委员会主席、杂书馆馆长。这也是他最为看重的两个身份。"这两件事你要持续投入你的时间、精力、热情，当成职业去做。"高晓松将它们简单归类为"一件是挣钱的事，一件是花钱的事。总得有进有出"。

当年拍摄电影《大武生》时，有人问高晓松，作为一个游吟诗人为何要转向商业制作。高晓松说，自己曾经憎恨或鄙视或发誓永不妥协而此后欣然接受的，不光是商业艺术，还有生活的许多，比如对美国、对乡愁、对父亲，对爱与等待，对岁月和自己。另外，他从不认为他是游吟诗人，而只是随遇而安的游子。

几年前，身在异国的游子高晓松，曾在某个夜晚独自一人开着车反复听罗大佑那首词义模糊的《思念》，只为最后一句："挥洒你的笑容回身一转，别了我年少的烦恼寂寞与过眼云烟。"那一刻，他忍不住在心里对罗大佑说："原谅我没能像少年时在你的歌声里发誓要坚持的那样生活。"

# 刘建宏：人到五十，暮夜击鼓

文 / 赵渌汀

刘建宏在球场上差点失控。

当时他代表人大元老队上阵。"对方对我动作很大，我有点儿生气，后来对方嘴里开始不停地嘚吧嘚，有一个瞬间啊，感觉自己就要失控，想去推搡、回击他。"刘建宏说。

不过最后他还是控制住了情绪。

"唉，何必呢。"他事后这样回忆。好友王奇称，这是一个典型的"刘建宏式回复"。

那是 2018 年 5 月初的一个下午。一个月前，刘建宏刚刚离开供职不到 4 年的乐视体育；大约三年半前，他从老东家央视辞职。这位央视体育频道前主持人说，自己今年 50 岁，但却感觉像经历了 100 年的社会。

在中国足球蜿蜒曲折的长夜里，他从来不是执灯指路者，但却在一次次的敲击和嘶喊中，不自觉地成了这苍凉暮色里的击鼓人。从制片到主播，从幕后到台前，从央视到乐视，他不断变换击鼓的方位和朝向，调整自己的动作和姿势，伴随着鼓点的由疏到密，继而又由密散淡为疏，他向暮夜里的一线微光追逐，也被大众的认可、褒赞、嘲讽和口水放逐。

刘建宏的故事从来都与足球有关，但他的每段经历，都能让人目及足球以外的各个角落。

## "宏"与"红"

刘建宏最早叫"刘建红"。

后来很多人看到他名字时，误以为这是个女生。于是"刘建红"赌气地从家里摸出户口本，去派出所把名字改成了"刘建宏"。"'宏'字多好，宏伟、宏大、恢宏，有气势。"那一年是 1980 年，刘建宏刚念初中。

改名后，他对自己名字里的"宏"字很满意。不过，30 多年后的一场新闻发布会，让他意识到，"宏"字虽雄浑，但自己曾用名里的那个"红"字，更契合这个时代的喧闹与风潮。

时间轴拽回 2014 年 8 月 26 日。当天下午，乐视体育在北京举行了一场名为"要红"的新闻发布会，会上宣布刘建宏正式加盟乐视体育，并出任公司的首席内容官。外界在发布会后普遍认为，这场发布会的名字"要红"，创意就源自刘建宏曾用名里的那个"红"。

从乐视体育 CEO 雷振剑手中接过一件 46 号的红色球衣时，刘建宏也和乐视体育开始了一段"走红岁月"。

"我当时 46 岁。"刘建宏说。事后回忆起这个号码时，刘建宏觉得"冥冥之中自有天意"。

刘建宏所说的"天意"指一份文件。两个月后的 10 月 20 日，国务院印发《关于加快发展体育产业促进体育消费的若干意见》，这份文件也开启了中国体育产业此后长达 3 年的"狂飙突进期"。乐视体育躬逢其盛，在这期间可谓独领风骚。

"咱不说青史留名，但至少在很多事情上，你是留下了自己的痕迹。"刘建宏在发布会上这样说。他希望乐视体育能在中国体育产业的"宏"观历史里，留下属于自己的那抹"红"。

作家吴晓波在《大败局》里曾这样写道："一个朝阳行业，在经历漫长的酝酿期之后，必定会迎来一个突发式的暴涨期。在这个阶段，激情与混乱交融，暴利与风险共舞，往往会出现若干匹傲视天下的黑马，他们以颠覆权威的姿态出现，以超乎想象的速度成长，他们是行业中最引人注目的异端、明星和标杆。"

客观地说，乐视体育在壮大发展的最初两年时间里，确实成了闪耀中国体育产业的一抹惊鸿，它似乎就是吴晓波笔下的那个行业里的明星大腕。

自 2014 年成立的两年间，乐视体育创纪录式地买下 310 项赛事版权，不仅包括亚冠、中超、英超等热门赛事，还涵盖了高尔夫、搏击、赛车等小众项目。

现在回看乐视体育的发展历程，在公司起起伏伏的曲线轨迹上，曾出现过一个"波峰"。那是 2016 年 4 月 12 日，乐视体育对外宣布，在 B 轮一共融得资金 80 亿元，公司估值达 215 亿元。

乐视体育为此专门开了庆功会。"刘建宏当时开心得像个孩子。"乐视体育某不愿具名的中层管理人员这样回忆，"他在当年的中高层年会饭局上说：'80 亿啊，我们离成功很近了，我们的目标是让所有人都成为千万富翁。'"

晚宴期间地上摆了好几箱酒，刘建宏让大家"嗨"起来："喝，全部喝掉！"

刘建宏和乐视体育当时希望构建的是一个覆盖体育产业链上中下游的"生态圈"，他们推崇欧美等国在体育产业方面的传播模式，希望效仿欧美国家，把乐视体育打造为一个体育版"中国 BBC 帝国"。

但在王奇看来，乐视体育当年不计后果的肆意扩张，为最终的败局埋下了伏笔。他在网上绰号"棋哥"，在体育产业领域有超过 20 年的经验。"你跟人家美国、英国的体育产业比，能比吗？"王奇说。

意识到乐视体育"大厦将倾"的不止王奇一人。重庆红岩队前主教练陈亦明，在2016年年底就感觉到"乐视体育可能不太好了"。

那年11月，刘建宏邀请陈亦明去乌兹别克斯坦，为乐视体育解说一场国足的世界杯预选赛。比赛结束当晚，乐视体育团队和陈亦明一起在一家意大利餐厅吃饭。饭桌上，有个乐视体育上海的高管情绪不高。"那人情绪明显消沉，刘建宏就一直开导、鼓励他，让他别泄气，不断地告诉他，困难总会过去的。"

就是那场饭局，让陈亦明意识到"乐视体育大概是出问题了"。

## 自由落体

刘建宏是在初中物理课本上，第一次看见"自由落体"这个词的。他第一次读懂这个词，则是在他离职乐视体育之后。

自由落体，意为常规物体只在重力的作用下，初速度为零的一种运动。"首先你得在一个高度吧，然后你得初速度为零，就是事先压根儿不知道坠落会发生。"刘建宏说。

外界普遍认为，压垮乐视体育这个曾经的"行业巨兽"的最后一根稻草，是贾跃亭对乐视体育的一次资金挪用，这笔款项高达42亿元。"这等于抽干了乐体的血。"某乐视体育中层管理人员说。

资金断链的直接后果是，乐视体育彻底失去了造血能力，曾经在时代里闪转腾挪的那家明星公司，就这样像自由落体一样坠落，最终出局。

"什么叫如鱼在水，冷暖自知，我都体会过了。"刘建宏如今对吴晓波在《大败局》里的这句话有更深的感悟："中国企业界似乎有一个宿命般的怪现象：20年来，在中国几乎所有的产业领域中，充当领跑者的企业无一例外都在中途出局。"

他认为这种败局不可避免。"时也命也。有些问题不是我个人和团队咬咬牙就能解决的。很多时候我们都赤膊上阵了，但迟迟得不到后方的供给，你即使再强大，最终也会输。"

加盟乐视前，刘建宏是央视五套的制片人、主持人。到了乐视体育后，他面对的是一个由自己主导的、内容更宽泛驳杂的互联网世界。这意味着他除了自己出镜主持，还得忙着解说、公关、运营、把控、管理……

"他一个懂内容的人，我觉得他的精力在乐视体育被分散了。"资深媒体人颜强这样评价刘建宏在乐视体育的工作。

好友王奇则认为，刘建宏和乐视体育的结合，属于生意场上典型的"各取所需"。"乐视需要他在央视期间积累的人气和人脉对外摇旗，他也需要乐视这个新媒体平台，实现自己对互联网的一次追梦。"

梦醒时分，刘建宏顿感一丝凄凉。"什么是大悲大喜，我算经历过了，但我可能真的还没悟透。"

## 底色悲凉

刘建宏与乐视体育在 2018 年 4 月正式"分手"。在众多中高层于 2017 年纷纷离职的大背景下，他是最后离开乐视体育的那一批人之一。"落井下石，薄情寡义，我真不是那种人。"刘建宏说。

马国力是刘建宏的老领导，他曾任央视体育频道总监，并在 2016 年出任乐视体育副董事长。马国力笑称，离开央视后，自己和刘建宏又在互联网战场上重逢，但身份和地位却"掉了个过儿"。

"以前在央视，开会时是我说，他和同事们听；后来在乐视体育，他是高管嘛，一般都是他讲，我作为顾问在台下听。"马国力说。

与王奇不同，马国力不认为刘建宏去乐视是个错误。"我们经历的很多事情会失败，但其实有的往往蕴含着某种成功。"他还记得刘建宏在央视时经历的一次争议事件。

2002 年韩日世界杯上，由于裁判出现的多次争议判罚，刘建宏和同事多次公开抨击韩国球员和裁判。"韩国方面不满，他们外交部把照会送到了中国外交部，台里当时下达了指示，一律不要再谈裁判的问题。"马国力说。

那届世界杯期间，央视体育频道推出了一档名为《三味聊斋》的节目，由刘建宏、白岩松和黄健翔联袂主持，以脱口秀的方式酷评世界杯，开创了一种全新的体育节目形态，被观众称为世界杯期间的《锵锵三人行》。

而三人在某次节目中的谈话，却无意识间触碰到了那个不久前才被设定的话题禁区。

刘建宏在自传《上半场》中也提及过此事："黄健翔当时刚从前方解说回来，对这个指示不知情；白岩松在世界杯期间变成了完全的球迷，台里的要求未必知道。"

三人越说越激昂，话题也不由自主地被引向了韩国球员在场上的动作，以及裁判的争议判罚。"我是知情的，使劲想把话题拽回来，但双拳难敌四手，一张嘴怎能抵得过他俩的伶牙俐齿？"刘建宏回忆道。

事态严重了。由于节目一再"踩线"，台里的世界杯奖金全部落空。马国力记得事情发生后，刘建宏主动找到他，向他承认错误，"解释了半天，还掉了眼泪"。

马国力决定力挺刘建宏。"后来开会谈这个问题，我当时态度就是：一、我不认为他们的节目有问题；二、我提前看过这个节目，觉得没什么问题，要处分的话我来承担。"这起事件后，刘建宏写了个类似悔过书的材料递了上去，"这事儿就算结束了"。

16年后，当时身处局中的白岩松却对此事记忆模糊。"体育频道的处罚决定，我们新闻频道也不知情啊，建宏也从没跟我说过，敢情他自己一肩挑，扛下来了啊。"

情深义重，但却底色悲凉，这是好友王奇对刘建宏的一个评价。

"他性格极好，是个靠谱的朋友。"至于底色悲凉，王奇认为这与刘建宏多年来专攻中国足球直接相关。"中国足球在他的性格底色上，增添了某种悲凉的味道。我想到一句话，'燕赵古称多慷慨悲歌之士'，放他身上还真挺合适的。"

《足球报》前记者李承鹏，则依然记得10年前《足球之夜》的那场风波。那是2008年1月的一个夜晚。"我和徐阳坐车的后排，建宏坐在前排驾驶室。突然他接了个电话，然后不断偏头看窗外。放下电话他一句话没说，我当时就知道出事了。"李承鹏回忆道。

就在这个电话接通前的三小时，《足球之夜》栏目邀请中国女足前新闻官孟洪涛、前国脚徐阳和李承鹏一起做一期节目。节目最后，主持人刘建宏邀请三位嘉宾，对时任足协主席谢亚龙在2007年的工作打分，孟洪涛打了"良好"，徐阳打了"一般"，李承鹏打了"差劲"。随后的民调显示，有83.4%的球迷选了"差劲"。

"反响很快到来，《足球之夜》在国家队采访的记者首先被叫过去，据说遭到了严厉的批判。后来当我试图和国家队管理组沟通时，一个喝得醉醺醺的声音，在电话那头开始粗鲁、无礼地辱骂。"10年后再次回忆那场风波时，刘建宏这样说。

但他却从没对李承鹏说起过这件事。"一个字都没有。"李承鹏说，"黄健翔说，'你不是一个人在战斗'，但我有时候觉得，独面各类情状的刘建宏，他就是一个人在战斗。"

## 一道鸿沟

好友老六曾为刘建宏改过一句歌词:"最美不过刘建宏,温馨又从容。"

一次"老男人饭局"后,刘建宏和老六共同悟出了个道理:老实,才是做人的最高境界。

《南方人物周刊》前记者张蕾曾多次采访过刘建宏,她把"他(刘建宏)在办公桌和饮水机之间往返,没让我的茶杯空过"这样的细节放进文章中,认为这位央视体育频道前主持人"特好接近,聊天没距离感"。

"刘是那种你在微信上和他交流业务、发泄苦闷情绪时,他可以给你'秒回'的人。"乐视体育的某位 90 后出镜记者说,他有时候觉得刘建宏不像个领导,"很少见他发火,他倒更像'慈父'型的业务精英"。

妻子吕丹妮做 HR 出身,她觉得刘建宏是那种"每个企业的 HR 都会喜欢的人"。但她也认为,刘建宏有时做事会被情感绑架:"他是个挺感性的人,但有时太希望周全,这在管理上其实并不是一种'术'。我有时候觉得,他身上有农民的某些天生的不自信。"

刘建宏的"不自信",也许和他的出身和童年有关。

在他的记忆里,故乡是青灰色的,那是太行山的颜色。当他出生在河北石家庄西部 15 千米的鹿泉市时,就注定了他的童年要与贫穷和饥饿相伴。他曾被周而复始的煮红薯、蒸红薯和烤红薯"吃吐",年少时最大的梦想是能吃一次白面馍馍。

他吃过糠。"一口糠饼子进口,慢慢咀嚼,最后留在嘴里的就是真糠了。无论怎么努力都难以下咽。"刘建宏说自己永远也忘不了那个味道。

对贫困的另一个深刻印象,来自在老家经历的某次出殡。

当时他正念初中,一回家就被外面的号啕声吸引,出门一看,发现了一辆平板车,一具尸体放在车上,被草席包裹着,只露出一双穿着旧鞋的脚。死者出自一个赤贫之家,甚至买不起一口像样的棺材,只勉强置办了当地传说中的'狗碰'(用极薄木板做成的棺材,经不住狗的一碰)。"当时给我吓得胃痉挛了,通体不适吧,好几天都没胃口。"刘建宏说。

过早直面死亡,让他能较为从容地应对人生"下半场"在互联网战场上见识到的硝烟。

他把在乐视体育期间目睹过的那些"生生死死"，和童年的经历及见闻做过纵向对比和联系，最终得出了一个结论：过早地面对战火和生死是件好事，"以后再遇见时，就不会再害怕了"。

他开始了对人生履历的打磨和修复，不断调整待人接物的语气和方式、立场和姿态，企图通过后天努力，填补童年经历里缺失的、与出身有关的那条"窄缝"，但却在不经意间，为自己与某个阶层设定了一条抹不平的鸿沟。

一名曾与刘建宏合作过的摄影记者说，刘建宏有很强的使命感，但也被某种宿命感所约束。"他做事会患得患失。很多你与生俱来的东西，恰恰构成了你与某个阶层之间的鸿沟。这道鸿沟始终存在，乃至你在名声渐大后，都无意或者说无力去抹平，刘建宏便是如此。"

2016年欧洲杯期间，刘建宏和黄健翔、高晓松一起做欧洲杯脱口秀节目《新三味聊斋》。节目中的高晓松一把折扇、一杯清茶，将古今事娓娓道来，刘建宏也在此过程中暗自与之相对照。

"我俩得有多大的差别。人家小时候一推门进的是林徽因家，我小时候一推门进的是隔壁目不识丁的老大娘家。小的时候那个东西，实际上是抹不平的。"刘建宏曾在接受采访时这样说。

他还记得，自己当初决定从石家庄去北京前，老六对他说的那句话。

"宏哥你记住啊，到了那（北京）以后，你就是孙子，只能撅着屁股干活。"

这话他到现在都忘不了。

## 一切尽在不言中

1996年，刘建宏从石家庄电视台辞职。他来到北京，在人大师弟张斌的牵线搭桥下，转投央视体育频道当时正在筹划的《足球之夜》节目，开启了自己此后在央视18年的职业生涯。

也是在《足球之夜》，他悟出了"球场小社会"的道理。

1998年，延边敖东主教练高仲勋在球队遭遇误判后的一句"中国足球没戏了"，让刘建宏现在想起仍然"鸡皮疙瘩掉一地"。

当年的甲B联赛，实力比对手高出一截的重庆红岩，在联赛最后一轮，竟以0：4不敌当时急于保级的云南红塔，后者也凭借这场胜利留在了甲B联赛。

赛后，中国足协判定重庆队消极比赛，决定吊销重庆队主教练陈亦明的教练证书。陈亦明当时声称要进京喊冤，同时点名要上《足球之夜》"讲清事实"。

陈亦明后来先去了足协。"足协当时告诉我，好好好，我们了解情况了，这事你别再说了，明年你继续执教吧，不会吊销你教练证的。"20 年过后，陈亦明这样回忆道。

从足协出来后，陈亦明去了央视《足球之夜》的演播厅。面对主持人张斌的盘问，他左躲右闪，对此事闭口不谈，不过在离开演播厅时，他留下了一句话，这便是日后尽人皆知的那句"一切尽在不言中"。

这七个字被《足球之夜》直播播出，随后足协召开通气会，时任足协发言人的南勇在面对《足球之夜》的提问时，连续说了十几个"这个"，这一画面被《足球之夜》一刀未剪地对外播出。有球迷当时这样调侃："《足球之夜》让南勇从一个新闻发言人，变身为一台'复读机'。"

此事对刘建宏和他在《足球之夜》的同事影响深远，《足球之夜》节目的时长，也从当初的三小时四十分钟，被压缩到一个半小时。

在一个容量 50 年的人生器皿里，他超载般地塞入了一段厚度堪称 100 年的庞杂经历。如今回忆起这桩旧事时，刘建宏指了指自己半白的头发："当年的那些个经历，都藏在这儿呐。"

## 事先张扬的出走

2014 年世界杯期间，吕丹妮在一条足球新闻下方的评论栏里，发现丈夫被网友"鞭笞"了。

评论里有网友调侃，在选择"世界杯期间听谁解说"时，自己会把"听刘建宏解说"排在"静音"之后。"看这些评论的第一瞬间，感觉真是特堵。"吕丹妮说。

让白岩松发觉刘建宏有出走央视迹象的事，是平时从未拍案而起的刘建宏在 2014 年世界杯结束后，公开回应了网友对他解说风格的嘲讽和吐槽。"我觉得他是被激起了一些表达，当时正好想走，希望给球迷一个回应。"

在那届世界杯期间，刘建宏在解说过程中念诗、讲古，隔几分钟开球员玩笑，并在一场半决赛中主动提及了中国足球。"把世界杯的热度引到中国足球身上来，我的任务就完成了。"刘建宏说。

他直言，这是自己"事先安排好的"，为的是让中国球迷在世界杯期间，也能想想中国足球，哪怕代价是千夫所指。他有时会自忖，接着便认定自己就是鲁迅笔下那个说出"那孩子将来是要死的"的人。

"他的初衷是让所有人正视中国足球的现实，但这种方式在一些人看来是冒犯。"白岩松说。

教练陈亦明曾和刘建宏一起解说过比赛。他觉得刘建宏对中国足球的执着，让他有点像个一直在黑夜里击鼓的人。

"好多人会嫌他太吵闹，让他别敲了，但他自己乐在其中，他希望通过敲鼓，让所有人正视自己在黑夜的事实。"

刘建宏的偶像，是美国CBS的新闻主持人克朗凯特。他经常想起克朗凯特在回忆录里写过的一个小故事：当克朗凯特还在地方小电视台担任新闻主播时，有次下了节目后接到一个电话，指名道姓要求和克朗凯特对话，电话那头的观众随后说了很多听起来吓人，但实则没有任何逻辑的大道理。克朗凯特最终果断挂断了电话。"这就是我对待那些极端球迷的态度，对于胡搅蛮缠，你用不着跟他多费口舌。"刘建宏说。

白岩松觉得球迷把对中国足球的不满，都转移到刘建宏的身上了。

"为什么那么多人骂他？因为大家都对国足不满，对大环境不满，但无处宣泄啊。其他主持人都躲闪不及呢，正好你刘建宏在世界杯期间还提这茬，得，就黑你吧。"

那届世界杯后的一个下午，刘建宏把离开央视的决定告诉了马国力。北京当天正闹沙尘暴。马国力把办公室的窗户打开，窗外一片橘黄。"我当时还纳闷，他怎么就离职了。"望着窗外老照片底色般的世界，有那么一个瞬间，马国力觉得这一切似幻若真。

"谁离开我都想得到，刘建宏我是真没想到。"马国力说。在他看来，这个在央视五套说了近20年球的前部下，虽中规中矩但也任劳任怨，虽偶惹争议但却沉着稳重，"不左，也不右，我以为会在央视干到退休的"。

马国力想了几秒，问刘建宏："哦，下一站是乐视体育吗？"

电话那头"嗯"了一声。

那是一次事先张扬的出走。《足球之夜》记者王涛说，他很早就察觉出刘建宏对《足球之夜》的失望。

"过去剪样片儿、过选题，他总是不断追问、碰观点，后来对选题的态度也没那么严苛了，明显能感觉到他所承受的压力。"王涛说。

好友颜强则更早嗅出了刘建宏对于外部世界的向往。几年前，他在上海和央视团队合作，录完节目后外出夜宵，杯酒下肚，略有醉意的刘建宏突然举杯砸向圆桌。

"我记得非常清楚，他当时说：'如果我不是这个主持人身份，我早就豁出去了……'"颜强说。

## 心在江湖

马国力执掌央视体育频道时曾说过一句话："我知道该怎么走，但是前边就是有一道玻璃墙，我踢不破。"在他看来，昔日部下刘建宏骨子里有和他自己相通的地方。

"他是真想干事，但又心思缜密；想保周全，但骨子里又有股清高和冲劲。"马国力说。

李承鹏曾这样评价《足球之夜》早年的初创团队："张斌是揣着明白装糊涂，黄健翔是揣着明白要明白，韩乔生不管明不明白，他都装糊涂，刘建宏吗……"他停顿了几秒，"刘建宏最难说清。他有时需要明白，有时不需要太明白，有时在需要明白的时候挣扎着明白，有时又在不该明白的时候死守着不明白。说着说着，都成绕口令了。"

"人在庙堂混，心在江湖飘。"一名不愿具名的央视前同事这样总结刘建宏，"他心里埋伏着千军万马，只待时机成熟，只待十拿九稳，便倏尔抹杀一切的和谐与宁静。有时别看他身居庙堂式的环境，他心里其实一直住着个江湖。"

其实早在 2005 年，刘建宏就写过一篇《拒绝体制化》的文章："体制化意味着你可以把今天当作你退休前的最后一天过，也可以把今天当成今后一成不变的每一天来过。我希望我们拒绝按照某种模式成长，因为我们的青春刚刚开始。"

他跳出了那块自耕田，走向了一个个未知却又自认为有趣的开放地。如今他更愿意用一段段高低起伏的职业生涯轨迹线描述自己，取代此前平铺舒展的直线；他更喜欢用一幅幅自己记录下的"外部世界激战图"，去否定和推翻过去的"内部盛世桃花源"。

采访过程中，他一再提及大数据、云、算法、移动互联和快手，与曾经那个在电视屏幕前絮絮叨叨，叹息"留给中国队的时间不多了"的刘建宏相去甚远。

如今的他录抖音，玩投影，挥手作别那个叨唠"五问中国足球"的刘建宏，那个被球迷称作"国足祥林嫂"的刘建宏，迎来一个仅仅踢了三分钟下半场的刘建宏，一个顺着潮水涌向潮头的刘建宏。

白岩松有时觉得，刘建宏需要在黑夜里不断击鼓，以期让周围人惊醒。在世界杯的新节目中，望着那个卖萌跳俄舞、八卦聊星座的刘建宏，白岩松有时会忍不住发笑。

"我还是希望他今后能多做减法，毕竟也都 50 岁了。"


历史学旅行者罗新

# 十五天徒步穿越历史，丈量中国

文 / 罗屿


2009 年，北大历史学教授罗新到过元上都（今内蒙古锡林郭勒盟正蓝旗），那个在《马可·波罗行纪》中被称作 Chandu 的地方。那时的上都还没有申遗成功，也没有那么多申遗配套工程，遗址还是一片荒草遮盖下的废墟，罗新因此领略了元人诗文中"川平野阔，山遮水护""万朵金莲次第开"的景象。

2016 年夏天，时隔 7 年，罗新再次来到上都。城池的残垣断壁和那些散落在草丛间的碎瓦残砖仍静静伫立，诉说着元王朝昔日的辉煌，但随着旅游设施全面升级，"遗址看起来文物色彩重而古迹意味轻"，罗新感觉自己仿佛是在博物馆隔着厚厚的玻璃观看橱窗中的古物。

这一次的上都之行，罗新选择了和以往不同的方式：徒步。

从元大都（今北京）走到上都，这个念头罗新已酝酿多年。作为中国中古史和古代边疆民族史专家，2001 年罗新曾和元史专家张帆在论坛上讨论傅乐淑的《元宫词百章笺注》，二人因此谈起"辇路"问题。

何谓"辇路"？忽必烈称汗后建立两都制，每年初夏麦田始黄的季节，元朝皇帝便会离开常年居住的大都，来到草原上的开平城（上都）避暑。九月，皇帝南归。上都与大都之间的道路共有四条，其中两条是专为皇帝开辟的"辇路"。

"既然想研究'辇路',为什么不亲自走一趟?"罗新问自己。怎奈世事繁杂,走辇路前往上都的想法如同都市夜空的星星,在罗新心中时隐时现。直到 2016 年 4 月的某个夜里,他盯着书架上自己读过或计划读的那些旅行书,想到美国作家约翰·斯坦贝克在《横越美国》中的一段话:"我,一个写美国的美国作家……已很久没有听到美国人的言语,没有嗅到青草、树林和下水道的气息,没有看到美国的山水、色彩和亮光了……我正在写着的,恰恰是我所不了解的,在我看来对一个所谓的作家来说这就是犯罪。"

斯坦贝克的话,在罗新看来,带着刺骨寒意。"我一个以研究中国历史为职业的人,真的了解我

2018 年 5 月,罗新在北京家中。(图 – 李伟)

所研究的中国吗?我所研究的那个遥远迷蒙的中国,和眼下这个时常让我大惑不解的中国,又究竟有什么关联?"他反复问自己。

时不我待,53 岁的罗新下定决心,用行动直面心中困惑。2016 年 6 月 24 日,他自北京健德门启程,徒步穿越北京、河北的重叠山谷,最终进入内蒙古草原,抵达上都,用双脚一步步丈量了这段路程。旅程结束后,他用一年完成《从大都到上都》一书。

## 历史学家应当关心边缘人,关心生活在夹缝中的人,替那些历史中的失声者发声

罗新多年来在讲学之余数次进行徒步考察:他曾在夜晚的太平洋屋脊步道,体会野外冷风呼啸;也曾在翻越东天山的 12 条达坂时遭遇暴风雪,命悬一线。

然而为了这次远足，他提前数日就开始在家附近 10 千米范围内进行练习。

一天傍晚，他走到"蚁族"曾经的聚集地，俗称"二里庄学生公寓"一带。《蚁族》一书对各种群租公寓和北漂群体有过详尽描述，但对罗新而言，那是一个他完全不了解的世界，"虽然和我家只隔了一条四环路和几个小区"。当走到"二里庄学生公寓"附近，他发现眼前是干净宽阔的马路和刚刚种上的树木。

几日后，罗新真正开启从大都到上都的旅程，自健德门出发半小时后，他到达了《蚁族》一书中提到的小月河附近。"密集的棚户区被全部拆除，原来多达 10 万人的北漂几乎消失得无影无踪。他们迁移到别的地方，另一个我们看不到、不理解，也不想知道的地方。"

那时的罗新联想到，他曾在拥挤的北京地铁，遇到一个浑身散发着强烈味道的打工者。"我和他贴得那么近，却感到我们之间有不可逾越的界沟。"这些年，罗新无数次反思自己，"我这样的学院派知识分子，早已习惯了远离山野、远离街巷、远离建筑工地、远离满身脏污的劳作人群，更多时候只是在图书馆、在书页和数字里研究所谓的中国和中国社会。对于许许多多层面的现实中国和中国社会来说，我们很大程度上只是旅游者、观光客。"

而罗新想做的，是真正的旅行者。"旅行者不会高高在上，也不会抱着猎奇的目的，哪怕只是短暂的、浅浅的，他也会融入他所经过的一切地方，体会当地人的快乐痛苦，理解他们作为个体的生命。"

作为历史学家的旅行者，也有其道义与责任。这些年，罗新在很多公开场合表示，应重视研究弱者的历史，"今天的历史学家应当关心边缘人，关心那些发不出声音的人"。

从大都到上都的旅程，也成了罗新实践理念的途径。在准备这次徒步的历史资料时，他注意到生活在长城地带的一批"流动"人群，他们被称为"流夷"。在《从大都到上都》一书中，他这样写道："从政治上独立的'李家庄流夷'，到成为黄台吉统驭下的阿勒巴图（意思是属部），再到南奔降明成为明朝属夷的史部，这批长城地带的蒙古人在三十多年内经历了命运的多个转折。而降明之后，又遭遇隆庆和议的重大历史变化……五十多年间，他们的命运一直在风口浪尖上飘摇不定。"罗新觉得，这些人正是生活在夹缝中的人，"历史的夹缝，政治的夹缝，文化的夹缝。我们有责任替那些历史中的失声者发声，有责任把那些被历史书写掩盖的人挖掘出来"。

## 历史学家不是能开药方的人，但是有责任把看到的说出来

罗新一直认为，即使是探讨历史问题，历史学家也不是能开药方的人，"但是我有责任把我看到的说出来"。说真话有时是危险的，"但是你不得不说，那是我们精神获得安慰的唯一途径"。

行至小月河入清河口处的广济桥，罗新看到，这座明代所建的古桥周围全无标牌说明，十多辆汽车停在桥上，有的还裹着银灰色的车罩，古桥已成停车场。

在温榆河上游，罗新发现，如此小的一条河，有的河段还被人筑坝蓄水、养殖鱼虾，水体散发着腐烂的气味。他想到上一年夏天在湖北老家徒步，看到几乎所有的河流都失去了沙滩，"建筑用沙的巨量需求，使得大多数宽阔的河滩被挖得千疮百孔"。

弹琴峡一带，因为修铁路和公路把两边山崖的土石砍削下来，填充到谷底石溪间，河道完全改观，古人诗中所描绘的"水声与石斗，风飘韵清商""白石似琴身，流水似琴弦"已成绝响。

在接近内蒙古地界时，罗新一直留意沿路的小鸟，希望见到蒙元文献中提到的蒙古百灵"白翎雀"。然而他一只都没有看到。鸟类在中国急剧减少，除农药因素外，人为捕杀也是重要原因。罗新在燕山南麓的昌平境内见过多处意在保护果园的粘网，上面粘有数只垂死挣扎的小鸟。而人类捕鸟的目的五花八门：有人为美食，有人为笼养，有人为放生，有人则仅仅是因为好玩。

在《从大都到上都》一书中，罗新引用了《中国鸟类观察》杂志一篇名为《蒙古百灵的飞羽之殇》的文章，作者徐亮写道："每至暮春时节，河北、京津的花鸟市场上，大批蒙古百灵的雏鸟九死一生地被与草原和亲鸟分离，瞪着惊恐的双眼待价而沽……庞大的市场需求、诱人的高额利润和缺失的法律规范，促发了新的产业——在内蒙古和河北北部的草原地带毁巢捕鸟。"

然而，受伤的何止鸟类？

在黑城子以东往正蓝旗方向，有一片连续的沙丘地貌。作为在蒙古高原最大、最著名的沙漠"蒙古戈壁"行走过的人，这一次，走过这些小小的沙丘，罗新觉得难度并不亚于戈壁大漠中的冒险。因为一道又一道的铁丝网拦着去路，他必须翻越或推倒它们才能继续前行。

这些年来，罗新在草原地带考察较多，对草原退化问题有所耳闻，而这一次，他才切实感受到草原分化的严重程度。"草原铁丝网，以及村庄与村庄之间

壁垒森严的管理方式，看起来是为了社会安定，但是另外一方面却牺牲了很多东西。草原被切割成丑陋的碎片，另外，这个地区即使还有野生动物，也势必会被这些铁丝网困死。"罗新看过一个报道，外蒙古的黄羊因为饥饿想到内蒙古来，结果几千只黄羊全部死在铁丝网里。"也许牧民并没打算伤害它们，实际上却把它们杀死了。"

## 当时间和空间被压缩得几乎不值得测量时，徒步成为对主流的一种抵抗

虽然看到了社会发展中危险的一面，但通过这一次徒步，罗新说，自己也对大地产生了更深的感情与理解。"常有人问我走一趟有什么收获。也许在专业研究的意义上，我的确未能获得任何可以算作科研成果的新发现。"但罗新觉得，当自己走过一个又一个村庄，见到一群又一群的陌生人，这些人对他表达的善意，他永远不会忘记。"学历史的人其实最喜欢讲未来。你觉得未来有希望吗？这个希望建立在哪里？建立在此刻，建立在对人的认知上。如果现在的人都是让你讨厌的，都是靠不住的，未来怎么可能是值得期待的？你对人有了信心，也就对未来有了信心。"

罗新一路没有遇到一个对他怀有恶意的人，"我遭遇的都是善良与温暖"。在一个尚未投入使用的精致恢宏的建筑旁，罗新在外廊下歇脚时拿出自带的罐头榨菜，看门人说了一句"没热的呀"就骑车走了。然而不一会儿他又回来，从自行车前筐取出两只搪瓷碗，里面盛着热馒头和青菜。他说是去食堂打饭，顺便帮罗新打了一点热的，因为"吃凉的不好啊"。

在石柱村，小卖部店主给背负行囊汗流浃背的罗新泡上面，又拿出两包榨菜、一盒蛋糕、两瓶冰镇啤酒，并强调"吃吧吃吧，不要钱"。当听说罗新要一路走到上都，店主又打包了几样东西给他，仍旧强调"不要钱"。这让罗新想到之前在家乡山里的一次经历：他遇到的一个村民见他在吃东西，问他吃些什么。罗新刚要与他一起分享，对方说："你这个不好吃，我这有好的，给你！"

在与人的交往中，罗新深刻感受到普利策奖获奖人、美国《国家地理》杂志撰稿人保罗·塞洛佩克（Paul Salopek）在《徒步世界 21000 英里我学到了什么》一文中所写的："徒步穿行于地球上，我重新与人类同胞建立了连接，以一种我过去作为乘坐飞机、汽车纵横于地图上的记者所从未设想过的方式。"

从大都到上都，罗新走了 15 天。"古人会花更长时间，因为他们不像我们这

样急着走完全程。他们人生当中相当一部分时间在路上。"在罗新看来，正是慢速移动让古人更多地浸润在自然与社会中，与时代、与大地建立起更丰富、更深刻、更富有意义的联系。"而后工业时代，我们生活的方方面面，正日益迷失在速度与空间的激烈变幻中。当时间和空间被压缩得几乎不值得测量时，徒步成为对主流的一种抵抗。对抗主流也是知识分子的一种责任。"

# 蕾拉·斯利玛尼：我用文字与这个世界温柔对峙

文 / 赵渌汀

蕾拉·斯利玛尼结婚时换了 6 条裙子。

受《古兰经》里关于爱、同情和欢乐等章节的影响，她习惯用伊斯兰教的传统观念规划未来。虽然已在巴黎定居，但她还是选择把婚礼举办地放在老家拉巴特——摩洛哥的首都，尽管她曾在采访中明确表示"不愿意回摩洛哥"，因为在那里"做女人比做男人要复杂十倍"。

斯利玛尼以"闯入者"的身份进入法国民众的视野是在 2016 年。那一年她的小说《温柔之歌》获得法国龚古尔文学奖，这也是该奖首次颁给一位 80 后作家。获得龚古尔奖时，斯利玛尼正在怀孕待产期。

在获奖后接受法国 ELLE 杂志采访时，她谈及了和一位读者的交流。"他告诉我，这是头一次摩洛哥人不是因为真人秀或恐怖袭击在法国成名。"斯利玛尼说。

"懂得写作本身就是一种反抗。"这是她随后给这位读者的回复。

反抗由此成为斯利玛尼成年后的一个标签。她尊重传统，但同时又游走于离经叛道的性格边缘。成长于摩洛哥、工作在巴黎的经历，让她成了法国文坛一个拥有北非血统的"异类"，而对现实题材的关注和创作，又让她在法国批判现实主义文学江湖里获得了一席之地。

2011 年给刚出生的儿子喂奶时，她从新闻中看到了法国政治家卡恩对女服务生的性侵事件，于是迅速在几个月内完成了自己的第一本小说《食人魔花园》。书中的主人公——法国女记者阿黛尔——在巴黎生活富裕，过着"白天蹉跎慵懒，夜晚狂欢笙歌"的双重生活。斯利玛尼用文字记录了一个女性性瘾者的都市生活，她认为"人一旦灵魂迷失，肉体便成为禁锢人们的囚笼"。

2012 年发生在纽约的波多黎各保姆杀婴案，让斯利玛尼再次提笔构思，描摹出一个和 2017 年杭州保姆纵火案如出一辙的悲情故事：

女保姆路易斯与米莉亚姆一家四口生活在巴黎一处高档住宅，律师出身的米莉亚姆在产后不愿放弃工作，于是和担任音乐制作人的丈夫保罗商量，招个保姆带小孩。勤快又耐心的外地保姆路易斯在面试通过后，很快征服了米莉亚姆一家人。

为讨孩子欢心，她愿意扭动身躯扮野人；她一个人能轻松搞掂平时两个人才勉强完成的家务活；她烹制的白汁牛肉、火锅和鼠尾草小腿肉让米莉亚姆和丈夫赞不绝口。"我们家的保姆是个仙女。"路易斯在小说里收获了所能得到的最高赞誉。

但这个几乎完美无瑕的保姆路易斯，此前的人生轨迹却罕为人知：丈夫去世后，给她留下一大笔未偿还的债务；她唯一的女儿不理解她，离她而去；她在巴黎郊区租房的房东对她挑三拣四；其他家庭的保姆都不理她，不和她亲近……

在获取米莉亚姆一家的信任后，路易斯收获的是阶层上的平等。她自信这家人对她极其依赖，便开始期待更多可能得到的特权和奖赏。但米莉亚姆和保罗这对巴黎中产夫妻并不希望保姆过多介入他们的日常生活，于是与保姆的关系由亲密渐渐走向冷漠。

再次被主流阶层抛弃，加上债务和满满的社会偏见，弱小的保姆终起杀心。

法国《阅读》杂志认为这部小说里的一切"都是真实的，甚至过于真实"，但斯利玛尼对这个时代所暴露的某些社会问题显然是不满的。"这是个无法回避的敏感问题（已婚妇女选择工作还是育儿），但对于这个边缘话题，人们却几乎不去关注。我想把关注点转移到小孩、老人、机构、阶级当中的混乱和不公平上来，但我们的社会对这些问题并没有多大兴趣。"斯利玛尼说。

她迫切希望踩在现实肩上，以腾空一跃的方式博取外界对冷僻角落的关注和思考。在法国《解放报》论坛上的一篇文章中，她曾描述自己所向往的存在方式：

"走在街头，坐夜班地铁。穿一条超短裙、一件低胸衣服，脚踩高跟鞋。在舞池中央起舞。化妆化得像辆迷彩车。喝到微醺去打车。肆无忌惮地躺在草地上。搭顺风车。坐夜班公车。一个人旅行。一个人在露天酒吧喝酒。在无人的道路上狂奔。在长凳上等待。搭讪一名男子，然后改变主意扭头离开。消失在城铁的人潮中。上夜班。在公共场合给我的孩子喂奶。要求涨工资。在这些日常生活中平淡无奇的时刻里，我要求拥有不被纠缠的权利，甚至连想都不用多想就可以去做的权利。"

于是她选择用文字与这个世界温柔对峙。"我要的不仅仅是内心的自由，我要的自由，是可以投身于这个也属于我的世界，在自由的空气里呼吸。文字不能改变世界，但也许可以改变读它的人。"斯利玛尼说。

专访蕾拉·斯利玛尼

# 这个时代的人一直在变，但社会却总在原地踏步

采访 / 赵渌汀

《新周刊》：《温柔之歌》里的故事让很多中国读者联想到 2017 年的"杭州保姆纵火案"，当事人都住在大城市，且都是中产家庭（保姆为了偿还赌债，本想放火烧屋然后自己扑灭立功，再获得主人的金钱嘉奖，没想到最终酿成火灾）。你了解过发生在中国杭州的这件事吗？

斯利玛尼：我得承认，我不知道这件发生在中国的事，你的讲述让我又得知了一个悲剧。但这不是我第一次听到类似事件。坦率地说，这个世界每时每刻都在发生着类似的事情，任何时代都不可避免。所有事件就像无数个小点，频繁发生后最终汇成了一个平面，一个所有人都无法忽视的平面。

《新周刊》：这本小说的原型来自 2012 年纽约的波多黎各保姆谋杀主人家小孩的事件，你当时听到这件事是什么感觉？

斯利玛尼：我当时正在写作，突然就看到了这条新闻。在媒体工作的原因，使我经历和接触过许多类似事件，我当时就产生了写本小说的冲动，想通过自己的文字，还原那些形式不同但内核一致的新闻事件。

接着我开始了资料的收集工作，我找了很多身处新闻旋涡中的保姆，聊她们为什么去体罚、虐待甚至谋杀雇主家的孩子。通过面对面的交谈，我希望探究她们这么做的动机，以及致使她们步入深渊的各类社会因素。我觉得这是一个媒体人应该做的，也是写作者的使命。这些不同的事件里，隐藏着多数人都会忽视的许多社会公共问题，这些问题才是值得讨论和书写的，这对写作者来说有天然的吸引力。

《新周刊》：你在《温柔之歌》的开头就写了两个孩子的死亡，这让故事略带悲情和残忍。你曾说自己主张的是一种文学上的不适感，这种观点是不是和你此前做过记者有关？

斯利玛尼：可以说有关，但其实也没太多关系，因为我在写作的过程中，并没有体会到不适感。

我曾经做过记者，而这也让我意识到，最难的其实是你与事实之间保持的距离，把握和拿捏准那种分寸感相当重要。当你直面悲剧时，你的态度是怎样的？你能否保持客观？你会被那些骇人听闻的真实情节击溃吗？作为记者，我不能轻易被新闻事件同化；作为小说家亦是如此，这是底线。

《新周刊》：在龚古尔奖颁奖礼上你曾说："在我七八岁的时候，我已经对保姆在家里的奇怪处境非常敏感，她们给我的感觉既像妈妈，又像陌生人。我总是被她们的困难处境和可能遭受的屈辱牵动。"你小时候印象里的保姆是怎样的？和你之间发生过哪些故事？

斯利玛尼：小时候我家也请过一个保姆，她非常专业，一直很细心地照顾我们全家。她希望我们几个孩子长大后都能成为高素质人才。我当时对她的感觉是：这真是个让人亲近的女性，她对我们的感情是发自心底的爱。

不过随着时间推移，我们之间的鸿沟越拉越大。教育程度的不断提升，让我们越来越习惯于和母亲分享我们每天的心得，而这让她感觉不适。她在我们家虽然服务周到，但却大字不识一个，我们之间的话题和沟通也越来越少。

这其实就是《温柔之歌》里的保姆路易斯的真实感受。她曾经被雇主家众星捧月，但此后因为各种原因，逐渐被这个家庭边缘化，这让她产生了很大的落差感。"路易斯"这个名字其实源自20世纪末的路易斯·伍德沃德事件，她是个英国姑娘，在美国一个家庭医生家里做保姆，猛烈摇晃婴儿致其死亡，这是个典型的"少女杀婴案"。

《新周刊》：你怎么看待当下都市女性在育儿和工作间的抉择？

斯利玛尼：西蒙·波伏娃曾说过一句话：人们错误地认为伟大的战争和他们无关，和他们相关的只有阶级战争。以一个女性的视角去看待这句话，我觉得说得很对。你去找工作时，你去处理和老板的关系、去抚养孩子的时候，女性地位的复杂状况就一一显现出来了。我对这个复杂的境况非常感兴趣。

是投入工作还是照顾孩子？这大概是所有家长都会遇到的艰难抉择。每个人都会想：我该怎样保护孩子？我到底该信任谁？这些问题都让我痴迷，我十分关注，也格外希望触碰那些艰难抉择里所蕴含的非理性因子。

我对雇主与保姆之间的关系也很感兴趣，这是一种复杂的关系——一种表面平等但其实暗含阶级差异的关系、表面和气，但其实暗潮汹涌。这种关系会随着保姆在家庭里的地位，以及和孩子之间的关系的改变而悄然发生转变。

《新周刊》：你现在给儿子请了保姆吗？

斯利玛尼：儿子 6 个月大的时候我就请了保姆。我当时不满 30 岁，保姆却比我大 20 多岁，我就这样成了她的"老板"。与这种生活经验远比自己丰富的女人相处感觉总是怪怪的，但我试图不让自己陷入在小说中编织的噩梦里，否则我真会疯掉的。

我小时候在拉巴特长大，家里请的保姆和我们在观念和阶级上永远存在着一道无法逾越的鸿沟，这是生而存在的，也是不可逆转的。

还有一件挺有意思的事情。我妈妈总会这样问我："你儿子现在和谁在一块儿？"我回答："和他爸爸在一块儿。"于是她就狠狠批评我："噢可怜的孩子，你竟留下他一个人！"

但我妈妈说的比做的好听多啦。年轻时她是摩洛哥的第一批女医生，小时候她都经常不在家，她自己现在倒忘了！

《新周刊》：你的上一部小说《食人魔花园》的灵感是 2011 年发生的"DSK事件"（法国政治家多米尼克·斯特劳斯－卡恩涉嫌在纽约的一家饭店性侵一名女服务生）。新闻事件看起来已经成了你创作小说的不竭源泉，这对小说家来说是不是一种偷懒的写作方式，因为只需要从现实的土壤中随意汲取并稍作改编就可以写出一部小说？

斯利玛尼：不，这其实只是现实主义小说的一种表现形式。我有很多喜爱的作家，比如陀思妥耶夫斯基和托尔斯泰，契诃夫则是我在文字创作道路上的一个标杆。法国作家里我欣赏加缪、杜拉斯和莫泊桑。

现实是创作的一个基础，不过写作需要通过创作和加工，让事实变得更具普遍性和说服力。作家伊凡·雅布隆卡（Ivan Jablonka）曾说，历史就是一种当代文学。我倒不觉得自己此刻是在书写历史，我只是希望借那些残忍甚至不忍卒读的故事，为那些逝去的人和事留下一点纪念文字。

《新周刊》：《食人魔花园》和《温柔之歌》里的人物都无法逃脱命运的掌控，你在构思这些人物时，尤其是女性角色时，会有自我代入感吗？

斯利玛尼：不会，我始终和这些人物保持一定的距离。我平静地讲述他们的故事，但我不会受他们各自生活的影响。

《新周刊》：你从小出生和成长在摩洛哥，伊斯兰文化对你影响有多大？《温柔之歌》里的故事如果发生在摩洛哥，你觉得最终的反应和效果会怎样？

斯利玛尼：如果这本书里的故事发生在摩洛哥，大家的反应肯定会更强烈。在摩洛哥，做女人比做男人要复杂十倍，女性的私人空间总是被无意侵犯。我记得自己 17 岁时和一个男孩同坐在一辆车里，竟然都被警察拦下，而且竟然认为我是妓女，这真是不可思议。

由于社会阶级差异而引发的暴力事件，这些年在全球都屡见不鲜，在摩洛哥就更多了。这个时代的人一直在变，但社会却一直没变，还在原地踏步，这无疑是令人担心的。

# 安东尼·波顿：最好的厨师都当过洗碗工

文 / 谭山山

## 再见，安东尼

6 月 8 日晚间，在社交媒体上，很多美食作家、写手不约而同地缅怀一个人——安东尼·波顿（Anthony Bourdain），他是 CNN 系列节目《未知之旅》（Parts Unknown）制片人兼主持人，同时也是一位作家、前主厨，最出名的著作是《厨室机密》（Kitchen Confidential: Adventures in the Culinary Underbelly）。他的猝然离世，令人震惊。之后有消息证实，正在法国拍摄新一辑《未知之旅》的他，死于抑郁症导致的自杀。

2017 年 10 月，安东尼·波顿率《未知之旅》剧组来到斯里兰卡进行采访、拍摄

得知安东尼·波顿的死讯，有人翻出了他 2016 年在节目中与巴西因赫泰姆艺术中心（Instituto Inhotim）创始人贝尔纳多·帕兹的一段对话。"你关心你会为后人留下些什么吗？"波顿问帕兹。帕兹的回答是"不"，波顿接着说道："我也不关心。我根本不相信我会留下什么。"

缅怀他的人不会这么想。事实上，他的《厨室机密》《厨师之旅》（均为三联书店 2004 年版）当年所带来的冲击，让很多文艺青年念念不忘，并把这两本书视为对自己的美食阅读、美食写作影响最大的图书之一。著有《厨房里的人类学家》的庄祖宜就是其中一位。

从明代的张岱、清代的袁枚到民国时代的林语堂、俞平伯、废名、周作人等，"好美食"（张岱语）的，总是文人，在美食评价体系上，他们占据了绝对的话语权。西方也类似，朱莉娅·柴尔德这么厉害的厨师，人们只记得她的食谱；而品鉴美食这种事，还是得交给 M.F.K. 费雪这样的作家。在庄祖宜看来，转机发生在《厨室机密》的出版。当时已有 28 年厨龄的安东尼·波顿将后厨的内幕和盘托出，包括厨师每天要应付超过 12 小时的体力劳动以及各种突发状况，就像高压锅一样随时会爆、粗口、暴力什么都来。这种掏心掏肺的非虚构叙述，无疑更吸引人。庄祖宜 2006 年放下正在撰写的人类学博士论文，进入剑桥厨艺学校学习烹饪，学成后到香港四季酒店当学徒，同事们礼貌、规矩，厨房里完全不像安东尼·波顿笔下的那么劲爆，她居然为此有了强烈的失望感。

## 要保持厨房的运转，仰赖神秘的"D体系"

1999年，时年43岁的安东尼·波顿在《纽约客》发表了《读这篇前不要吃》一文，自曝行业内幕。出版商找上门来，建议他写成一本书，也就是后来改变他的人生的《厨室机密》。

"当我开始每天早上在书桌上敲打《厨室机密》的时候，我根本就没指望纽约餐饮界之外的人会读这本书。当时我作为一个欲求不满、妒火中烧、被排挤被边缘化的人，对社会还抱有深深的敌意。我只想把厨师和服务生逗乐，其他人都去死吧。我当时就是这么想的。"在《再赴美食之旅》一书中，安东尼·波顿说明了自己写《厨室机密》的初衷。

"他们是一些性情古怪、道德堕落的家伙，是瘾君子、难民，是强盗、酒鬼、小偷、荡妇和精神障碍者。正像很受尊敬的三星级厨师斯科特·布赖恩所说的，厨师这行吸引了很多'边缘因素'，一些在生活中遇到问题的人，也许他们在中学时不成功，也许他们在逃避什么事情——前妻、破碎的家庭、法律上的一些麻烦、因为来自贫穷的第三世界而没有进一步提升的机会。或者，像我这样，只是因为喜欢。"《厨室机密》中这段话，解释了厨师是什么样的人。

在厨房里，你是什么样的人并不重要，最重要的事情是完成自己的工作。如果你看过英国大厨戈登·拉姆齐的真人秀节目《地狱厨房》，对厨房可能面临的紧张和混乱就会有直观的了解。要保持厨房的运转，仰赖神秘的"D体系"。D来自法语单词debrouiller或demerder，原意为"摆脱困境"。乔治·奥威尔在《巴黎伦敦落魄记》一书中也提及这个词，指随机应变，无论如何都能把事情搞定，所有洗碗工都希望得到这个头衔——毕竟奥威尔是在巴黎X餐馆当过洗碗工的人，有亲身体验。

安东尼·波顿说，最好的厨师都当过洗碗工——他自己就当过。17岁那年，他在马萨诸塞州科德角的普罗温斯敦的一家餐厅打暑期工，第一份工作就是洗碗。也正是那次洗碗工经历，让他意识到自己说不定挺适合当厨师。有些优秀的主厨会患上"洗碗机综合征"，其表现就是在工作的间隙，他们会偷偷跑到碗盘区，花上一小段开心、自在的时间清洗碗盘。安东尼·波顿还说，如果你去问一个主厨，这份工作最糟糕的地方是什么，会得到这样的答案：燥热、压力、快速、与正常社会隔绝、长时间工作、痛苦、长久而不断的专业要求。

"弯下腰活（最好是把头一路埋到胯下），还是站直了死，这是一个问题。"

电视人、作家、名厨，这是安东尼·波顿最主要的三个身份标签。在《美食节目幕后迷辛》（见安东尼·波顿著《胡乱吃一通》）一文中，他曾对这三个标签进行反省："我是主厨吗？好吧……不再真的是了，是吗？在无须担任体力劳动后，我的双手如此柔软细嫩，简直可以当高级保养品的代言人。我是什么作家吗？我不知道。我不大喜欢作家。如果让我选择跟一群作家还是一族呜呜叫的猴子一起被困在荒岛上，我想我会选择猴子。至少我可以吃它们。而什么是'电视人'？天哪！我希望我不是那种人。我宁愿在签证申请表上填入'习惯性手淫者'，而不想承认自己是那种人。"

他在书里写道，自己每次去老友埃里克·里佩尔（就是和他一起赴法国工作、最早发现他去世的那个里佩尔）的伯纳汀餐厅吃饭，都遭到狠狠挖苦："你在这里干什么？你这个出卖自我的人！这不是你的地方？你是怎么了？你变了，老兄，你以前很酷的。"

其实这三种身份安东尼·波顿都应付得不错。在他20世纪70年代刚入行的时候，厨师还不算什么正当职业，正如他所说，"是小混混、不适应社会的人跟可怜的孤独者的最后避难所"；80年代以后，厨师的运气变好了——也许是因为发现混乱的性行为会致命，人们把注意力转移到美食上。聪明的主厨都知道，只是菜做得好是不够的。除了在餐厅为顾客建立起一种类似表演舞台的气氛——装潢、灯光、餐具、BGM、穿着制服的服务生等，主厨本人也要迎合顾客的期待，构建某种个人形象——比如戈登·拉姆齐在节目中著名的咆哮和粗口。

要论酷、飒，戈登·拉姆齐还远不如安东尼·波顿呢，但卖人设、迎合粉丝的期待，就不是安东尼·波顿了。他说过这样一句话："我鄙视讨人喜欢的厨师，因为他们颠覆了厨师身上最杰出的品质：我们的他性。"还有一句话更酷："弯下腰活（最好是把头一路埋到胯下），还是站直了死，这是一个问题。"

## 最后一餐吃什么

安东尼·波顿和主厨朋友们吃饭时，喜欢玩一个"死牢游戏"：假如只能再活几个小时，你最想吃的最后一餐是什么？他在游戏中担任记录，发现没有一个人想去没去过的米其林三星餐厅吃大餐，相反，大部分人的选择都是简单的食物，面包加牛奶、牛排加薯条、法式油封鸭腿和一盘意大利面是最常出现的答案，"妈妈"的提及率也很高。

这个创意后来被摄影师米兰妮·德尼亚做成了一本题为"My Last Supper"的书，台版译为"终极飨宴"（译者为美食作家韩良忆）。书中一共采访了 50 名世界知名大厨，每人一幅肖像照，同时回答这六个问题：在哪里用餐？跟谁一起吃？吃些什么？佐餐饮料是什么？听什么音乐？谁负责下厨？

安东尼·波顿是其中最酷的：他选择全裸出镜。他的最后一餐，想吃"烤牛髓骨、洋香菜与酸豆沙拉，配上几片烤过的棍子面包片，撒点上好的海盐"。至于和谁一起吃，他的回答是："既然死亡显然已迫在眉睫，我大概会想独处，不过我还是会装英雄，扮出沉着冷静的模样。这时，如果有以下这些不分古今、来自天南海北的人物为饭友，大伙儿或许会聊得很尽兴。这些人包括作家格雷厄姆·格林、双面间谍菲尔比、好莱坞女星爱娃·加德纳、默片明星露易丝·布鲁克斯、导演奥逊·威尔斯、捷克乐手伊吉·帕兹、导演马丁·斯科塞斯、大厨加比尔·汉密尔顿、作家尼克·托奇斯、拳王阿里和好莱坞女星卡洛·林白。"

# 李伯清：钻出小楼成一统

文 / 赵渌汀

剃度当天，李伯清记得成都的天空云白如絮

四川彭州的三昧禅林那天来了近万人。有人说，专门带娃娃来，看看评书大师怎么变寺庙法师。

李伯清记得那天是 2007 年 10 月 29 日。他在上午 11 点赶到寺庙，向粉丝们挥挥手后走进解冤堂，跪下拜了金面佛，然后起身迎接戒刀和净瓶。

头发掉落，40 多个评书弟子哭作一团。

剃毕，李伯清摸摸头，扬起三角眼来了句"大家以后喊我法号'广慈法师'哟"。

10 年前那场奔着"出世"的剃度，却在随后为广慈法师惹来意料之外的世俗凡务："李贝贝"（四川话"李伯伯"）的粉丝隔三岔五来拜谒，求合影。

这可让广慈法师犯难了。

两个月后，李伯清别寺还俗，脱去青衣，重新披上对门襟的中长马褂，穿上反扫荡裤子和圆口布鞋，又开始嬉皮笑脸地做回"李贝贝"。

## 李伯清就像成都民间的一块硬盘，他的升起与衰落，刻写着属于川蜀的时代

李伯清剃度在成都有多火？

如今许多成都人回忆起 2007 年成都发生的大事时，除了脱口而出"天府广场终于修好了"，都会下意识地补一句"哦，那年李伯清好像剃了个光头"。

也有人说，剃度其实是李伯清的一次自我炒作。

这不是李伯清第一次在舆论场引发争议。"剃度事件"往前倒推 7 年，"李贝贝"还曾"负气走山城"。

2000 年 5 月 20 日，刚过立夏的成都烈日灼心。一辆奥拓在桑家坡急刹车，李伯清跳下车，在这块川渝交界的坡道上跪下，面朝成都三杯酒、三叩首，念出一句"江湖切口"："从此我与成都缘已尽，义已绝。我死也不回成都，骨灰都不撒回来。"

于是，蓉城成都成了李伯清的旧"点子"，山城重庆成为他的新"合吾"，是他开拓散打评书的下一站。

在成都，所有人都知道有个"散打王"叫李伯清。

他高且瘦，滑且痞，嘴上一撇须，浓眉三角眼。剃度前他戴过真发做的假发，某次出门遇上大风，他索性丢掉假发，露出秃顶的脑门。

他平时最喜欢对襟排扣长马褂。20 世纪 80 年代起，一桌、一扇、一杯茶开启了他在茶馆的"散打"生涯，他习惯在评书江湖里扯几句家长里短，聊几分世间百态，冷不丁夹带私货地抖几个"黄包袱"，围绕邻里纠纷、婆媳战争、耍贫拌嘴、人情冷暖、世间丑恶，等等，来一通评书式点评，然后再荒腔走板地

以醒木和折扇为道具，配上变调频繁的四川话，保证让你听完"巴适"（四川话，意为"舒服"），看完"撇脱"（四川话，意为"轻松"）。1994 年，出版社为李伯清录制第一盘散打评书磁带，"李贝贝"彻底火了。

据不完全统计，行走散打评书江湖 30 年，李伯清打烂的纸扇子有十多把，用旧的折扇两箩筐，品种不下 10 个。他还携带 10 厘米醒木。有次在茶馆"散打"后，他在散场时瞥见有人举着副对子：世上多少稀奇事，尽出三寸醒木中。李伯清大笑，扔醒木下台，卷对联走人。

成都作家马骥曾在《散打笑星一抽底》中解释过成都的散打评书："围绕着一条故事主线，用散说的形式摆出很多龙门阵来，任其自由发挥，表达一种实实在在的情感，可谓形散而神不散，打破了'照书而说，评书而论'的旧模式，形成别具一格的'散打门派'。"

马骥还记得自己第一次听完李伯清"散打"后的感觉："那是上世纪 80 年代了，那场结束后我跑上台，对李伯清说了三句话：'你是天才。你是银行。你是爸爸。'天才自不待说。银行怎么理解？取之不尽，用之不竭。爸爸嘛，就是所谓散打评书界的'爸爸'。"

成都某作家曾说，李伯清就像成都民间的一块硬盘，他的升起与衰落，刻写着属于川蜀的时代。有人说，2005 年以前的李伯清，在成都的人气堪比 2005 年后的李宇春。

但他和成都的"蜜月"期在 2000 年戛然而止。


**"别人的肉长在身上，他的'肉'长在肚子里。有内秀的人往往不显山露水，他们会眯起眼，暗地里打量外界各方对自己的态度。"**


李伯清常把自己的一次经历当段子说——有次他去上厕所，收费的小妹一见就喊："哟，李老师的嘛，随便屙，随便屙，不收钱。"

"社会我李哥，人善话也多。"在成都随处可见茶馆，有茶馆的地方就有江湖，"李贝贝"能轻松跋涉"江湖之远"，却未必登得了"庙堂之高"。"我搞艺术这几年，成都有 600 万人听过我的段子……四川文化系为啥不管我呢？他们为啥子不向我伸手呢？"李伯清曾这样自问。

马骥觉得，李伯清虽然在民间粉丝万千，但他始终觉得自己"不够安全"。"别人的肉长在身上，他的'肉'长在肚子里。有内秀的人往往不显山露水，他们会眯起眼，暗地里打量外界各方对自己的态度。"

出走成都、前往重庆前，李伯清多次向成都文化系统提出申请："我不患寡，但就是患不均。其他演艺人员能进'笼子'（体制）享受待遇，为啥子我不能？"

得到体制和系统的荫庇曾是他的最大梦想，为此他甚至不惜与这个系统为敌。

13 岁那年，李伯清就参加了工作。他当过木匠、修理工、火头军，拉过架架车、蹬过三轮车、开过摩托车，但他永远不开汽车，"特别怕碾到人"。

20 世纪 70 年代，他在四川省博物馆做炊事员。有一天单位组织员工看《攻克柏林》，伙食团团长告诉他："今天早点把饭给煮了，其他人要去看电影。"

李伯清一愣："我呢？"

"临时工没得看。"

李伯清当时的感觉就像被针扎了好几下。第二天他立刻辞职走人，"一分钟都不想再留"。

从此，他每到一个单位，潜意识里必然伴随着一种"孤独和落寞感"。虽然在民间收获粉丝无数，但他始终无法在官方层面获得承认。他经常说，特别害怕下一次《攻克柏林》上映，自己依然无权购票。

"与其说我在乎体制，不如说我在乎平等，我希望超越阶级属性，每个人都能自由地表达、平和地协作。"

体制就像一座能量无限的小楼，在李伯清面前画了条红线。楼的门槛对他来说很高很高，但里面的世界在他看来也很美很美。站在小楼前他感到无比渺小，但也憧憬有朝一日跨入其中后的骄傲。他当时想到的是鲁迅的一句诗：躲进小楼成一统。

与鲁迅类似的是，他发明的"散打评书"也如刀似剑，剖出市井文化中的人性曲直，剜开民间社会里的遗毒和陋俗。但很多成都人听不惯。

为此，李伯清曾写过一首满含怨气的诗："吾本蜀都一凡夫 / 为谋生计去说书 / 心直口快人得罪 / 遭来笔伐与口诛 / 心灰意冷求隐退 / 山城刮来迎客风 / 他年不遂凌云志 / 至死不肯返蜀中。"

"喜欢我的人很多，骂我的也不少。有人说我李伯清辱没成都和成都人，但没人懂爱之深、责之切的道理。"

2000 年，重庆群众艺术馆愿意为他解决人事关系，并提供职称和职务。"李贝贝"于是下决心挥别成都、奔向重庆。

"我曾小心翼翼地做人，不沾惹哪个，如同一个乌龟似的。人家把我放在桌子下面垫脚，等到木头烂了、桌子垮了，我又爬起来，自在地走了就是。"

在重庆待了两年后，李伯清又回到曾经赌气说"缘分已尽"的成都。"娃儿一赌气离开了妈，如果妈都原谅娃儿了，娃儿还不回来，那不是不懂事了吗？"对于自己食言又回到成都，"李贝贝"有自己的一套说辞。

在体制的小楼里转了一圈后，李伯清发现自己还是和江湖味"更相投"。

"他一个混江湖的，跑去机关，跑去寺庙，显然不搭啊。"徒弟廖健说。

重庆人廖健是李伯清收的第一个徒弟，他和李伯清相识于成都某个酒吧。廖健当时和刀郎一起在酒吧做夜场歌手，李伯清有次听他唱歌后连连叫好。李伯清去了重庆后，廖健想方设法和他"混在一起"。

有一天李伯清问他："你个娃子天天跟我腻歪，是不是想让我收徒？"

这话正中廖健下怀。于是从廖健开始，李伯清陆续收徒，希望有晚辈能接续自己的散打评书。

2005 年，廖健出了自己的第一盒音乐散打评书磁带。李伯清觉得挺有意思，决定把徒弟推向前台。

当年 7 月一个酷暑的午后，李伯清躺在摇椅里，摇着蒲扇告诉廖健："要想出名，要想俘获观众，就要让观众记住你，记住你就好办了，多听你的作品就好办了。"两人在李伯清的庭院里闲聊时，李伯清突然起身，一拍大腿："要不这样好了，让你来'踩'我，这样观众就喜欢了。"

廖健一愣，没懂他的意思。

李伯清让廖健带上后者的评书磁带去找《成都商报》的老朋友。"师傅希望报纸做一个类似'廖健音乐散打评书 PK 李伯清散打评书'的标题。"廖健事后回忆，第二天出刊的报纸娱乐版标题果然火药味十足，"师徒 PK，廖健要用音乐散打评书'踩死'李伯清"。

廖健随即"大火"。在此后的一次成都体育馆的演唱会上，李伯清出面澄清了"踩死"事件，并表示"踩死"的真实意思是"超越"，希望外界不要为难廖健。

"这都是师傅的'江湖手段'。"廖健说，很难想象没有李伯清的江湖会是怎样一番景象。"至少不会像现在这么有趣。"他补充说。

虽然"江湖手段"用得炉火纯青，但李伯清格外重视自己如今的"江湖地位"。马骧曾做过李伯清等巴蜀笑星的经纪人，在合作过程中，他发现李伯清是个容易满足，同时又极其谨慎的人。

"他的孤独源自他的小心谨慎。台上的他本领高强，台下的他又惊慌失措。如果把李伯清劈开两半，你会看见两副完全不同的面孔。"马骧说。

李伯清则认为自己更像乌龟："我曾小心翼翼地做人，不沾惹哪个，如同一个乌龟似的，人家把我放在桌子下面垫脚，等到木头烂了、桌子垮了，我又爬起来，自在地走了就是。"

**"李伯清就是成都街头一'混江湖'的。抹去那些散打评书，他就是一普普通通但有棱角、有故事的袍哥。"**

把李伯清放在一个三维空间里观察，会发现他更为丰富的人物性格切面。

"我说过一句话：李伯清就是只视听动物。"李伯清自己笑道。无论时代怎么变迁，他都会跳出固有的单一平面，在立体空间里，用四川话的"声"以及一桌、一扇、一杯茶的"像"进行"自由散打"。

某位久居成都的前足球评论员说，李伯清就是一篇用四川方言写就的、形散而神不散的散文，眉目游离，眼波如丝，看似癫狂实则清醒。"他就是成都街头一'混江湖'的。抹去那些散打评书，他就是一普普通通但有棱角、有故事的袍哥。"

与曾经削尖脑袋向系统"小楼"奔去的决绝相比，如今的李伯清更愿意端起一杯清茶，在西村大院的工作室里摆摆龙门阵。剃度信佛后，李伯清开始远离评书江湖。今年70岁的他给自己开过一份"文字药方"，"专治各种烦恼困惑"：心态平一点，生活淡一点，对己严一点，对人宽一点，健康近一点，疾病远一点，开心多一点，烦恼少一点，活得轻松点，走得撇脱点。

他愿意用"好强"和"自负"来形容自己，但拒绝使用"自卑"式的字眼。如今他有时会义务为观众来一段"散打"，到最后往往都是自己也乐得前仰后合。

"很多人对此无法理解，但我'散打'时确实是高兴啊，越来越嗨，纯粹自嗨。"

如今看来，让李伯清躲进小楼不出来，这对"李贝贝"来说确实"太过残忍"。

"我喜欢鲁迅，但我现在真的不欣赏他的这句诗：躲进小楼成一统。躲躲藏藏做啥子嘛，走出来要嘛。我不要躲，我要'钻出小楼成一统'。"李伯清说。